北京市社会科学界联合会、北京市哲学社会科学规划办公室项目

北京社科青年学者文库

马克思与亚当·斯密价值理论比较研究

A Comparative Study on the Value Theory of Marx and Adam Smith

伍书颖 著

中国人民大学出版社
·北京·

《北京社科青年学者文库》编委会

顾　　　问：邓小南、陈平原、白暴力、谢地坤、黄泰岩
主　　　任：张才雄
常务副主任：杨志俊、谢富胜
副　主　任：刘亦文、李开龙、王玮、徐莉
编　　　委（以姓氏笔画为序）：
　　　　　　卜宪群、王一川、王广州、田海平、朱旭东、李曦辉
　　　　　　杨生平、吴晓东、张宝秀、张　翼、赵长才、郝立新
　　　　　　莫纪宏、隋　岩、寇　彧
项 目 统 筹：李晓华、陈松涛

出版说明

"青年强，则国家强。"

"未来属于青年，希望寄予青年。"

——习近平总书记的讲话语重心长。

青年"好像早晨八九点钟的太阳"，是民族的希望、祖国的明天、各行各业的未来，哲学社会科学界亦然。

2016年，习近平总书记在哲学社会科学工作座谈会上指出，要实施哲学社会科学人才工程，着力发现、培养、集聚一批年富力强、锐意进取的中青年学术骨干。为贯彻习近平总书记系列重要讲话精神，呈现和展示青年社科学者的优秀研究成果，并以此发现和培养青年社科学术骨干，扶持和助力青年学者成长，北京市社会科学界联合会、北京市哲学社会科学规划办公室策划设立《北京社科青年学者文库》。

该文库设计为开放性丛书，萃集北京地区高校和社科研究机构45岁以下青年学者的优秀学术专著和博士论文，由北京市社会科学理论著作出版基金予以出版资助、中国人民大学出版社出版。

希望该文库能为北京青年社科学者的学术发轫和进步做出有益的贡献。

编委会
2024年3月

前　　言

通过对历史规律的探讨来揭示人的自由实现的路径，是近代启蒙思想家所开启的全新哲学思考范式。通过对近代市民社会中经济规律的把握来实现人的自由，是上述思考所取得的重大理论突破之一，而这一突破是由亚当·斯密首先开启的。其中，斯密对于价值理论的研究构成了解答这一问题的积极成果。马克思价值理论的生成是建立在对以亚当·斯密为代表的古典政治经济学价值理论的批判和超越之上的。因而，深入探讨马克思与斯密价值理论的异同，无疑成为进一步拓展马克思价值理论研究，进而彰显马克思经济哲学实质的一项重大课题。

对哲学基础的探讨是关于斯密和马克思价值理论比较研究的首要环节。斯密与马克思的价值理论以探讨近代社会中人的自由实现为共同主题，但它们的哲学基础不同，斯密以"孤立的个人"为其价值理论的哲学基础，马克思以"现实的个人"为其价值理论的哲学基础，这决定了二者价值理论的根本差异。斯密所处的时代是从封建社会向资本主义社会的过渡时期，工场手工业的生产方式占据着主导地位，每个人似乎在一开始就处于社会分工的某一领域并从事商品交换，"一切人都要依赖交换而生活，或者说，在一定程度上，一切人都成为商人，而社会本身，严格地说，也成为商业社会"①，这种依赖性看似是人与人之间的紧密联系，而实际上是以物的依赖性为基础的人与人之间的孤立状态，斯密将这种孤立状态下

---

① ［英］亚当·斯密. 国富论. 北京：商务印书馆，2015：19.

的人看作不同时代条件下一切人的本质。马克思所处的时代是资本主义社会的蓬勃发展阶段，机器化大生产占据着生产方式的主导地位，从而极大地改变了人与人之间的关系，马克思认为人的本质是社会关系的总和，进而从具体的现实的生产关系中去定义人的本质。

斯密与马克思关于价值生产和价值规定的理论，是斯密与马克思对近代社会中人的生存状态和人的自由实现路径的经济哲学思考，也是二者价值理论比较研究的基础环节。价值生产和价值规定理论，回答的是价值是如何产生的，亦即价值的来源是什么，进而价值是如何规定的问题，价值生产和价值规定这两大问题是紧密相关、不可分割的。在斯密与马克思关于价值生产和价值规定理论的对比研究中，主要有以下三大差异，其层次是逐渐深入的：第一，斯密主张多种商品价值决定论，其中，耗费劳动决定商品价值的理论只适用于资本积累和土地私有之前的社会发展阶段，而在资本积累和土地私有之后的社会发展阶段上，商品价值的劳动决定论则彻底转向收入决定论、供求价值论等等，而马克思采用延续、统一的商品价值决定论，从简单商品经济到发达商品经济的整个时期，商品价值均决定于商品中所包含的无差别人类劳动，并通过资本主义生产关系下价值转化为生产价格的规律，解决了斯密价值理论中的矛盾；第二，就耗费劳动决定商品价值来说，斯密只是从价值量的维度来规定商品价值，而马克思进一步揭示了决定商品价值的质的一致性即抽象人类劳动；第三，最核心也是最关键的是，马克思分析了商品价值形式的历史进程，而斯密从未思考过为什么劳动产品采取商品这种价值形式，为什么劳动表现为价值等问题。

斯密与马克思关于剩余价值的生产和再生产理论的探索，是斯密与马克思对近代市民社会经济运行规律的本质把握，是二者价值理论比较研究的关键环节。在探讨了价值的来源和价值规定的基础上，斯密与马克思进一步探讨何种劳动创造剩余价值，即生产劳动理论，其中，生产劳动和非生产劳动的划分问题是"理解资本主义生产过程的基础"[①]。斯密把资财

[①] 马克思，恩格斯. 马克思恩格斯全集：第33卷.2版. 北京：人民出版社，2004：355.

积累作为劳动生产力增进的前提，并从这一点出发，基于多种价值决定论，提出了相互矛盾的生产劳动定义，一方面认为只有给雇主带来利润的劳动才是生产性劳动，另一方面又认为只要是固定或物化在商品上的劳动就是生产性劳动，从而陷入了二重性矛盾。在马克思看来，斯密的两个定义不仅彼此交错而且相互矛盾，斯密的第一个定义揭示了资本主义生产劳动的本质规定，体现了资本主义生产的根本目的，因而是正确的，斯密的第二个定义无视生产劳动的形式规定和物质规定的区别，无视生产关系对生产目的的决定作用，因而是错误的。正是在批判地扬弃斯密既有理论成果的基础上，马克思创立了科学的生产劳动理论，从而完成了对斯密的超越，为不断开拓当代中国马克思主义政治经济学新境界提供了坚实的理论基础。

斯密与马克思关于价值分割和价值分配的理论，是斯密与马克思对近代市民社会内部矛盾的认识及其解决方案的哲学思考，是二者价值理论比较研究的落脚点。价值分割是指价值分割为利润、工资和地租，价值分配是指价值分配给资本家、工人和地主。斯密始终是在增加资本利润的逻辑下来看待资本家和工人之间的关系，他认为政府无须对经济进行过多调节和干预，随着分工的发展和生产力的提高，生活资料的价格自然会降低，工人工资逐渐增加同时购买力逐渐提高，从而工人的境遇得到改善，最终实现社会各阶级的普遍富裕。而马克思是在劳动价值论的基础上揭示资本家对工人所创造的剩余价值的剥削，劳动者丧失了对生产资料的所有权，工人只拥有劳动力本身，只能通过出卖劳动力换取仅够维持其自身生存的生活资料，劳动日益从属于资本，伴随着工人被机器排挤，一方面工人工资相对下降，贫富差距不断拉大，另一方面资本平均利润率下降，周期性经济危机不断出现，二者共同导致工人与资本家的矛盾不断加深。

目 录

第 1 章 导论 ··· 1
   1.1 选题背景与研究意义 ··· 1
   1.2 国内外学界研究综述 ··· 10
   1.3 研究方法 ··· 25
   1.4 本书结构与创新之处 ··· 25

第 2 章 斯密与马克思价值理论的哲学基础比较 ············· 29
   2.1 "孤立的个人"：斯密价值理论的哲学基础 ············ 29
   2.2 "现实的个人"：马克思价值理论的哲学基础 ········ 54

第 3 章 斯密与马克思关于价值生产和价值规定理论的比较 ······ 70
   3.1 斯密的价值生产和价值规定理论 ···························· 71
   3.2 马克思的价值生产和价值规定理论 ························ 85

第 4 章 斯密与马克思关于价值再生产理论的比较 ········ 114
   4.1 斯密生产劳动理论的二重性 ································· 115
   4.2 生产关系再生产与马克思生产劳动理论的实质 ····· 124

第 5 章 斯密与马克思关于价值分割和价值分配理论的比较 ······ 139
   5.1 资本逻辑下斯密关于利润与工资之间关系的研究 ··· 139

5.2 劳动逻辑下马克思关于利润与工资之间关系的研究 ……… 156

第6章 马克思价值理论变革的当代启示…………………… 176

6.1 马克思价值理论变革的理论意义 …………………… 176

6.2 马克思价值理论变革的实践意义 …………………… 184

第7章 结语………………………………………………… 190

参考文献…………………………………………………… 192

第 1 章　导论

1.1　选题背景与研究意义

通过对历史规律的探讨来揭示人的自由实现的路径，是近代启蒙思想家所开启的全新哲学思考范式。通过对近代市民社会中经济规律的把握来实现人的自由，是上述思考所取得的重大理论突破之一，而这一突破是由亚当·斯密首先开启的。其中，斯密对于价值理论的研究构成了解答这一问题的积极成果。马克思价值理论的生成是建立在对以亚当·斯密为代表的古典政治经济学价值理论的批判和超越之上的。因而，深入探讨马克思与斯密价值理论的异同，无疑成为进一步拓展马克思价值理论研究，进而彰显马克思经济哲学实质的一项重大课题。

在以往学界关于马克思与亚当·斯密价值理论的比较研究中，尽管取得了一系列的学术进展，但毋庸讳言，也存在着以下三个方面的局限：其一，未能从人类社会历史发展的高度来看待二者价值理论比较的重大意义，目前关于二者价值理论的探讨主要局限在政治经济学领域，而未能深入考察二者价值理论中不同哲学基础的差异，因而限制了对这一问题解读的思维视域和理论高度；其二，未能凸显出价值理论在二者理论体系中的重要位置，进而未能将价值理论放在二者理论体系中进行整体考察，而只是将价值理论作为各自理论体系中的一个基础部分，使得价值理论在二者理论体系中的重要地位未能得到应有的重视；其三，未能系统全面地揭示出二者价值理论的差异性，即使有学者关注到了马克思和斯密价值理论的比较研究，但由于局限在时代话语体系和旧有的文本材料中，缺乏对斯密文本和《资本论》及其手稿基于经济哲学视角的深度解读，因而未能在深层理论语境中呈现出二者价值理论之间的关系。

1.1.1 选题背景

首先，价值问题关系到近代社会中人的自由实现。人是从哪里来的？人为什么会出现？人又是为了什么而继续存在？这是长久困扰着人类的重大问题，也是尚未得到彻底解决的难题，与之相应，地球的起源、地球上生命的起源也是地球科学尚未完全解决的议题。在人类思想史的历史长河中，宗教无疑对人类的起源问题做出了思考并产生了持久影响。近代以来的启蒙思想家们开始反思宗教神学，将人从神学中解放出来，凸显出人的自我意识，开始以理性的方式独立思考人的起源问题。他们最初将人的生存状态区分为自然状态和社会状态，并力图建构某种共同体来保障人的自由，但人是如何从自然中产生的问题仍然未能得到科学解答。纵然有如此多的谜团，但可以确定的是，人之所以为人，而不同于其他生命，其重要特征是人能够自觉进行物质生活资料的生产[1]，参与人类历史中的人具有某种目的性，因而人必然要追求某种意义，这种目的和意义可以概括为自由。人是要追求自由的，这种自由最直观的表现是时间的自由，因为"时间实际上是人的积极存在，它不仅是人的生命的尺度，而且是人的发展的空间"[2]，人不仅在时间中创造历史、追求意义，而且赋予了时间以目的性，当人在时间中实现改造世界的目的时，这样的人才是真正自由的。

然而，追寻自由的道路从来就不是平坦的，人类在最初是深受自然必然性支配的，随着人类改造自然能力的增强，人们逐渐摆脱自然必然性，开始呈现出自由性维度，从"人的依赖关系"[3]过渡到"以物的依赖性为基础的人的独立性"[4]，人获得了形式上的自由，这种自由是近代以来资

---

[1] 马克思，恩格斯. 马克思恩格斯文集：第1卷. 北京：人民出版社，2009：519.
[2] 马克思，恩格斯. 马克思恩格斯全集：第37卷.2版. 北京：人民出版社，2019：161.
[3][4] 马克思，恩格斯. 马克思恩格斯全集：第30卷.2版. 北京：人民出版社，1995：107.

本主义生产方式所赋予的，因为在资本主义社会中，人的需要的满足是通过商品交换的形式，而商品是人的劳动时间的凝结，人可以通过购买商品来占有他人的时间，从而满足自身对自由时间的追求，这一劳动时间就是商品价值的基础。而这种自由之所以是形式上的，是因为在表象层面，商品买卖实现了劳动时间之间的自由交换，但只有深入生产领域，才能发现凝结在商品体中的劳动时间本身是通过不平等交换得来的，"剩余劳动时间成了对工人精神生活和肉体生活的侵占"[①]。因而在资本主义社会，对价值问题的探讨实际上就是对人的劳动时间的存在形式的探讨，是对人的生存境遇的深切关怀。

其次，价值问题是马克思经济哲学的核心问题。马克思通过唯物史观和剩余价值两大发现为我们理解历史问题提供了根本遵循，其中，历史唯物主义的创立无疑为我们把握历史规律提供了科学原则，但只有将历史唯物主义运用到对近代社会矛盾的微观探讨与揭示之中，才能把握马克思哲学关于物质生产的具体内容，赋予物质生活资料生产以资本主义生产和再生产的具体维度，从而凸显马克思经济哲学的实质，实现对马克思理论的整体性把握。马克思对近代社会矛盾的探讨，突出体现在马克思价值理论的创新上，马克思从商品交换价值中抽象出作为一般人类劳动对象化的价值概念，破除了为商品、货币、资本等拜物教形式所遮蔽的价值实质，揭示了价值存在和运动的辩证法，得出价值本身是一种生产关系，包含着私人劳动和社会劳动之间的矛盾。"价值概念泄露了资本的秘密"[②]，价值概念的本质只有在发达商品经济的条件下才能完全显现出来，攫取剩余价值是资本主义生产方式的本性，剩余价值是资本家阶级对工人阶级的劳动时间的占有，"资本家是窃取了工人为社会创造的自由时间"[③]，是对工人阶级自由时间的剥夺，当这部分剩余劳动从资本家那里转移到工人手中的时候，劳动就变成了工人的自由劳动，就实现了工人阶级的解放。

最后，亚当·斯密价值理论是马克思价值理论的重要思想来源。马克

---

① 马克思，恩格斯. 马克思恩格斯全集：第37卷. 2版. 北京：人民出版社，2019：161.
② 马克思，恩格斯. 马克思恩格斯全集：第31卷. 2版. 北京：人民出版社，1998：180.
③ 马克思，恩格斯. 马克思恩格斯全集：第31卷. 2版. 北京：人民出版社，1998：23.

思关于剩余价值理论的伟大发现，离不开对古典政治经济学的批判和超越，其中，亚当·斯密首次从劳动一般的维度来理解价值创造，这一点为古典政治经济学所继承，并深刻影响到马克思的哲学探索。在古典政治经济学家中，对马克思劳动价值论影响最大的人物，学界一般认为是李嘉图而不是斯密，因为李嘉图是"古典政治经济学的完成者"①，"大卫·李嘉图与亚当·斯密相反，他十分清楚地作出了商品价值决定于劳动时间这一规定，并且指出，这个规律也支配着似乎同它矛盾最大的资产阶级生产关系"②，但是"李嘉图完全忽视了斯密以敏锐的历史感对历史向资本主义变化的判断"③，"……把劳动的资产阶级形式看成是社会劳动的永恒的自然形式"④。而斯密价值理论背后有其自身关于近代社会矛盾的哲学思考，斯密关注到了资本主义所有权的秘密，在关于商品价值的决定因素的探讨中，实际上已经提出了耗费劳动决定商品价值的正确见解，虽然他没能提出一个一以贯之的劳动价值论，但仅就这一思想火花而言，对马克思来说就已经弥足珍贵，因而马克思对斯密的价值理论有更深层次的关切。另外，斯密的市民社会理论是黑格尔市民社会理论的思想来源，也间接影响到马克思的市民社会理论。与以前大多是从政治意义上理解社会不同，斯密要阐述的是一种经济意义上的市民社会，社会中的每个人都处在交换关系之中，这就为黑格尔关注市民社会问题准备了理论前提、提供了崭新视角，黑格尔从斯密对商业社会的分析中汲取了其对市民社会的认识，将斯密的劳动范畴予以哲学化的思辨表达，揭示了为政治经济学所一直遮蔽的现实对抗性，并提出了消解市民社会矛盾的国家理论。马克思正是沿着黑格尔的这一思路，回溯到斯密价值理论。因而，马克思对斯密价值理论的继承与批判也包含了对黑格尔理论的继承与超越。

---

① 马克思，恩格斯. 马克思恩格斯全集：第31卷.2版. 北京：人民出版社，1998：455.
② 马克思，恩格斯. 马克思恩格斯全集：第31卷.2版. 北京：人民出版社，1998：454.
③ [日] 内田弘. 新版《政治经济学批判大纲》的研究. 北京：北京师范大学出版社，2011：17.
④ 马克思，恩格斯. 马克思恩格斯全集：第31卷.2版. 北京：人民出版社，1998：454.

1.1.2 研究意义

第一，马克思与斯密价值理论的比较研究，可以有力地回应西方主流经济学对科学劳动价值论的质疑和挑战。

斯密处在封建社会和资本主义社会之间的过渡时期，兼具视野广阔性和理论繁杂性，其理论特点与同时代的康德哲学很相似。日本学者安倍能成曾将康德哲学在近代哲学上所处的地位比喻为"贮水池"①，即"康德以前的哲学概皆流向康德，而康德以后的哲学又是从康德这里流出"②，同样，我们也可以称斯密的经济理论如同经济学领域的"贮水池"③，旧的理论和新的思想都在这个"贮水池"中呈现，以往的经济理论向它注入，之后的经济理论从这里流出。这一"贮水池"的核心内容是斯密的商品价值理论，商品价值理论中庸俗成分和科学成分并存，由此形成了马克思主义政治经济学和庸俗经济学的理论分野。从斯密的价值理论出发，形成了两大阵营，一个阵营是李嘉图所继承发展的劳动价值论，另一个阵营是庸俗经济学所吸纳的生产要素价值论、效用价值论、供求价值论。19世纪20—30年代，经济学史上发生了一场拥护和反对李嘉图的争论，这场争论以李嘉图学派的解体而结束，由此李嘉图学派丧失了自己在经济学中所占据的主导地位，而主流经济学地位则由巴师夏、西尼耳和约翰·穆勒等人的庸俗经济学理论所取代。④ 在马克思创立科学劳动价值论之时，各种庸俗经济学派已然成为当时经济学界的主流，但马克思仍然在众多纷杂和错误的价值理论中，辨别出斯密和李嘉图价值理论中的科学成分，并实现了对其庸俗成分的批判与超越，从而实现了劳动价值论的科学革命。马克思对斯密理论的甄别力为我们当下认识各种各样的经济理论提供了方法论的遵循。

---

①② [日]安倍能成.康德实践哲学.福州：福建人民出版社，1984：3.
③ 关于斯密在经济学中的"贮水池"地位的观点可参见：[日]大河内一男.过渡时期的经济思想：亚当·斯密与弗·李斯特.北京：中国人民大学出版社，2000：176.大河内一男指出，"人们认为，亚当·斯密的经济学说是在他以前根据形形色色的立场阐述的各种意见或见解的综合，在他以后的近代经济理论则以不同的形式占有逐渐分化、发展的蓄水池地位。"
④ 马涛.经济思想史教程.2版.上海：复旦大学出版社，2018：160.

第二，马克思与斯密价值理论的比较研究，可以为维护劳动者合法权益提供理论武器。

在经济思想史上，斯密价值理论中的庸俗方面被广泛继承，庸俗经济学家们为了资本主义的利益诉求，一贯倾向于为资产阶级利益辩护，为调和资产阶级和无产阶级间的矛盾进行意识形态上的虚假宣传，不少工人群众也被蒙蔽其中。如西尼耳的"节欲论"① 宣扬资本家的财富是在资本家克勤克俭的习惯和精神下积累出来的，而工人之所以贫穷是因为他们缺乏这种精神，因而将财富的多寡归结为道德上的优劣，而实际上这种"节欲论"的说法只是与资本主义发展尚不发达的状态相适应的，这个阶段的资本积累需要将剩余价值中的更大部分用于再生产而不是用于资本家个人的消费，可是如此陈旧的经济理论，在改革开放之初市场经济尚不发达的中国仍然颇为盛行。可见，对既有经济理论的辨识和澄清，仍然对现实的社会发展状况和工人阶级意识的觉醒具有重要作用。

综上所述，深入比较马克思与斯密价值理论，对我们在更为具体的理论语境中把握马克思哲学的实质，对深化马克思主义哲学的生成史研究，均具有重要的理论与现实意义。

1.1.3 概念界定

在这一研究中出现了三个核心概念，即"价值""价值理论""经济哲学"，这三个概念有着丰富的内涵，特别是"价值"概念已经被大众广泛运用。但是熟知非真知，"哲学的特点，就在于研究一般人平时所自以为很熟悉的东西"②，马克思也指出，"如果事物的表现形式和事物的本质会

---

① "节欲论"是指资本家将剩余价值节约下来，不是消费掉而是再次投入生产领域去实现资本积累。马克思. 资本论：第1卷.2版. 北京：人民出版社，2004；264, 688. 在第264页的注释（33）中，马克思指出，"西尼耳在他那本……《政治经济学大纲》一书中，……'发现'利润来源于资本家的劳动，利息来源于资本家的禁欲主义，来源于他的'Abstinenz'['节欲']。这一派胡言本身是陈旧的，但'节欲'这个词是新鲜的。"在第688页中，马克思指出，西尼耳"用节欲一词来代替被看作生产工具的资本一词"。

② ［德］黑格尔. 哲学史讲演录：第1卷. 上海：上海人民出版社，1959（2013重印）：26.

直接合而为一，一切科学就都成为多余的了"①。所以，要通过哲学研究、科学研究，才能达到对事物本质的认识，不过黑格尔和马克思采取的方式有所不同。黑格尔是通过概念辩证法来达到对事物本质的理解，认为只有通过对思维规定的发展规律的反思，才能真正达到对所熟知事物的本质理解。② 而马克思是通过生产辩证法来达到对社会历史规律的本质把握，在此基础上实现对概念的具体认识。我们正是站在马克思生产辩证法的基础上，对本论文的相关概念进行界定。

一是，何谓"价值"？许多哲学百科全书或哲学社会科学的辞典都告诉我们："价值"从日常生活用语变成科学范畴，最初产生于经济学说之中，这种情况首先发生于英国古典政治经济学中。③ 将价值概念从古典经济学引入广泛的人文科学理论，始自19世纪中叶的新康德主义者——赫尔巴特、文德尔班、李凯尔特等，在当代西方哲学中，价值理论已成为人文社会科学中的一个重要基础理论，其影响广泛地渗透到历史学、美学、心理学、人类学、社会学的领域。④ 要对价值观念下个明确定义，是有很大困难的，因为在各种不同的领域，不同学者对此进行过各种不同的表述。⑤

但可以确定的是，我们所探讨的价值概念不是在伦理学或者社会学意义上的，也不是在纯粹的经济学意义上的，而是在经济哲学意义上的。在马克思经济哲学中，经济范畴是一种"形式规定"，"形式规定"是作为社会生产关系和经济关系的"本质规定"借助于具有一定"物质规定"的物质载体而获得的规定性，因而，"价值范畴"是作为"本质规定"的生产资料为私人所有的这种生产关系和经济关系，借助于作为"物质规定"的"人的脑、肌肉、神经、手等等"人类劳动力的耗费，而获得的"形式规定"。⑥ 价值离不开商品体这一物质载体，货币作为特殊的商品，也承载

---

① 马克思，恩格斯. 马克思恩格斯全集：第46卷.2版. 北京：人民出版社，2003：925.
② ［德］黑格尔. 哲学全书·第一部分·逻辑学. 北京：人民出版社，2017：62-65.
③ 赵修义. 马克思有没有提出作为普通哲学范畴的"价值"定义？. 社会科学家，1988（01）：23-30.
④⑤ 石磊，崔晓天，王忠. 哲学新概念辞典. 哈尔滨：黑龙江人民出版社，1988："价值"条目.
⑥ 王峰明. 经济范畴规定性的哲学辨析. 教学与研究，2006（07）：35-40.

着价值，而资本作为自行增殖的价值，也是以商品、货币为载体的，商品、货币和资本都是价值运动的不同形式。

一方面，商品离不开价值。价值是商品的本质属性。商品是用于交换的劳动产品，生产资料的私人所有是劳动产品转变为商品的前提，而价值的实质就是一种劳动归私人所有的生产关系。另一方面，价值离不开商品。在马克思的语境下，商品价值是商品交换所依据的共同基础，即"人类劳动力耗费的单纯凝结"①，商品是用来交换的劳动产品，离开了商品，也就离开了交换，就离开了交换价值及其形式，则没有了价值探讨的必要，因而价值是指商品体的价值，而不能将价值泛用到商品之外的讨论中。马克思认为"价值是私人产品中所包含的社会劳动的表现"②，价值是商品生产条件下社会劳动的一种表现形式，劳动采取价值的形式并不会改变或取消它的物质内容，价值的物质内容或价值实体只能是"同一的人类劳动力的耗费"③，是存在于商品或货币中的物化劳动。

二是，何谓"价值理论"？关于马克思的"价值理论"，学界首先争论的问题是：马克思的价值概念是经济学意义上的还是哲学意义上的？学界基本上都不否定这一概念的哲学维度，但仍然有所侧重。一种观点是侧重价值概念的经济学意义，在此基础上探讨这一经济学范畴背后的哲学意义，认为马克思是在经济学的特设语境中完成他的价值理论建构的，政治经济学中的商品价值概念就是价值哲学理论。另一种观点是侧重商品价值这一概念包含的文化、道德和哲学意义，试图探讨价值哲学意义下的经济范畴，认为商品价值概念只是马克思价值哲学理论中的一部分，在政治经济学中还隐藏着更深的价值哲学思想，如人的价值实现等问题。本论文的研究不是从第二个角度来探讨马克思的价值理论，而是从第一个角度来探讨马克思的商品价值概念。

此外，对这一概念的厘清，还需要区分一般哲学意义上的价值概念和马克思政治经济学中的商品价值概念之间的关系。事实上，一般哲学意义上的价值概念更接近于马克思政治经济学中的使用价值概念，而马克思政

---

① 马克思.资本论：第1卷.2版.北京：人民出版社，2004：51.
② 马克思，恩格斯.马克思恩格斯全集：第26卷.2版.北京：人民出版社，2014：328.
③ 马克思.资本论：第1卷.2版.北京：人民出版社，2004：52.

治经济学中的价值概念所揭示的是资本主义社会的生产关系，是马克思价值哲学理论的基础。因而这两个概念并不存在普遍和特殊的关系，这两个概念所处的层级不同。作为主要研究对象的"价值理论"侧重于揭示马克思政治经济学中商品价值概念背后的哲学意义，而不限于价值哲学意义，特在此做出说明。

三是，何谓"经济哲学"？对"价值"和"价值理论"的研究离不开经济哲学的视域，但如何定义经济哲学呢？学界大致从以下三种视角加以解读，这三种理解出现的顺序与西方经济学中经济思想变革的历程相一致。它们分别是：

第一种理解，以探讨经济规律的客观性作为经济哲学的实质。这是由斯密所开启的西方主流经济学，其认为经济学是一种科学，以理性人为出发点，经济学所揭示的规律具有客观性，经济学应该极力排除人为的干预，走向经济学数理化。

第二种理解，以探讨经济和哲学的互通性作为经济哲学的实质。这就是19世纪的马克思政治经济学，这种经济学本身就是哲学，经济学和哲学是不可分的，哲学为经济学提供历史唯物主义的原则和方法，经济学为哲学提供内容和灵魂，二者相辅相成构成马克思理论的整体性，体现马克思主义理论的特质。

第三种理解，以探讨经济学家的哲学思考作为经济哲学的实质。20世纪30年代经济大萧条使得自由主义经济学一度破产，主张干预的凯恩斯主义崛起，以罗宾逊夫人为代表的一批经济学家认为经济学无法逃离意识形态的控制，也无论如何不能成为一种自然科学意义上的学科，而认为经济学理论背后有哲学家的哲学思想和意图。

我们这里所说的"经济哲学"是从第二种意义上来说的。具体而言，马克思哲学的基本概念本身就是经济哲学概念，这恰恰是马克思哲学不同于西方哲学的标志。例如，生产关系范畴，既是马克思关于社会发展一般规律的概念，也是物质生产实践的经济哲学范畴，而之所以呈现出这个特征，是因为马克思是从物质生产的实践活动出发去探讨人的自由及其实现方式的。另外，"经济哲学视域"不等于"经济哲学方法"，前者包含后者，"经济哲学视域"是从经济理论的哲学基础和经济理论的哲学表达两方面入手的，而经济哲学方法是指构建经济理论的哲学方法。

1.2 国内外学界研究综述

目前，国内外学界还没有一本关于马克思与斯密价值理论比较研究的专门著作，但是学界已经从不同的研究视角切入到这一问题，这一研究进程大致可分为两个阶段，呈现出两大脉络体系和不同的特征。

一是将价值理论仅仅理解为商品价值理论，以斯密和马克思商品价值理论作为二者价值理论的全部内容，进而将其作为二者整个理论体系中的一部分进行专门研究。从新中国成立到20世纪末，苏联学界相关研究成果陆续译介到中国，引起了国内学界的广泛关注，国内学人开始以其为模仿和学习对象，继续深入对马克思与斯密价值理论的比较研究。代表性学者有苏联学者如卢森贝，中国学者如陈岱孙、吴易风、陈其人。

二是将价值概念仅仅理解为斯密和马克思各自政治经济学体系中的某一部分，而没有将价值理论贯穿到斯密和马克思的理论体系之中。在21世纪，随着日本学界关于《资本论》等文本的研究相继译介到我国，特别是以日本马克思主义译丛为标志，日本学者对马克思与斯密市民社会理论的研究获得国内学者的高度关注，为当下关于《资本论》及其手稿的研究开辟了新的路向，为继续深入马克思与斯密价值理论的研究提供了基础与可能。他们以斯密为马克思政治经济学批判对象，具体而深入地解读《资本论》和《政治经济学批判大纲》，在各种微观处展开马克思与斯密价值理论的比较研究，这一点也为笔者所认同和借鉴。但是他们的不足在于，由于更多跟随文本的叙述方式，因而掩盖和影响了从整体上提出马克思与斯密价值理论比较研究的架构方式。

1.2.1 国外学界研究综述

国外学界关于斯密与马克思价值理论的比较研究呈现出三种致思路径：一是由苏联开启的马克思政治经济学史研究的路径，仅仅从经济学的角度，将价值理论作为斯密和马克思经济理论比较中的一个维度，而未能凸显价值理论在二者理论体系中的重要地位。二是日本马克思主义所独具的市民社会研究路径，开辟了以社会历史规律的视角来研究二者价值理论差异的路径，以文献考证和原始文本的细致解读见长。三是欧美经济学界关于经济思想史研究的路径，基本否定斯密价值理论中蕴含的历史感，认为斯密和马克思价值理论根本对立。

（1）苏联学界仅仅从商品价值决定论的角度来看待斯密价值理论，为后续的价值理论研究奠定了基本研究范式。

苏联作为世界上第一个用马克思主义理论武装的社会主义国家，对马克思政治经济学的研究颇为全面，关于马克思和斯密价值理论的比较研究，最早是由苏联学者开启的，他们的研究奠定了我国关于这一问题的基本思路，开启了我国价值理论研究的启蒙时期。这主要体现在卢森贝以及其他苏联学者的研究成果上，其中，卢森贝的《政治经济学史》最具代表性。《政治经济学史》出版于1934—1936年间，是基于马克思主义观点的最早的较为系统的经济思想史教科书，也是基于马克思主义观点的经济思想史体系形成的最为显著的标志。[1] 这本书主要介绍了各个思想家的理论体系，侧重于全景式展示各个思想家的理论观点。在这本书的第一卷中，卢森贝对斯密的经济思想做了专门且详尽的研究，在经济思想史的视域下详细探讨了斯密价值理论的时代背景、思想背景、写作背景和体系架构。卢森贝所揭示的斯密价值理论的核心观点是：斯密的一般观念是引向劳动价值论的，但因为他不了解一般商品的本质，不了解劳动产品采取商品这种形式的意义，尤其不了解劳动力这个特殊商品的本质，于是他的价值规律就与分配规律发生了正面冲突，最终只能被迫将价值规律发生作用的阶段限制在"原始状况"下，而在资本积累和土地私有的情况下，劳动仅仅成为外在尺度，而收入成为调节商品的交换价值的内在尺度，而这同他的整个经济学说的精神发生了矛盾。[2] "只有在原始的状况下，商品的交换价值才是受劳动所决定的，而在往后的发展中，商品的交换价值是受收入

---

[1] 顾海良. 卢森贝的《政治经济学史》及其经济思想史研究的意义. 经济思想史学刊，2021（01）：14-31.

[2] ［苏］卢森贝. 政治经济学史：第1卷. 北京：生活·读书·新知三联书店，1959：287-298.

决定的。"①

这开启了在马克思政治经济学思想史背景中进行马克思和斯密价值理论比较研究的先河,在其影响下的后续研究思路大概分为两种类型:一是以先后出现的思想家的理论为研究顺序,在探讨各位思想家的政治经济学理论时谈到其价值理论②;二是将价值理论作为某一专题,专门探讨不同思想家价值理论的发展,更为系统地呈现出不同思想家在价值理论上的不同特点③。虽然他们的研究思路有差别,但共同特点都是将价值问题作为马克思和斯密理论体系中的一个部分、一个环节来研究,而没能突出价值理论在各自理论体系中的应有地位。

在20世纪50年代,世界局势处于冷战状态,全球范围内意识形态的斗争十分尖锐,这反映到苏联马克思主义理论的研究上,苏联学者对资产阶级经济学说往往采取简单化的彻底否定态度。到了20世纪80年代,随着国际关系的逐渐缓和,这一研究状况开始有所改变。1983年,由雷季娜、华西列夫斯基等人所著的《经济学说史》在莫斯科出版,并在1987年被翻译为中文,这本教科书开始对资产阶级经济学家进行具体分析和评价,大体可以反映80年代初苏联有关经济学说史的观点和学术水平,也对我国学界的政治经济学研究走向产生积极影响。

(2)日本学界对斯密和马克思价值理论背后的社会历史观进行了研究,挖掘出斯密理论中与马克思市民社会相区别的同权市民社会。

以第二次世界大战为分界点,日本马克思主义研究分为战前、战时和战后三个阶段。

第一个阶段,在斯密的经济和伦理关系的研究中涉及斯密价值理论。

---

① [苏]卢森贝.政治经济学史:第1卷.北京:生活·读书·新知三联书店,1959:250.

② 代表性著作有:[苏]卢森贝.政治经济学史:第1卷.北京:生活·读书·新知三联书店,1959;陈岱孙.政治经济学史.长春:吉林人民出版社,1981;吴易风.英国古典经济理论.北京:商务印书馆,1988.

③ 代表性著作有:陈岱孙.从古典经济学派到马克思:若干主要学说发展论略.北京:商务印书馆,2014;陈其人.资产阶级价值学说批判.上海:上海人民出版社,1957;何炼成.价值学说史.北京:商务印书馆,2006.

日本是东亚最早研究马克思主义的国家①，斯密之所以在日本马克思主义学者那里受到格外的关注，是因为斯密所揭示的是一种欧洲意义上的一般市民社会模式，而日本在明治维新前处于亚细亚共同体中，在明治维新之后，日本这种亚细亚生产方式开始解体，如何理解亚细亚共同体这种过渡性的社会形态、日本是否能够建立起一个市民社会等问题，成为很长一段时期内日本学人理论思考的现实关切。

二战前，日本马克思主义围绕着明治维新后日本社会是否是资本主义性质这一问题，出现了"讲座派"和"务农派"之间旷日持久的"日本资本主义论争"。《日本资本主义发展史讲座》投稿者被称为"讲座派"马克思主义者②，其基本观点是日本存在着"资本主义社会"，但却没有欧洲意义上的"市民社会"。代表人物有平野义太郎，他于1934年出版的《日本资本主义社会的机构》中使用了"市民社会"一词，该书与同年出版的山田盛太郎《日本资本主义分析》同为"讲座派"代表成果之一。③ 此外，东京大学的数位校长对斯密理论也颇有研究，如矢内原忠雄、小林昇、大河内一男等。以大河内一男为例，大河内博士是著名经济理论和社会政策理论学家，其理论被称为"大河内理论"，他围绕现代市民社会如何才能获得发展的问题，非常关注斯密等经济学家的理论，于1940年前后写成《过渡时期的经济思想：亚当·斯密与弗·李斯特》，致力于经济思想史的研究，为市民社会派的马克思主义研究奠定了坚实的基础。在《过渡时期的经济思想：亚当·斯密与弗·李斯特》中，大河内一男指出，斯密的经济伦理是指在经济生活的内部寻求伦理的实现，在"经济人"的生活原理中也可以找到人际关系中最正直的美德。④ 在商业社会中，"利己心"也可以上升为美德，不过，这是对"中等和低等的阶层"来说的，这一阶层以个人的"利己心"和盈利心为动力，促进社会的物质生产力发

---

① ［日］内田弘. 新版《政治经济学批判大纲》的研究. 北京：北京师范大学出版社，2011：总序第2页.
②③ ［日］植村邦彦. 何谓"市民社会"：基本概念的变迁史. 南京：南京大学出版社，2014：121.
④ ［日］大河内一男. 过渡时期的经济思想：亚当·斯密与弗·李斯特. 北京：中国人民大学出版社，2000：5.

展，这时，"获取财富的路径"和"获取美德的途径"才是一致的。①

第二个阶段，在社会历史观上解释了斯密价值理论混乱的原因，即斯密没有区分市民社会和资本主义社会两个不同意义上的社会形态。二战期间，日本马克思主义受到日本法西斯主义的严重压制，因而只能由现实问题研究转向经济思想史研究，以斯密"文明的商业社会"中蕴含的自由主义来反对法西斯的专制主义。高岛善哉认为"斯密的市民社会，从经济层面观察，首先可以确定它是历史性发展的概念，其次可以确定它是生产力的体系"②。高岛善哉总结出斯密理论中作为"生产力体系"的市民社会概念，认为"市民社会"概念与"资本主义社会"概念不同，前者相比后者虽然是先行的不完整概念，但也扬弃了后者关于生产关系和阶级剥削的方面，而剩下了优于封建社会的历史进步方面，即"生产力的体系"，这一"体系"中占主导地位的是"正义"和"平等"。③ 虽然斯密没有能够从逻辑上充分把握市民社会的完善过程，但是他仍然将市民社会的本质看作是资本主义生产形态，体现出斯密的真知灼见。④ 在此基础上，高岛善哉将"市民社会"这一概念从"资本主义社会"中剥离出来，将其作为社会科学的基础概念提出来。⑤

第三个阶段，在对日本法西斯主义的反思中，从斯密理论中提取出了作为历史贯通性的市民社会概念。二战后，"市民社会"被认为是以从斯密的"文明化的商业社会"和休谟的"文明社会"中抽象出来的"自由、平等、博爱精神以及等价、正义思想"为基础的近代社会形态。⑥ 日本学

---

① ［日］大河内一男．过渡时期的经济思想：亚当·斯密与弗·李斯特．北京：中国人民大学出版社，2000：11．
② ［日］植村邦彦．何谓"市民社会"：基本概念的变迁史．南京：南京大学出版社，2014：131．
③ ［日］植村邦彦．何谓"市民社会"：基本概念的变迁史．南京：南京大学出版社，2014：131-132．
④ ［日］植村邦彦．何谓"市民社会"：基本概念的变迁史．南京：南京大学出版社，2014：131．
⑤ ［日］植村邦彦．何谓"市民社会"：基本概念的变迁史．南京：南京大学出版社，2014：132．
⑥ ［日］植村邦彦．何谓"市民社会"：基本概念的变迁史．南京：南京大学出版社，2014：134．

术界开始反思"明治维新后日本为什么会走向国家主义和军国主义"的问题,他们认为"这是由于明治维新以来日本一直没有形成真正意义上的'独立的个人'和没有建立一个真正意义上的市民社会所致"①,因而日本马克思主义者试图通过对市民社会的建构,完成日本从东方专制主义向市民社会过渡的任务。②

大塚久雄对"市民社会"这一概念做出了有特色的研究,是日本"最早系统提出'从共同体到市民社会'理论的人"③。而受到高岛善哉的斯密研究和讲座派双重影响,再次把斯密研究和马克思研究结合起来的,是内田义彦,他让马克思和斯密对话,并逐渐酝酿出一个以市民社会概念为核心来重新认识马克思的潮流。④ 而这一潮流的真正形成,是在高岛善哉的学生平田清明和内田义彦的学生望月清司那里实现的。望月清司认为大塚久雄将市民社会等同于资本主义社会的观点是不符合马克思原意的,而援引平田清明的观点,认为市民社会是"人直接作为市民进行交往的形态,在本质上是使这一交往成为必然的社会分工的社会形态"⑤,而资本主义社会只是近代市民社会的一种异化形式,主张将"资本主义社会"和"市民社会"区分开。因而,在市民社会派的马克思主义那里,市民社会具有一种"历史贯通性",其贯穿于从本源共同体到近代资本主义社会和未来的社会主义社会的始终,而不仅仅是指资本主义社会。⑥ 在市民社会派马克思主义的继任者中,内田弘将斯密作为马克思政治经济学批判的主要对象,以马克思批判斯密价值理论的视角来分析《政治经济学批判大纲》,他所著的《新版〈政治经济学批判大纲〉的研究》是日本学界关于马克思和斯密价值理论研究的重要理论成果。内田弘认为《政治经济学批

---

①② [日]望月清司. 马克思历史理论的研究. 北京:北京师范大学出版社,2009;"总序"第11页.

③ [日]望月清司. 马克思历史理论的研究. 北京:北京师范大学出版社,2009;"译者解说"第32页.

④ [日]望月清司. 马克思历史理论的研究. 北京:北京师范大学出版社,2009;"总序"第12页.

⑤ [日]望月清司. 马克思历史理论的研究. 北京:北京师范大学出版社,2009;6.

⑥ [日]望月清司. 马克思历史理论的研究. 北京:北京师范大学出版社,2009;"总序"第13页.

判大纲》是马克思对斯密经济学体系的批判，李嘉图当然也是马克思批判的重要经济学家，李嘉图也是通过对斯密《国民财富的性质和原因的研究》（以下简称《国富论》）的重编而完成他的著作《政治经济学及赋税原理》的，但是李嘉图完全忽视了斯密以敏锐的历史感对历史向资本主义变化的判断，马克思则力图对斯密从所有论角度直观把握的向资本主义的发展过程进行逻辑的、历史性的阐明。①

日本市民社会派的马克思主义与苏联主导下的传统马克思主义解读范式有所不同，具体体现在以下两点上：一是市民社会派的马克思主义认为，马克思的历史理论不是一般意义上的仅仅对资本主义社会的分析，而是关于"以私人所有为前提的分工和交换体系"②即"市民社会"的产生、发展过程的理论，因而认为马克思将世界历史阶段划分为"共同体—市民社会—社会主义"三个阶段；二是市民社会派的马克思主义认为，对马克思历史理论的分析不是从传统教科书体系中的生产力和生产关系维度将世界历史划分为五大形态，而是从"劳动和所有同一"等角度来分析亚细亚、古典古代和日耳曼三种本源性共同体中哪一种才能产生市民社会并能更顺利地过渡到社会主义阶段，其结论是：只有包含着"城市和乡村对立"的日耳曼形式才是发展到市民社会进而过渡到社会主义社会的最佳社会类型。

从以上两个维度能看到斯密研究在苏联和日本马克思主义研究中是各有特色的。在苏联马克思主义那里，斯密只是马克思政治经济学的继承和批判对象，而在日本马克思主义那里，斯密既是在西方思想史上第一个揭示"以私人所有为前提的分工和交换体系"③的哲学家、经济学家，又是敏锐地意识到劳动和所有从同一到分离的历史过程的思想家，因而不再局限在政治经济学视角，而是从哲学、历史学、社会学等视角去分析二者理论的差异。望月清司在《马克思历史理论的研究》一书的序言中就指出"马克思对人类历史的洞察是建立在自己的价值＝商品理论上的，这是一

---

① [日]内田弘. 新版《政治经济学批判大纲》的研究. 北京：北京师范大学出版社，2011：16-17.
②③ [日]望月清司. 马克思历史理论的研究. 北京：北京师范大学出版社，2009："译者解说"第4页.

个早已固定好了的准星,为防止不小心偏离这一准星,本书负有相应的学术责任"①。这样说并非贬苏扬日,二者理论的产生都有其现实关照和生存土壤,并产生了显著的实践效应。从我国对二者的接受顺序和程度来说,苏联马克思主义在前,其影响也更为深远,而日本马克思主义在一定程度上帮助我们破解了苏联教科书体系中的教条主义部分,提供了解读马克思的新视角,其对斯密市民社会理论的挖掘也对我国社会主义市场经济的发展和完善提供了重要思路,但也可能存在矫枉过正之嫌,例如日本马克思主义对阶级观点的避而不谈,并存在对马克思理论的表面化和片面性理解,如用"劳动和所有权同一"来代替"生产力和生产关系"视角,而在马克思那里前者只是后者的一个内容构成而已。

(3) 欧美主流经济学界几乎一致认为斯密和马克思价值理论代表着完全不同的发展方向,是完全对立的。

欧美学术界在长期以来只是把斯密当作经济思想史上的一个著名人物来评价,尽管伴随着斯密研究的复兴,欧美学术界在苏格兰启蒙运动的研究上进入活跃阶段,但是关于斯密价值理论的研究仍然没有进展。事实上,西方主流经济学开启了"价格论转向",这一转向在斯密商品价值理论中已经孕育,在新古典综合学派代表人物马歇尔那里最终完成。西方主流经济学普遍认为,斯密的价值理论不是劳动价值论,只是生产费用理论,在资本积累和土地私有之前,商品的生产只包含劳动时间要素,因而商品交换就以耗费劳动量为基础。而在资本积累和土地私有之后,参与商品生产的要素还有资本家所预付的资本和土地所有者的土地,商品交换就以资本、土地和劳动三要素为基础,因而斯密价值理论不是矛盾的而是自恰的。

熊彼特指出,在资本积累和土地私有发生以前的早期原始社会状态下,斯密"以劳动本身的价值绝不变动(情况并非如此)为理由或出于任何其他理由,选择劳动时数或天数作为商品价值或价格的单位,并不等于提出了交换价值或价格理论,正如选择牛作为表示商品价值或价格的单位

---

① [日]望月清司. 马克思历史理论的研究. 北京:北京师范大学出版社,2009:"序"第1-2页.

并不等于提出了交换价值或价格理论那样"①。因而熊彼特认为斯密虽然把劳动当作价值标准，但并不等于提出了劳动价值论，而只是将劳动作为决定价值的一个因素，而这一原则在资本积累和土地私有之后的资本主义社会中同样有效，因此，劳动、利润和地租共同构成商品价值的生产费用。同样，琼·罗宾逊认为，斯密在资本积累和土地私有发生以前的早期原始社会状态下提出的以耗费劳动量为标准的商品交换原则，只是一个可供检验的假说，是一个既非产生于观察也非得自分析的假说，无论在理论分析上还是在历史上都没有什么根据，劳动时间与交换无关。②

但这并不意味着他们没有值得借鉴的研究，例如米克在1956年首次出版的《劳动价值学说的研究》，详细地发掘了斯密和马克思劳动价值学说的内容。对斯密劳动价值学说的研究没有局限于《国富论》，而是分析了斯密自身价值学说发展的历程。米克指出，《格拉斯哥讲义》中已经出现了斯密劳动价值学说的萌芽，斯密指出"价值的真实尺度是劳动而不是货币"，这一思想在18世纪学者的著作中很流行，斯密这时仅仅是将其拿来驳斥重商主义者所谓财富就是货币的说法。③ 到了《国富论》，米克认为斯密也同马克思一样，实际上也认为表现在交换行为上的商品价值关系实质上反映出作为生产者的人们之间的关系，商品是社会劳动的产物，进而认为斯密确实打算把价值看作是赋予商品的一种属性，所以斯密才把劳动看成是价值的"源泉"或"原因"。④ 而这只是说明商品具有交换其他商品的能力的根源，还需要说明商品为什么具有那么多的购买能力，也就是说它的交换能力是怎样决定的，这就得先去寻求一个衡量价值的尺度，而斯密认为价值尺度不能从商品的生产条件中求得，而必须从它的交换条件中得到，最终得出商品价值的"真实尺度"是这一商品在市场上所能换得的劳动量。⑤

---

① ［美］约瑟夫·熊彼特. 经济分析史：第1卷. 北京：商务印书馆，1991：294.
② ［英］琼·罗宾逊. 经济哲学. 北京：商务印书馆，2015：31-35.
③ ［英］米克. 劳动价值学说的研究. 北京：商务印书馆，2020：112-113.
④ ［英］米克. 劳动价值学说的研究. 北京：商务印书馆，2020：126.
⑤ ［英］米克. 劳动价值学说的研究. 北京：商务印书馆，2020：127-128.

1.2.2 国内学界研究综述

国内学界相对于国外学界在斯密与马克思价值理论的比较研究上更加具体，在价值生产和价值规定、剩余价值的生产和再生产、剩余价值的分割和分配、经济学方法论四个方面进行了相应的探索。

第一，在价值生产和价值规定理论上，学界基本上都认识到了斯密多种商品价值论的矛盾，但对这一矛盾的理解角度不同，在马克思商品价值论的理解上，有人认为这只适用于简单商品经济时期，也有人认为这既适用于简单商品经济时期，也同样适用于发达商品经济时期。

其一，在斯密的价值生产和价值规定理论上。陈岱孙首先说明价值是一个商品经济范畴，并引用了恩格斯在《反杜林论》中所说的"经济学所知道的唯一的价值就是商品的价值"①，所以陈岱孙所认为的价值学说即商品价值学说。陈岱孙指出，"斯密，在经济学说史上，第一次宣称任何一个生产部门的劳动都是国民财富的源泉。他所研究的对象是资本主义生产，所以他的所谓国民财富实质上就是商品。他的研究以商品为出发点；而在一开始，他就把商品生产和劳动紧密地联系起来。"② 在陈岱孙看来，斯密对于商品价值的全部分析要点在于阐明在商品经济发展的不同阶段，价值的决定经历了一个变革，"交换价值的真实尺度"是这个阐明的前提，因为"尺度"只是衡量商品价值大小的标准而不是决定价值大小的因素。③ 斯密虽然认识到了商品由于是劳动产品才有价值，但是他无法离开交换关系，因而只能在交换关系中寻找一个衡量价值的尺度，即购买的劳动。④ 在这一问题之后，斯密才进一步探索什么因素决定某一商品可以购得一定数量的劳动，由此进入到价值决定的问题中，亦即斯密所称的"商

---

① 马克思，恩格斯. 马克思恩格斯全集：第26卷. 2版. 北京：人民出版社，2014：324.
② 陈岱孙. 从古典经济学派到马克思：若干主要学说发展论略. 北京：商务印书馆，2014：68.
③ 陈岱孙. 从古典经济学派到马克思：若干主要学说发展论略. 北京：商务印书馆，2014：72-73.
④ 陈岱孙. 从古典经济学派到马克思：若干主要学说发展论略. 北京：商务印书馆，2014：73.

品真实价格"。① 其中,"交换价值的真实尺度"取决于"商品真实价格",而"商品真实价格"在社会发展的不同阶段,其内容是不一样的,在资本积累和土地私有尚未发生以前的初期野蛮社会中,作为"商品真实价格"的是耗费劳动,而在资本积累和土地私有已发生的社会中,"商品真实价格"由工资、利润和地租三者共同构成,而"交换价值的真实尺度"在这两个阶段始终是购买得到的劳动。② 陈岱孙指出,斯密这个错误的根源在于斯密不知道在资本主义社会中,价值已经转化为生产价格了。③

吴易风指出斯密价值理论中要解决三个问题,第一个问题是交换价值的真正尺度,斯密有两种价值规定,即"价值决定于生产商品所必要的劳动"和"价值决定于商品能够买到或支配的劳动",在资本积累和土地私有尚未发生以前,二者相等,而在资本积累和土地私有发生以后,前一规定丧失了现实性,具有现实性的是后一规定;第二个问题是商品价值的组成部分,斯密提出了"价值分解为收入"和"价值决定于收入"两个完全不同的论断;第三个问题是自然价格和市场价格之间的关系问题。④ 此外,吴易风提出了古典政治经济学的哲学方法论这一极重要的问题,认为英国经验论唯物主义是古典经济学的哲学前提。⑤

陈其人在《亚当·斯密经济理论研究》中也将价值理论与分工、货币、工资、利润、地租并列展开,对斯密多种价值理论的理解与上述学者差异不大。⑥ 何炼成在1984年出版了《价值学说史》,他认为斯密的价值决定论是混乱的,庸俗成分和科学成分并存,有三种价值决定的观点,即价值由耗费劳动决定、价值由购买的劳动决定、价值由收入决定,但认为斯密在探讨剩余价值问题时,仍然基本上坚持了劳动价值论。⑦ 在马克思劳动价值论的理解上,何炼成回顾了马克思和恩格斯科学劳动价值理论的

---

① 陈岱孙. 从古典经济学派到马克思:若干主要学说发展论略. 北京:商务印书馆,2014:73.
② 陈岱孙. 从古典经济学派到马克思:若干主要学说发展论略. 北京:商务印书馆,2014:73-74.
③ 陈岱孙. 从古典经济学派到马克思:若干主要学说发展论略. 北京:商务印书馆,2014:74.
④ 吴易风. 英国古典经济理论. 北京:商务印书馆,1988:113-148.
⑤ 吴易风. 英国古典经济理论. 北京:商务印书馆,1988:27-38.
⑥ 陈其人. 亚当·斯密经济理论研究. 上海:上海人民出版社,2014.
⑦ 何炼成. 价值学说史. 北京:商务印书馆,2006:190-195.

发展历程，特别提到了恩格斯对劳动价值论的捍卫与发展。①

其二，在马克思的价值生产和价值规定理论上。陈岱孙指出，"马克思从商品是资本主义最简单、最基本的关系入手，来阐明资本主义经济的实质和其运动规律并在商品的关系上探讨它们的共性，从而提出了价值作为商品经济的一个最重要、最根本的范畴。"② 马克思分析商品从区分使用价值和交换价值开始，马克思第一次把价值从交换价值中抽象出来，从而确立了这个重要的理论范畴。③ 陈岱孙认为"古典经济学家只注意交换价值的量，而忽略了不同物的量只有化为同一单位后，才能在量上互相比较。马克思恰是从他们所忽略的地方开始，首先探索为交换价值所掩盖的价值。他从交换比例的表象进入难以理解的相等的实质；从交换价值进入劳动，从劳动进入价值。在明确了价值是人类劳动的物化，劳动是价值的实体后，他才进一步考察价值量的测量。"④

第二，在剩余价值的生产和再生产理论上，集中表现在斯密和马克思生产劳动和非生产劳动理论的比较研究，学界对斯密的生产劳动二重性存在不同的理解，对马克思批判斯密生产劳动理论的内容有差异性认识，进而对马克思生产劳动理论的理解不同。⑤

学界对斯密生产劳动两个定义的看法是有分歧的。其中有人赞成马克思对斯密的批判，认为斯密的两个定义或者说两个标准从本质上是相互矛盾和相互排斥的，其生产劳动理论具有二重性。⑥ 其立论依据，就是马克

---

① 何炼成. 价值学说史. 北京：商务印书馆，2006：225－262.
②③ 陈岱孙. 从古典经济学派到马克思：若干主要学说发展论略. 北京：商务印书馆，2014：86.
④ 陈岱孙. 从古典经济学派到马克思：若干主要学说发展论略. 北京：商务印书馆，2014：87.
⑤ 关于生产劳动和非生产劳动理论的学界研究现状，可参见笔者所发表的论文：伍书颖，王峰明. 生产劳动理论：马克思对亚当·斯密的批判与超越. 思想理论教育导刊，2021（08）：37－44.
⑥ 该观点较为普遍，其中具有代表性的作品有：祁晓玲，曾令秋. 论马克思对斯密生产劳动理论的批判、继承和发展. 社会科学研究，2002（05）：64－66；陈振羽. 从马克思批判庸俗经济学反对斯密生产劳动理论的评述中吸取教益. 厦门大学学报（哲学社会科学版），1987（04）：90－97；戴玉林. 斯密关于生产劳动的见解是一贯的和统一的吗？. 中国社会科学，1984（03）：51－52；沈志求. 马克思生产劳动概念的形成：马克思对斯密生产劳动理论评价的演变. 教学与研究，1983（06）：70－75；于洪波，彭金荣. 论生产劳动理论在斯密经济理论体系中的地位. 经济科学，1984（04）：65－66.

思对斯密两个定义所做的完全相反的评价。一方面，马克思认为其第一个定义和标准是"正确的定义"，"亚·斯密在这里触及了问题的本质，抓住了要领"[1]；另一方面，明确指出斯密的第二个定义是"错误的见解"，是"比较浅薄的见解"，并且认为重农学派的影响才致使"斯密走入这条歧途"[2]。但是，也有人不认同马克思的批评，认为马克思错解了斯密，更谈不上对斯密生产劳动理论的超越。例如，他们明确表示："斯密关于生产劳动的见解是一贯的和统一的，并不存在相互矛盾的两种见解或两个定义"[3]。他们或者认为，斯密所考察的是资本主义制度下的生产劳动，这种劳动必然既是一种生产商品的劳动，也是一种创造价值和剩余价值的劳动，因此，斯密关于生产劳动的两个定义不仅同时成立，而且符合马克思在《资本论》中的相关论述。或者认为，马克思所概括的斯密的第二种见解并不是斯密另外提出的一个独立的定义，而是把物化在商品中的劳动作为生产价值和剩余价值的前提来讲的，因而是包含在第一个定义中的，并不存在什么"错误"。[4]

第三，在剩余价值的分割和分配理论上，以斯密和马克思在利润和工资之间关系的比较研究为例。与斯密价值决定理论的矛盾性直接相关的是，斯密的工资理论和利润理论都有着相互矛盾的两种理解。

学界普遍认同斯密有两种工资理论，其代表性看法是，"在资本积累和土地私有制产生以前，劳动产品全部属于劳动者，构成劳动的工资；在资本积累和土地私有制产生以后，由于土地所有者和资本家凭借土地和资本分享劳动产品，所以只有部分劳动产品属于劳动者，构成劳动的工资。"[5] "劳动生产物是劳动的自然报酬或自然工资，这是斯密的第一种工

---

[1] 马克思，恩格斯. 马克思恩格斯全集：第33卷. 2版. 北京：人民出版社，2004：136、141.
[2] 马克思，恩格斯. 马克思恩格斯全集：第33卷. 2版. 北京：人民出版社，2004：139、358、147.
[3] 卫兴华. 马克思的生产劳动理论. 中国社会科学，1983（06）：59-75；邹柏松. 评亚当·斯密划分生产劳动的两个标准. 华南师范大学学报（社会科学版），1991（03）：84-87.
[4] 卫兴华. 马克思的生产劳动理论. 中国社会科学，1983（06）：59-75.
[5] 吴易风. 英国古典经济理论. 北京：商务印书馆，1988：258.

资理论。这种理论是同他的劳动价值论相一致的。"①"这是他的工资规定中的合理因素。但是，这种工资规定也含有不合理的因素。它缺乏历史观点，对资本主义制度下的工资和资本主义以前的劳动收入未加区别，把雇佣工人的收入和小生产者的收入混为一谈。"②"斯密认为，'靠工资过活的阶级'的利益同'整个社会的利益'是一致的。"③"随着社会实际财富的增加，工人的实际工资就一定增加……斯密承认：当社会的实际财富不增不减的时候，工人的工资马上就会降低。当社会衰落的时候，工人的工资甚至会降低到养家糊口的水平以下。"④

利润一词在斯密著作中有两个基本含义：当斯密把利润看作工人的劳动加到材料上的价值的扣除部分时，利润一词的基本含义是剩余价值，而当斯密把利润看作超过资本家预付工资和加工材料的资本总额之上的余额时，利润一词就是指剩余价值的利润形式。⑤"斯密认为第三个阶级即'靠利润为生的'资本家阶级的利益同'整个社会的利益'是'不一致'的。斯密承认：资本家都是以利润为目标的。"⑥

第四，在经济学方法论上。吴易风最先提出了古典政治经济学的哲学方法论这一极重要的问题，认为英国经验论唯物主义是古典经济学的哲学前提。⑦ 刘永佶在1987年出版了《马克思政治经济学方法论史》，他指出斯密价值理论的研究方法上的主要问题是：斯密在使用抽象法的同时，又使用了截然相反的现象描述法，从而造成其政治经济学方法论的二重性⑧；而马克思价值理论的方法论经历了三个阶段，分别是从提出异化劳动假说的方法论，到向剩余价值理论过渡的方法论，再到科学抽象法的成熟。⑨ 张一兵在充分肯定吴易风对古典政治经济学哲学基础的研究之上，表达了不同的观点，张一兵认为早期政治经济学中的唯物主义方法，不是

---

① 陈其人. 亚当·斯密经济理论研究. 北京：商务印书馆，1988：43.
② 吴易风. 英国古典经济理论. 北京：商务印书馆，1988：259.
③④ 吴易风. 英国古典经济理论. 北京：商务印书馆，1988：390.
⑤ 吴易风. 英国古典经济理论. 北京：商务印书馆，1988：309.
⑥ 吴易风. 英国古典经济理论. 北京：商务印书馆，1988：390.
⑦ 吴易风. 英国古典经济理论. 北京：商务印书馆，1988：27-38.
⑧ 刘永佶. 马克思政治经济学方法论史. 北京：北京大学出版社，1987：43-47.
⑨ 刘永佶. 马克思政治经济学方法论史. 北京：北京大学出版社，1987.

英国经验论唯物主义哲学在经济学上的简单移植，而是与经验论唯物主义哲学存在着重要的理论异质性的社会唯物主义原则，这一原则不是对自然感性实体的直观，而是将对社会现象的认识建立在感性的观察之上，感性所观察的社会现象，既有社会生活中的物质对象，又有人的客观活动和事件（生产、经济活动和政治斗争），同时还有理论和文化现象，因而实际上已经产生了一种理论意向上的重要变化。① 此外，张一兵注意到马克思未曾系统地从哲学上评述过古典政治经济学，在1845年之前，马克思没有也不可能正确地直接指认古典经济学的哲学方法论，而当1845年历史唯物主义创立之后，他已经主要着眼于政治经济学批判维度了。② 这也为马克思经济哲学的研究提供了新的课题和方向。

沿着上述道路，唐正东深化了斯密经济学方法论的研究。唐正东认为斯密经济哲学方法论中有历史性维度，但斯密的经济线索根本不是马克思后来的历史唯物主义的线索，而只是抽象的财产所有权的线索，这决定了"历史"在斯密的经济学思想中必然只可能是一种前奏，而不可能与其经济理论的分析融为一体。③ 在历史性维度之外，唐正东认为斯密经济哲学方法论中还有社会性维度，《国富论》的两个基础性概念即分工和交换所构成的就是斯密的"商业社会"概念，这一维度与马克思后来所阐述的人是一切社会关系的总和的观点有一个相同之处，即斯密和马克思都立足于现实社会中具体的人与人之间关系的角度来理解社会的内容。④ 但不同的是，马克思首先立足于经济关系在各种社会关系总和中所处的基础性和决定性地位，然后再去了解人的其他社会关系如道德伦理等层次的内容，而斯密是把道德伦理、法律政治、经济交换当成相互分开的三个不同层面来同等看待，分别研究这三个层面上的社会性内涵，这导致他只能对每个单

---

① 张一兵. 回到马克思：经济学语境中的哲学话语. 3版. 南京：江苏人民出版社，2014：26-29.
② 张一兵. 回到马克思：经济学语境中的哲学话语. 3版. 南京：江苏人民出版社，2014：29.
③ 唐正东. 从斯密到马克思：经济哲学方法的历史性诠释. 南京：江苏人民出版社，2009：18.
④ 唐正东. 从斯密到马克思：经济哲学方法的历史性诠释. 南京：江苏人民出版社，2009：52.

独层面的社会关系作经验性的理解。①

1.3 研究方法

其一,思想比较研究方法。马克思价值理论的生成,是在与以斯密为代表的经济学家的对话中完成的,因而只有基于思想比较视域去梳理分析作为马克思价值理论超越对象的价值理论及其理路,才能进入马克思价值理论的深层逻辑并呈现出其精髓实质。其中,最具代表性的超越对象是斯密的价值理论,这是由于斯密理论具有承前启后的重要地位,特别是其开启了经济思想史上两种互相对立的价值理论的发展路向,因而马克思对斯密价值理论的批判蕴含着马克思价值理论的全部逻辑。

其二,文本解读方法。本书不以传统教科书体系或某种关于马克思与古典政治经济学关系的固定解读范式为依据,而是要回归马克思与其批判对象的文本中,努力重现马克思与古典政治经济学之间的本真关系。

其三,逻辑与历史相统一的方法。无论是客观实在的历史还是反映客观实在的人类认识的历史,其发展都是有规律的。无论是马克思还是近代的经济学家,其理论的展开逻辑都无法脱离其所面对的社会发展的具体进程。亚当·斯密和马克思的价值论不是脱离人类社会历史的独立演进,而是人类社会历史的发展规律在理论世界的反映,本书试图以逻辑与历史相统一的方法来把握马克思与斯密价值理论的内在逻辑。

1.4 本书结构与创新之处

马克思指出,"……对经济学范畴的批判,或者,也可以说是对资产阶级经济学体系的批判叙述。"②《国富论》和《资本论》都是围绕着以价值为目的的资本主义生产展开的,对斯密与马克思价值概念的比较研究,也就是对二者经济学体系的比较研究。

---

① 唐正东. 从斯密到马克思:经济哲学方法的历史性诠释. 南京:江苏人民出版社,2009:53.

② 马克思,恩格斯. 马克思恩格斯文集:第10卷. 北京:人民出版社,2009:150.

(1) 逻辑架构。

《国富论》的叙述逻辑和文本架构是：分工论→交换论→货币论→商品论→分配论→积累论，其中"积累论"对应着《国富论》第二篇中的资本积累问题，在"积累论"之前的逻辑环节分别对应着《国富论》第一篇中的各章，其中"分配论"对应着第一篇中的第八章到第十一章。而《资本论》的论证结构与之不同，对照来说可大致分为：商品论→货币论→生产和再生产论→分配论，这里所说的"生产和再生产论"对应着《资本论》第一卷中的第二篇到第七篇的内容，也就是从货币转化为资本开始的关于剩余价值的生产、再生产问题，"商品论→货币论"对应着《资本论》第一卷第一篇"商品和货币"的内容，分配论则大致对应着《资本论》第三卷的内容。

从这种结构的对比中，可以看到《国富论》和《资本论》的研究起点不同，相伴随着的是商品论和货币论的位置颠倒，另外还有分配论和积累论的位置颠倒。两种理论外在逻辑体系的颠倒，实质在于二者理论内核的根本差异。从总体上，二者价值理论的差异表现在价值生产和价值规定理论、剩余价值的生产、剩余价值的分割和分配理论三个方面。而斯密和马克思在价值理论三个方面的差异离不开其各自的哲学基础。

(2) 章节安排。

在上述分析的基础上，本书分为7章展开，包括第1章导论、第7章结语和作为主体内容的5章。

第1章，导论。主要论述了选题背景和选题意义，指出价值在人的自由实现、马克思经济哲学中具有重要意义，而对马克思价值理论的把握离不开对斯密的价值理论的分析，对斯密和马克思价值理论的比较研究具有重要的理论和现实意义，然后分析了这一研究在国内外学界的现状，在此基础上指出研究的不足和进一步研究的空间。

第2章，在二者价值理论的哲学基础中，呈现出"孤立的个人"和"现实的个人"的本质性差异。指出斯密从其道德哲学体系出发，以市民社会中资本家的趋利性来定义普遍意义上的人性，从合理利己主义的人性观出发，以满足人的需要的交换行为作为价值理论的出发点；马克思从现实的个人出发，以物质生活资料的生产和再生产作为价值理论的发源地。

第 3 章，在价值生产和价值规定理论中，呈现出斯密和马克思在开启价值理论时的不同出发点。指出斯密从分工和交换出发，将货币仅仅看作便于交换的手段，从交换价值的维度讨论商品交换的尺度，陷入了多种价值决定论的矛盾之中；马克思从商品出发，将商品看作价值和使用价值二因素的统一，从商品价值形式的研究中推出作为商品价值一般的货币形式，破除了商品拜物教和货币拜物教的秘密，并从社会必要劳动时间维度回答了商品价值决定问题，以及在资本主义社会中的价值转形问题。

第 4 章，在剩余价值生产理论中，呈现出斯密和马克思在生产劳动和非生产劳动划分问题上的本质性差异。指出斯密关于这一问题的研究集中表现在他对生产劳动问题的认识中，斯密一方面认为只有给雇主带来利润的劳动才是生产劳动，另一方面又认为只要是固定或物化在商品上的劳动就是生产劳动，前一个定义揭示了资本主义生产劳动的本质规定，体现了资本主义生产的根本目的，后一个定义无视生产劳动的形式规定和物质规定的区别，无视生产关系对生产目的的决定作用。马克思区分了形式规定和物质规定，厘清了生产关系和生产目的的相互作用，认为只有从事物质生产并带来剩余价值的劳动才是生产性劳动。

第 5 章，在剩余价值分割和分配理论中，呈现出斯密和马克思在工资和利润关系问题上的本质性差异。指出斯密认为在"看不见的手"的自由法则下，商业社会不断增加社会财富，并以利润、工资、地租的形式供给资本家阶级、劳动者阶级、土地所有者阶级，其中工资仅限于满足劳动者的最低生活需要，但认为随着生产力的发展，工资的购买力不断提高，劳动者虽然在与利润攫取者之间的关系中处于不利的地位，但也能获得普遍富裕的生活。而马克思认为市民社会自身有不可调和的矛盾，他不赞同黑格尔通过国家来解决市民社会中矛盾的做法，而主张通过市民社会中生产力和生产关系矛盾的解决来实现人的自由。

第 6 章，马克思价值理论变革的当代启示。指出马克思价值理论变革是马克思思想发展中的关键性环节，实现了经济思想史中的"哥白尼式的革命"，重申劳动价值理论的真理性，激发劳动价值论的当代活力。

第 7 章，结语。从总体上回顾和梳理了这一研究的结论和未来可待进一步研究的理论要点。

（3）创新之处。

本书相较此前研究具有的创新之处在于：

第一，以文本深度耕犁和比较分析视角为研究方法。学界目前关于斯密理论的研究多采用板块化研究模式，往往将价值理论与其他部分如地租、工资、利润理论并列起来，因而存在各部分间联系不强的弱点，对于斯密理论的内部逻辑的把握尚显不足。此外，通过对《国富论》和《资本论》及其手稿等相关文本的深入解读，特别是对剩余价值学说史进行研读，既从横向层面揭示出马克思和斯密价值理论在各个逻辑环节上的差异，又能从纵向层面展现出马克思对斯密价值理论的超越维度。

第二，在哲学史的视野中去考察价值问题，注重从哲学基础上比较马克思与斯密价值理论，特别是将斯密价值理论放在近代思想史以及斯密本人思想发展历程的哲学视域进行研究，以此揭示出斯密价值理论的深层思想内涵。当前对斯密价值理论的研究多是从单一的政治经济学维度展开的，而在斯密那里，经济学本身从属于法与政治的研究，斯密价值理论直接触及市民社会的资本逻辑，为市民社会的运行规律进行初步的理论确证。

第三，以价值理论作为考察斯密和马克思经济哲学理论的主线。以往对斯密经济理论的研究，以及对斯密和马克思经济理论的比较研究中，价值理论只是作为商品价值论呈现出来的，而未能全面揭示出斯密价值规定理论与其生产劳动理论、利润理论、地租理论和工资理论之间的紧密关系。而且国内已有的斯密经济研究囿于当时所处的学术环境，有待进一步挖掘《资本论》及其手稿的哲学维度，对斯密价值理论背后的社会历史观点也缺乏充分的关注。而当下对马克思《资本论》及其手稿的研究更加充分，沿着马克思关于价值存在和运动的辩证过程，展开对斯密价值理论的对比研究，则具有一定的创新性。

第 2 章 斯密与马克思价值理论的哲学基础比较

对哲学基础的探讨是关于斯密和马克思价值理论比较研究的首要环节。斯密与马克思的价值理论以探讨近代社会中人的自由实现为共同主题，但它们的哲学基础不同，斯密以"孤立的个人"为其价值理论的哲学基础，马克思以"现实的个人"为其价值理论的哲学基础，这决定了二者价值理论的根本差异。斯密所处的时代是从封建社会向资本主义社会的过渡时期，工场手工业的生产方式占据着主导地位，每个人似乎在一开始就处于社会分工的某一领域并从事商品交换，"一切人都要依赖交换而生活，或者说，在一定程度上，一切人都成为商人，而社会本身，严格地说，也成为商业社会"①，这种依赖性看似是人与人之间的紧密联系，而实际上是以物的依赖性为基础的人与人之间的孤立状态，斯密将这种孤立状态下的人看作不同时代条件下一切人的本质。马克思所处的时代是资本主义社会的蓬勃发展阶段，机器化大生产占据着生产方式的主导地位，从而极大地改变了人与人之间的关系，马克思认为人的本质是社会关系的总和，进而从具体、现实的生产关系中去定义人的本质。

2.1 "孤立的个人"：斯密价值理论的哲学基础

对斯密价值理论的哲学基础的把握，必须回到斯密所处的时代和斯密自身的思想发展历程中。斯密所处的时代既从属于西欧由封建社会向资本

---

① ［英］亚当·斯密. 国富论. 北京：商务印书馆，2015：19.

主义社会过渡的大时代，又从属于苏格兰启蒙运动的小时代。

2.1.1 资本主义生产方式的初步呈现及其理论回应①

"单个的孤立的个人"的观念是"对于16世纪以来就作了准备、而在18世纪大踏步走向成熟的'市民社会'的预感"。②"产生这种孤立个人的观点的时代，正是具有迄今为止最发达的社会关系（从这种观点看来是一般关系）的时代。"③ 这一时代，在斯密那里就是以雇佣劳动为特征的资本主义生产方式的初步确立的时代，是以商品生产和交换为特征的发达商品经济时代。价值是商品经济范畴，有了商品交换才产生价值问题，价值的认识和研究过程也是商品经济发展过程的反映。④ 在斯密之前，重商主义和重农主义作为早期资本主义的代表性思想体系，分别从货币和土地的产品角度来分析价值，前者把价值仅仅归结为价值形式即交换价值，后者把价值仅仅归结为使用价值，进而把创造价值的劳动分别理解为开采金银矿的劳动和农业劳动。而在斯密那里，价值表现为一般劳动，商品的使用价值和交换价值是合并在一起的，既使价值摆脱了金银的表现形式，又提出产品一般是资产阶级财富的实质，进而将创造价值的劳动理解为劳动一般而不是某种特殊劳动。

（1）重商主义：把价值归结为交换价值。

伴随着新航路的开辟，封建社会内部产生了以商业资本和货币积累为特征的资本主义生产关系的萌芽，亦即重商主义。重商主义是经济思想史上对资本主义进行最初理论研究的思想流派，是15世纪末到17世纪中叶迅速发展起来的商业资本利益的反映，为西欧资本主义生产方式的确立创造了必要的前提。重商主义的出现表征了一种人与外部世界依存关系的重大改变，从自然经济中人对人的依赖关系转变到商品经济中人对物的依赖关系。⑤

---

① 本节部分内容笔者以《经济思想史视域中马克思价值概念的生成逻辑》为题将发表于《经济思想史研究》2024年第00期，在此作了进一步的修改、扩充与完善。
② 马克思，恩格斯. 马克思恩格斯全集：第30卷. 2版. 北京：人民出版社，1995：22.
③ 马克思，恩格斯. 马克思恩格斯全集：第30卷. 2版. 北京：人民出版社，1995：25.
④ 陈岱孙. 从古典经济学派到马克思：若干主要学说发展论略. 北京：商务印书馆，2014：45.
⑤ 张一兵. 回到马克思：经济学语境中的哲学话语. 3版. 南京：江苏人民出版社，2014：45.

"金银天然不是货币，但货币天然是金银"①，金银由于其独有的特质和稀有性，在人类社会的早期阶段就成为商品交换的天然等价物，进而具有直接可交换的社会性，成为社会财富的化身。对金银财富的渴求也成为西欧社会开辟新航路的现实经济因素。随着美洲的发现，很多金银矿被挖掘，更进一步满足了资本原始积累的要求，来自西欧的征服者纷纷抢夺金银运回国内，在对外贸易中也以输入更多金银为目的，中世纪的封建政权也在这一思想下建立了防止金银输出的法令。重商主义在英法两国的发展最为充分。西欧重商主义的发展经历了早期重商主义和晚期重商主义两个阶段，其共同点是：其一，在社会财富观念上，货币是最好的财富，把货币的多寡视为衡量国家富裕程度的标准，带来的理论逻辑是一国的财富增加必定要以另一个国家的财富减少为代价；其二，在财富来源上，主要是在流通领域，商业是获得货币财富的唯一源泉，只有对外贸易才能为一国带来真正的利润，强调对外贸易的原则应是少买多卖，实现外贸顺差、出超，这样金银才能大量地、不断地流入本国。②"在重农学派以前，剩余价值——即利润，利润形式的剩余价值——完全是用交换，用商品高于它的价值出卖来解释的。"③ 货币财富的发展具有重要的历史意义，"货币财富——作为商人财富——当然促使旧的生产关系的推进和解体"④，因为货币财富把封建地主阶级的地租收入的交换价值的意义提高了，他可以拿着自己的农产品去交换来自异乡的使用价值，而不是被挥霍消耗掉。

在重农学派看来，重商主义者认为一切生产部门只有靠"让渡利润"，"只有靠高于商品价值出卖商品，才能创造剩余价值，因此，发生的只是已创造的价值的新分配，而不是已创造的价值的新增加"⑤，所以重农学派认为重商主义把价值创造的来源放在流通领域是错误的。重农学派对重商学派的这一分析是有道理的，而究其根本，是由于商业资本不组织劳

---

① 马克思，恩格斯. 马克思恩格斯全集：第31卷.2版. 北京：人民出版社，1998：550.
② 马涛. 经济思想史教程.2版. 上海：复旦大学出版社，2018：40.
③ 马克思，恩格斯. 马克思恩格斯全集：第33卷.2版. 北京：人民出版社，2004：11.
④ 马克思，恩格斯. 马克思恩格斯全集：第30卷.2版. 北京：人民出版社，1995：503.
⑤ 马克思，恩格斯. 马克思恩格斯全集：第33卷.2版. 北京：人民出版社，2004：37.

动,甚至商业资本的发展反而进一步割断了不同商品生产者之间不同劳动的交换关系,所以重商主义对生产中的耗费劳动没有直接兴趣。① 但这并不意味着,重商主义没有看到劳动在商品价值创造中的作用,事实上,价值和劳动之间的关系虽然是由产生于18世纪中叶的古典政治经济学所正确揭示的,但重商主义也看到了劳动对商品价值的创造作用,正如马克思所揭示的那样,"重商学派的基本观点是:劳动只有在产品出口带回的货币多于这些产品所值的货币(或者多于为换得这些产品而必须出口的货币)的那些生产部门,因而只有在使国家有可能在更大的程度上分沾当时新开采的金银矿的产品的那些生产部门,才是生产的。"② 所以,虽然重商主义把价值理解为交换价值,进而仅仅把开采金银矿的劳动看作生产交换价值的劳动,但他们也"无意识"地表达了生产价值的劳动的正确见解。③ 不过,重商主义对创造价值的劳动的见解显然又是不到位的,因为开采金银矿的生产部门之所以是生产性劳动部门,不是因为这一劳动开采的金银更多,而是因为在新金矿的影响下,贵金属大量流入市场导致商品价格上涨,相比之下工资相对下降,从而相对剩余劳动以及利润增加,劳动的生产能力实际上更大,概言之,不是因为通过交换带来的货币更多,而是由于实际上劳动能力的增大,才使生产部门的劳动是生产性劳动。

重商主义的最后代表人物之一——詹姆斯·斯图亚特总体上来说并没有超出这种狭隘看法,但是他也不同意新财富的创造是单个资本家由于商品高于其价值出卖而获得的剩余价值这一看法,他区分了"相对利润"和"绝对利润","相对利润"是单个资本家由于商品高于它的价值出卖而产生的利润,是以交换价值的增加为前提的资本家的利润,而"绝对利润"是由劳动力的发展造成的使用价值量的增加。④ 马克思指出,"斯图亚特所指的,仅仅是由劳动生产力的发展造成的更大的使用价值量,他完全离开资本家——他总是以交换价值的增加为前提——的利润来考察这

---

① 陈岱孙. 从古典经济学派到马克思:若干主要学说发展论略. 北京:商务印书馆,2014:59-60.
②③ 马克思,恩格斯. 马克思恩格斯全集. 第33卷.2版. 北京:人民出版社,2004:138.
④ 马克思,恩格斯. 马克思恩格斯全集. 第33卷.2版. 北京:人民出版社,2004:11-12.

个绝对利润。"① 由此可见，重商主义也曾无意识地从劳动出发来理解商品价值的生产，但是他们理解的劳动只是开采金银矿的劳动，这为重农主义开辟了道路。

（2）重农主义：把价值归结为使用价值。

直到 18 世纪，重商主义带来的社会问题在以农业经济占主导的法国得到了集中体现，发展工商业的政策导向严重损害了农业发展，谷物贸易作为重商主义保护政策的最后堡垒②，也严重损害了农民利益，同时，政府税收混乱，社会分配不公，国内消费不足，导致社会阶级矛盾激化。③这就催生了主张自然秩序的法国重农主义，并使之一跃成为在 1756—1776 年间居于主导地位的经济流派。自然秩序是重农主义整个经济思想体系的基础，这种学说第一次明确了在人类社会中存在着不以人们意志为转移的客观规律，从而为经济学提出了认识客观规律的任务，这是重农主义者的科学功绩，也成为古典经济学的传统，其重要性在于创立了把社会经济看作是一个可测定的制度的概念，资产阶级古典政治经济学的全部理论和经济政策就是建立在这个概念上面的。④

重农学派在斯图亚特的基础上，彻底否定了流通领域能够创造价值的观点，首次"把关于剩余价值起源的研究从流通领域转到直接生产本身的领域，这样就为分析资本主义生产奠定了基础"⑤。马克思称重农学派为古典政治经济学的开启者，是"真正的现代经济科学"⑥。

重农主义者认为财富是物质产品，是使用价值，而只有农业才能创造物质，因而只有农业是生产的。"他们完全正确地提出了这样一个基本论点：只有创造剩余价值的劳动，即只有劳动产品中包含的价值超过生产该

---

① 马克思，恩格斯. 马克思恩格斯全集：第 33 卷. 2 版. 北京：人民出版社，2004：11 - 12.
② 王长刚. 自由贸易及其辩护：英国谷物法争论与古典政治经济学的发展. 浙江：浙江大学，2017.
③ 马涛. 经济思想史教程. 2 版. 上海：复旦大学出版社，2018：79 - 80.
④ 陈岱孙. 从古典经济学派到马克思：若干主要学说发展论略. 北京：商务印书馆，2014：9 - 11.
⑤ 马克思，恩格斯. 马克思恩格斯全集：第 33 卷. 2 版. 北京：人民出版社，2004：16.
⑥ 马克思，恩格斯. 马克思恩格斯全集：第 46 卷. 2 版. 北京：人民出版社，2003：376.

产品时消费的价值总和的那种劳动，才是生产的。"① 这二者的差额具体来说就是"劳动能力的价值和这个劳动能力的价值增殖之间的差额，……无论在哪个生产部门都不如在农业这个最初的生产部门表现得这样显而易见，这样无可争辩"②。因为在农业中，既能看到农民直接生产自己的生活资料，也能看到他直接生产超过这个生活资料的余额，这些都可以折合为谷物这种使用价值表现出来，而这在制造业里是不容易直接看出来的。这一差额就是"纯产品"，对于"纯产品"的来源问题，重农学派有三个观点，一是"纯粹的自然赐予"③，二是土地耕种者的劳动，三是投在农业上的资本，而最终重农学派在叙述社会总产品的流通过程时，论证了"纯产品"是如何以地租的形式归属于土地所有者阶级的。④ 斯密也正是从这一角度来理解重农学派的"纯产物"。马克思指出重农学派"对价值有不正确的看法，他们把价值归结为劳动的使用价值，而不是归结为劳动时间，不是归结为没有质的差别的社会劳动"⑤。

　　斯密指出，重农主义把土地生产物看作各国收入及财富的唯一来源或主要来源。⑥ 重农主义把对一国土地和劳动的年产物有所贡献的各阶级人民分为三种。第一种是土地所有者阶级，他们将金钱放在土地改良上，这样才能保证耕作者生产出更多的生产物，使得耕作者能够支付更高的地租，而这种增高的地租被视为地主改良土地所应得的利息或利润。第二种是耕作者、农业家和农村劳动者阶级，耕作者或农业家支付耕种土地的原始费用和每年费用（这两种费用可大致等同于马克思所说的不变资本部分），并从支付地租后的土地生产物中获得这两种费用的补偿及其普通利润，并一起被视为"农业的神圣基金"，所以，地主应得的地租，是扣除上述费用及其利润之后留下的纯产物。第三种是不生产阶级即工匠、制造者和商人阶级，工匠和制造者的劳动只是偿还雇佣他们的资本并提供资本的普通利润，其利润只是对雇主所投资本的补偿，是用来维持雇主自身所

---

①② 马克思，恩格斯. 马克思恩格斯全集：第33卷.2版. 北京：人民出版社，2004；19.
③ 马克思，恩格斯. 马克思恩格斯全集：第33卷.2版. 北京：人民出版社，2004；29.
④ 马克思，恩格斯. 马克思恩格斯全集：第33卷.2版. 北京：人民出版社，2004；30-31.
⑤ 马克思，恩格斯. 马克思恩格斯全集：第33卷.2版. 北京：人民出版社，2004；138.
⑥ [英]亚当·斯密. 国富论. 北京：商务印书馆，2015；633.

需的费用,因而制造业资本和商人资本不能生产任何新的价值,而不像土地的地租是还清全部费用以后留下的纯产物。①

(3) 斯密对"政治经济学体系"的批判。

到了斯密的时代,重商主义已经无法适应新兴产业资本家阶级的发展要求。斯密从重商主义体系的灰烬中,产生出了自己的政治经济学体系②,同时深受重农主义的影响。斯密《国富论》第四篇的标题是"论政治经济学体系",他指出,不同时代不同国民的不同富裕程度,曾产生了两种不同的关于富国裕民的政治经济学体系,即重商主义和重农主义。③他一方面批判了站在商业资本利益上的重商主义者所主张的只有对外贸易才是财富来源的错误观点,另一方面又矫正了重农主义者所持的只有农业劳动才创造财富的偏见,在经济学说史上第一次宣称任何一个生产部门的劳动都是国民财富的源泉。④

斯密对重商主义的分析和批判主要集中在重商主义关于"财富由货币或金银构成这一通常流行的见解"⑤上。斯密首先分析了重商主义得出这一见解的原因,其一,货币是交易的媒介和价值的尺度;其二,贮积财富是致富的捷径,在国内流转的货币不容易被消耗,因而成为一国动产中最坚固的部分;其三,对外战争需要提前积累金银。也正是基于以上三大原因,当时的各国采取了重商主义所建议的禁止金银输出的政策。⑥ 然后,斯密表达了对这一政策的看法并对上述原因予以了反驳。他认为这一政策达不到预期的效果,因而完全没有必要,他认为正确的做法是听任货币自由流通,金银会自动从超过有效需求的地方运到不足以满足有效需求的地方。⑦ 更为重要的是,由于货币量必然要受到国内借货币而流通的商品的价值的支配,因而,如果金银在一国内的积累超过所需的数量,那么任何

---

① [英] 亚当·斯密. 国富论. 北京:商务印书馆,2015:634-637.
② [美] 约瑟夫·熊彼特. 经济分析史:第1卷. 北京:商务印书馆,1991:291.
③ [英] 亚当·斯密. 国富论. 北京:商务印书馆,2015:401.
④ 陈岱孙. 从古典经济学派到马克思:若干主要学说发展论略. 北京:商务印书馆,2014:68.
⑤ [英] 亚当·斯密. 国富论. 北京:商务印书馆,2015:402.
⑥ [英] 亚当·斯密. 国富论. 北京:商务印书馆,2015:402-404.
⑦ [英] 亚当·斯密. 国富论. 北京:商务印书馆,2015:406-408.

法律也不能防止其立即输出国外。① 至于战争的供给也不一定要积累金银，而是可以依赖可消费的物品②，至于美洲的发现之所以使欧洲变得富裕，不是输入金银的缘故，而是由于市场的扩大带来的生产力的倒逼式提高。③ 因而，斯密强调贸易的自由、货币流通的自由才能真正增进国富。最后，针对重商主义为增加国内金银量所倡导的限制输入和奖励输出的方法，斯密用了相当大的篇幅逐一分析了其中的悖论。

　　斯密对重农主义的分析和批判在于，斯密既赞同重农主义关于自由贸易的看法，又反对其认为工匠、制造业工人和商人是不生产阶级的观点。一方面，重农主义认为虽然工匠、制造业工人和商人是不生产阶级，是由土地所有者阶级及耕作者阶级所维持和雇佣的，但是这个不生产阶级对于其他两个阶级是大大有用的，因为有了工匠、制造业工人和商人的劳动，地主和耕作者才能以较少的自己劳动的产物购得他们所需的商品，耕作者也能更专心地生产更多的产品，所以不生产阶级间接有助于土地生产物的增加，因而凡是阻碍工匠、制造业工人和商人的状况，必然也损害地主和耕作者的利益，比如对主要以商人、工匠和制造业工人构成的商业国供给到本国的商品课征高关税，抬高了外来商品在本国市场中的价格，其实反过来降低了用来购买外来商品的本国自己土地剩余生产物的真实价值，这就妨害了本国土地剩余生产物的增加，从而不利于本国土地的改良，相反，准许一切商业国享有贸易上最完全的自由，乃是提高这种剩余生产物价值并促进土地改良的最有效方案。④ 另一方面，斯密认为把工匠、制造业工人和商人看作是不生产阶级是重农主义最大的谬误。⑤ 重农主义认为，虽然工匠和制造业工人的劳动对于土地生产物某特定部分有很大的增加，但是他们所消耗的价值已经抵偿了这部分增加的价值，所以他们的劳动对全部价值没有一点的增加。⑥ 而斯密认为这一推定是不恰当的，他举

---

① ［英］亚当·斯密. 国富论. 北京：商务印书馆，2015：412-413.
② ［英］亚当·斯密. 国富论. 北京：商务印书馆，2015：413-420.
③ ［英］亚当·斯密. 国富论. 北京：商务印书馆，2015：420-421.
④ ［英］亚当·斯密. 国富论. 北京：商务印书馆，2015：639-641.
⑤ ［英］亚当·斯密. 国富论. 北京：商务印书馆，2015：645.
⑥ ［英］亚当·斯密. 国富论. 北京：商务印书馆，2015：637.

例说，某一工匠在半年的时间内做成了价值十磅的产物，那么即使他同时消费了价值十磅的谷物及其他必需品，但他实际上也对社会的土地和劳动的年产物增加了十磅的价值，不能以工匠消费了十磅的谷物来抵消掉他所生产的价值，这十磅谷物如果是士兵和家仆消费的，那么市场上货物实际存在的价值并没有增加，所以无论在什么时候，因为有了工匠、制造业工人的生产，市场上货物实际存在的价值都比没有他们生产的场合大，因而在这个意义上，斯密不赞同将工匠、制造业工人和商人看作是同家仆一样的不生产阶级，实际上反驳了重农主义者所持的只有农业劳动才创造财富的偏见。①

与上述两种观点不同，斯密抽象出了创造财富的劳动一般。他"沿着重农学派甚至重商学派走过的方向走，不过使这个方向摆脱了错误的表述方式，从而揭示出它的内核"②。这个"方向"是指，无论是重商学派的无意识还是重农学派的有意识，他们都指明了生产领域的劳动是价值的来源，"错误的表述方式"是指重农学派将这种劳动归结为农业劳动，而重商主义认为是开采金银矿的劳动，斯密则在经济学说史上第一次宣称任何一个生产部门的劳动都是国民财富的源泉，揭示出劳动一般的内核。

"劳动似乎是一个十分简单的范畴。它在这种一般性上——作为劳动一般——的表象也是古老的。但是，在经济学上从这种简单性上来把握的'劳动'，和产生这个简单抽象的那些关系一样，是现代的范畴。"③ 所谓"现代"即"资本主义生产关系占主导的时代"，相比于重商主义和重农主义，斯密显然更"现代"，他正处在工场手工业末期、工业革命的前夜，是资本主义生产方式初步形成的时期。这一时期最突出的特征是分工和交换的发展，"以各种现实劳动组成的一个十分发达的总体为前提，在这些劳动中，任何一种劳动都不再是支配一切的劳动。"④ 因而，斯密在《国富论》开篇即指出，"一国国民每年的劳动，本来就是供给他们每年消费

---

① [英] 亚当·斯密. 国富论. 北京：商务印书馆，2015：646.
② 马克思，恩格斯. 马克思恩格斯全集：第 33 卷. 2 版. 北京：人民出版社，2004：137.
③ 马克思，恩格斯. 马克思恩格斯全集：第 30 卷. 2 版. 北京：人民出版社，1995：44-45.
④ 马克思，恩格斯. 马克思恩格斯全集：第 30 卷. 2 版. 北京：人民出版社，1995：45.

的一切生活必需品和便利品的源泉"①，斯密做到了对不同种类劳动的同样看待，大大超越了之前的重商主义和重农主义仅仅在某种活动形式上来理解劳动。②马克思评论道，"亚当·斯密大大地前进了一步，他抛开了创造财富的活动的一切规定性，——干脆就是劳动，既不是工业劳动，又不是商业劳动，也不是农业劳动，而既是这种劳动，又是那种劳动。有了创造财富的活动的抽象一般性，也就有了被规定为财富的对象的一般性，这就是产品一般，或者说又是劳动一般，然而是作为过去的、对象化的劳动。这一步跨得多么艰难，多么巨大，只要看看连亚当·斯密本人还时时要回到重农主义，就可想见了。"③"这种抽象对于劳动价值理论的建立和发展起着关键的作用"④。

斯密虽然有多种商品价值决定论，但在耗费劳动决定商品价值的层面，他把价值进一步归结为劳动时间，他指出，等量劳动具有同等价值，"等量劳动，无论在什么时候和什么地方，对于劳动者都可以说有同等的价值。"⑤"可以举出许多例子证明，亚·斯密在他的整部著作中，凡是说明真正事实的地方，往往把产品中包含的劳动量理解为价值和决定价值的因素。"⑥马克思指出，"价值量的分析把他们⑦的注意力完全吸引住了。"⑧它"从来没有意识到，各种劳动的纯粹量的差别是以它们的质的统一或等同为前提的，因而是以它们化为抽象人类劳动为前提的。"⑨而这一点是由马克思做到的。

2.1.2 理论实质：财富的增加与道德共同体的实现

斯密从劳动一般出发来理解财富的来源，亦即商品价值的源泉，分工

---

① ［英］亚当·斯密. 国富论. 北京：商务印书馆，2015：序论.
② 马克思，恩格斯. 马克思恩格斯全集：第30卷.2版. 北京：人民出版社，1995：44-45.
③ 马克思，恩格斯. 马克思恩格斯全集：第30卷.2版. 北京：人民出版社，1995：45.
④ 吴易风. 英国古典经济理论. 北京：商务印书馆，1988：149.
⑤ ［英］亚当·斯密. 国富论. 北京：商务印书馆，2015：27-28.
⑥ 马克思，恩格斯. 马克思恩格斯全集：第33卷.2版. 北京：人民出版社，2004：106.
⑦ "他们"在这里指古典政治经济学。
⑧ 马克思. 资本论：第1卷.2版. 北京：人民出版社，2004：99.
⑨ 马克思. 资本论：第1卷.2版. 北京：人民出版社，2004：98.

是劳动生产力增进的唯一原因,尽管人类智慧预见到分工会带来普遍富裕并想利用分工来实现这一目标,但分工本身不是人类智慧的结果,分工也不以实现共同富裕为目标,分工实际上是一种人类倾向所缓慢而逐渐造成的结果,这种倾向就是互通有无、物物交换、互相交易。① 这里斯密实际上是否定了契约论而采取一种自然主义的思维方式。斯密虽然表示对这种倾向的分析不属于当下研究的范围,但他还是指出,"我们每天所需的食物和饮料,不是出自屠户、酿酒家或烙面师的恩惠,而是出于他们自利的打算。"② 那么斯密实际上回答了这种人类倾向不是"恩惠"即"同情心",而是"自利的打算"即"自利心",所以自利心构成斯密研究价值问题的人性论前提,而把人理解为某种人并将这种人作为前提进行理论研究,所表达的就是"孤立的个人"的观点。

"被斯密和李嘉图当作出发点的单个的孤立的猎人和渔夫,属于18世纪的缺乏想象力的虚构。"③ 斯密以18世纪的法国启蒙思想家如卢梭所设想的人的自然状态的观点出发来理解人性,将个人看作是过去存在的理想,不是把这种个人看作历史的结果,而是看作历史的起点,看作似乎是由自然造成的结果。④ 斯密从"孤立的个人"出发,提出了具有"同情心"和"自利心"的两种人性观,对这两种人性观的认识,需要挖掘斯密所面向的思想背景和理论资源,回到斯密自身学术思想的发展历程。

(1) 苏格兰启蒙运动:对经济落后的苏格兰往何处去的哲学思考。

亚当·斯密是一个"地地道道的苏格兰人"⑤。由于苏格兰长期被英格兰的光芒所掩盖,所以中国人很少关注到"英国"的真正指谓,更不了解苏格兰的特殊之处。我们通常称谓的"英国"全称是大不列颠及北爱尔兰联合王国,包括英格兰、威尔士和苏格兰以及爱尔兰岛东北部的北爱尔兰等等,苏格兰位于不列颠岛北部,南接英格兰,东面与丹麦、东北面与挪威、西北面与冰岛隔海相望,西临大西洋。考古发现表明,这一地区的历

---

① [英] 亚当·斯密. 国富论. 北京:商务印书馆,2015:11.
② [英] 亚当·斯密. 国富论. 北京:商务印书馆,2015:12.
③ 马克思,恩格斯. 马克思恩格斯全集:第30卷.2版. 北京:人民出版社,1995:22.
④ 马克思,恩格斯. 马克思恩格斯全集:第30卷.2版. 北京:人民出版社,1995:25.
⑤ [美] 约瑟夫·熊彼特. 经济分析史:第1卷. 北京:商务印书馆,1991:284.

史开始于公元前 1 万年左右的第四纪冰期末期，以旧石器时代猎人和采集者的出现为标志。① 有文字记载的苏格兰文明史可追溯到公元 1 世纪罗马帝国入侵苏格兰之后，公元 83 年夏末或 84 年，苏格兰人反抗罗马帝国的统治，最终罗马皇帝放弃了全面占领苏格兰的计划，约公元 118 年，在罗马帝国辖区的不列颠尼亚行省中，英格兰北部和苏格兰南部的凯尔特人发生暴乱，罗马皇帝哈德良修建了间隔英格兰和苏格兰的长城，哈德良长城一直是罗马帝国的北部边界，直至 5 世纪初罗马军队撤出不列颠。② 这一时期的苏格兰虽遭到短暂的侵略，但整体上仍保持着独立，继而在中世纪早期发展出两个敌对王国。③ 800—1300 年，斯堪的纳维亚半岛的维京人和盎格鲁诺曼人来到苏格兰。④ 在 9 世纪，出现了第一个真正的苏格兰王国，此后几个世纪苏格兰和英格兰长期冲突不断，1603 年苏格兰和英格兰组成共主邦联。光荣革命之后，英格兰和苏格兰的王位继承曾经出现再度分化的可能。1707 年，在英格兰经济、政治和财政压力下，英格兰与苏格兰最终组建了联合王国，并成立了大不列颠议会。⑤ 持续了八百多年的苏格兰王国从此消失，但这已经是大不列颠群岛至今为止存在时间最长的政权。

18 世纪的苏格兰耕地和牧场稀少，自然资源和气候均不适合大量人口居住，很多人迫于生计而背井离乡。合并后的苏格兰如何实现经济转型和赶超发展的问题，摆在了苏格兰学人的面前。⑥ 在社会历史文化传统、现实政治经济结构、经济发展水平上都存在较大差异甚至冲突的两个国家如何相处的问题，构成了哈奇森、休谟、斯密这些苏格兰启蒙思想运动的领袖们在特殊历史情境下秉据的特殊问题意识，斯密的《国富论》也是围绕着这样一个主题展开的。⑦ 为了解决生活的实际困难，苏格兰学人探讨

---

① ［德］伯恩哈德·迈尔. 苏格兰史. 上海：上海三联书店，2019：5.
② ［德］伯恩哈德·迈尔. 苏格兰史. 上海：上海三联书店，2019：23 - 25.
③ ［德］伯恩哈德·迈尔. 苏格兰史. 上海：上海三联书店，2019：28.
④ ［德］伯恩哈德·迈尔. 苏格兰史. 上海：上海三联书店，2019：36.
⑤ ［德］伯恩哈德·迈尔. 苏格兰史. 上海：上海三联书店，2019：68.
⑥ ［匈］伊什特万·洪特，［加］米凯尔·伊格纳季耶夫. 财富与德性：苏格兰启蒙运动中政治经济学的发展. 杭州：浙江大学出版社，2013：译序第 7 页.
⑦ ［匈］伊什特万·洪特，［加］米凯尔·伊格纳季耶夫. 财富与德性：苏格兰启蒙运动中政治经济学的发展. 杭州：浙江大学出版社，2013：译序第 5 页.

如何加快经济生产并增加社会财富,与此同时,完成了思想启蒙的任务,"作为社会科学家和政治立法者的斯密远远超越了作为经济学家的斯密,经济问题在更大的平面上隶属于政治学和社会理论的总体规划。"① 苏格兰启蒙运动作为欧洲启蒙运动的重要分支,与我们通常接触到的法国启蒙运动在主题与特征上都有较为显著的差异。法国启蒙运动以理性精神著称,专注于激进革命的政治启蒙,而苏格兰启蒙思想家们着重考虑经济生产、生活方式的变革及其对政治的影响,力图在完善市场经济的语境中构建市民社会秩序及其价值原则,将市场、法律和道德三大要素作为未来社会的基础。② 苏格兰启蒙运动不仅创造了观念的现代性,而且塑造和建构起一个现代社会。③ 剑桥大学政治思想史教授、苏格兰启蒙运动研究专家约翰·罗伯森提出,苏格兰启蒙运动的三座基石是道德哲学、历史学和政治经济学,其中政治经济学是最为核心的领域。④ 基于此,亚当·斯密在近代思想史上开辟了现代社会理论传统,以一种对市民社会的经验性分析取代了政治观念论的方法,确立了现代政治的核心是市民社会。⑤

此外,斯密所处的社会环境也影响着其关于社会生活和商业活动的看法。斯密的一生中在柯卡尔迪和格拉斯哥待的时间最长。柯卡尔迪是一个小城镇,是一个非常适合了解社会的平台,这里比乡下有更多类型的人,而且每个人的习惯、追求、苦恼和性格都比大城市中的人表现得更为彻底,这为具有极为敏锐观察力的斯密提供了很多用于研究的素材,柯卡尔迪有一两家制钉工厂,也许就是在那里他获得了对于劳动分工价值的最粗浅的认识。⑥ 斯密对劳资关系和资本积累现象的深刻分析,主要得益于他

---

① 袁立国. 马克思与古典政治经济学的理论渊源关系研究. 吉林:吉林大学,2014.
② [美] 阿瑟·赫尔曼. 苏格兰:现代世界文明的起点. 上海:上海社会科学院出版社,2016:中文版序 iii.
③ [美] 阿瑟·赫尔曼. 苏格兰:现代世界文明的起点. 上海:上海社会科学院出版社,2016:中文版序 ii.
④ John Roberson,"The Scottish Contribution to the Enlightenment", in Paul Wood, ed. *The Scottish Enlightenment: Essays in Reinterpretation*, Rochester: Rochester University Press, 2000, pp. 37 - 62.
⑤ 袁立国. 从政治观念论到社会理论:斯密、康德与黑格尔. 江海学刊,2014(02):58 - 64.
⑥ [英] 约翰·雷. 亚当·斯密传. 北京:商务印书馆,2014:8 - 9.

对当时英国城市格拉斯哥的研究，在18世纪50年代和60年代，生产技术和经济关系的发展和变化异常迅速，新的经济组织形式产生了，出现了劳动者、地主和资本家三大阶级，与之形成鲜明对照的是旧的经济组织形式，后者在苏格兰高地、封建的法国或北美的印第安部落中依然存在，斯密逐渐放弃了旧的生产方式下的经济模型，建立起了三大阶级构成社会的经济模式。①

（2）斯密学术探讨的历程及其对价值理论形成的影响。

亚当·斯密（1723年6月5日—1790年7月17日），出生在苏格兰法夫郡的柯卡尔迪。他的思想首先可从以下两个时期来把握：一是从出生到《道德情操论》的出版，这一时期他更多的被认为是一位道德哲学家和自然法学家；二是从《道德情操论》的出版到《国富论》的发表，这一时期他更多的被认为是一位政治经济学家。

前一时期。1730—1737年，斯密在柯卡尔迪的市立学校读书，1737—1740年斯密在格拉斯哥大学读书②，学习拉丁文、希腊文，然后是逻辑学和形而上学、气体力学、道德哲学、牛顿力学，其中道德哲学家哈奇森对斯密影响显著。③ 1740—1746年斯密在牛津大学求学，之后再也没有回到牛津。④ 1748—1751年，斯密成为爱丁堡大学一名编外教师，教授修辞和文学，编写过一份经济学讲义，讲授过一学期经济学。⑤ 1751年10月，斯密前往格拉斯哥大学，担任逻辑学和形而上学教授，1752年4月，斯密又改任道德哲学教授。⑥ 他所讲授的道德哲学包括神学、伦理学、法学和政治学，其中政治学包括了当时的政治经济学，这一课程共由四个部分组成：第一部分讨论的是自然神学，呈现出了完全来源于斯多亚主义的自然主义神学体系，与正统的苏格兰加尔文主义基督教神学大相径

---

① ［英］米克. 劳动价值学说的研究. 北京：商务印书馆，2020：116-117.
② ［英］杜格尔德·斯图尔特. 亚当·斯密的生平与著作. 北京：商务印书馆，1983：4.
③ ［英］伊安·罗斯. 亚当·斯密传. 杭州：浙江大学出版社，2013：79-88.
④ ［英］约翰·雷. 亚当·斯密传. 北京：商务印书馆，2014：498-499.
⑤ ［英］亚当·斯密. 亚当·斯密全集（第1卷）：道德情操论. 北京：商务印书馆，2014："译者序言" iii.
⑥ ［英］约翰·雷. 亚当·斯密传. 北京：商务印书馆，2014：499.

庭，当然也反映了他的思辨型功利主义道德哲学，这在神定与和谐运行的自然法学中占有一席之地；第二部分研究伦理学，尤其是后来在《道德情操论》中发表的那些学说，其中同情共感机制被刻画为是伦理生活的关键枢纽；第三部分讨论正义，通过考察"文明历史"演进过程中法律体制的发展演化，追溯了经济与政府之间的互动关系；最后一部分重点放在了"权益的做法"上，其中包括政治经济学，即"旨在增加国家的财富、权力和繁荣……的政治法规"，这些内容最终形成了《国富论》。①"在这个职位上他干了十三年，他经常回想起他一生中最有用和最幸福的这一个时期"②。斯密在 1759 年出版了《道德情操论》，"正是在这本书而不是在《国富论》中，斯密提出了其有关财富和经济活动的哲学。"③ 对这本书的修订一直伴随到斯密的生命尽头，最终于 1790 年斯密修订出版了《道德情操论》第六版。《道德情操论》第一版出版后，斯密加强了对法学和政治经济学的研究，1763 年的部分演讲后来被整理为《亚当·斯密关于法律、警察、岁入及军备的演讲》，这个演讲录主要探讨了法理的起源、现代政治法制体系的形成过程、警察的功用等内容，是《国富论》的雏形。

后一时期。1764 年斯密辞去格拉斯哥大学教授职务，以导师身份伴随巴克勒公爵游学欧洲大陆④，其间结识了一些法国启蒙运动学者和重农主义经济学家，如霍尔巴赫、爱尔维修等百科全书派的哲学家以及魁奈、杜尔哥等经济学家。⑤ 1767 年斯密回到柯卡尔迪，陪伴了母亲 11 年的时间。⑥ 1776 年，耗时 12 年的巨著《国民财富的性质和原因的研究》出版，他部分地兑现了在《道德情操论》第一版末尾中的许诺，从国家收入政策和军队方面阐述了法律和政治的一般原理，以及在不同的社会历史时期里法律和政治所发生的变革。⑦ 该书对英国的北美殖民地政策也产生了直接的影响，斯密以自己的自由竞争、自我调节的经济体系，关于财富增长的

---

① ［英］伊安·罗斯. 亚当·斯密传. 杭州：浙江大学出版社，2013：15-16.
② ［英］杜格尔德·斯图尔特. 亚当·斯密的生平与著作. 北京：商务印书馆，1983：7.
③ ［美］约瑟夫·熊彼特. 经济分析史：第 1 卷. 北京：商务印书馆，1991：285.
④ ［英］伊安·罗斯. 亚当·斯密传. 杭州：浙江大学出版社，2013：322.
⑤ ［英］伊安·罗斯. 亚当·斯密传. 杭州：浙江大学出版社，2013：326-351.
⑥ ［英］约翰·雷. 亚当·斯密传. 北京：商务印书馆，2014：209.
⑦ ［英］约翰·雷. 亚当·斯密传. 北京：商务印书馆，2014：252.

历史回顾以及其所提出的相关政策建议等作为逻辑基础，力劝立法者从他们自己以及人民一直沉迷其中的帝国"黄金梦"中清醒过来，解放"大西洋西岸"的殖民地，"尽力使英国的未来的前景和设计适应于她自己真实的平庸境况"。①"该书不仅是最为成功的经济学著作，而且也是或许除了达尔文的《物种起源》外迄今出版的最为成功的科学著作。"②

斯密对政治经济学的思考是贯穿在他学术思考的整个历程中的。斯密早在爱丁堡大学任教时就已经开始接触经济学了，1751年转到格拉斯哥大学时他的经济思想已经相当丰富，实际上已为《国富论》的创作奠定了初步基础。在欧洲大陆旅行期间，通过对各国的广泛考察和访问，特别是与重农学派人物的频繁接触讨论，又进一步丰富了自己的经济思想，这时，斯密实际上已开始《国富论》的写作了。1766年10月回国后，他利用在伦敦停留半年的机会，在大英博物馆等处继续研究有关《国富论》的若干重要问题，1767年6月回到故乡柯卡尔迪专心写作，至1773年4月写成初稿，随即携带初稿前往伦敦准备出版，到伦敦因见到许多新的资料，于是又用了三年时间继续进行研究、修改和补充。③1776年《国富论》正式出版。写作这部著作耗时近十年，如果从斯密开始构思、准备材料算起，前后共耗时三十年，是他经过长期酝酿、潜心研究的成果，在斯密活着的时候共出了五版，到1799年又出版了第十版。

我们对《国富论》的主要内容做一个大致的概括。斯密在《国富论》中探讨的核心问题是如何增进劳动生产力，以及如何分配这些劳动生产物，目的是实现国家收入的增加和社会各阶级的普遍富裕，全书共五篇三十二章。第一篇讨论了劳动生产力如何增进以及劳动生产物如何分配给各阶级，第二篇是"论资财的性质及其蓄积和用途"，即如何促进资本积累的问题，这两篇分别占总篇幅的25%和14%，包含着斯密的基本分析图示④，第三、四、五篇则是斯密从历史角度评价他的这一模型或"体系"

---

① [英]伊安·罗斯.亚当·斯密传.杭州：浙江大学出版社，2013：450.
② [美]约瑟夫·熊彼特.经济分析史：第1卷.北京：商务印书馆，1991：283.
③ [英]约翰·雷.亚当·斯密传.北京：商务印书馆，2014：233-234.
④ [美]约瑟夫·熊彼特.经济分析史：第1卷.北京：商务印书馆，1991：292.

在运行过程中的动态能力①。第三篇是"论不同国家中财富的不同发展",斯密所认为的财富自然发展的顺序是先从农业到制造业最后才是对外贸易,但这与欧洲财富发展的现实顺序恰好相反,熊彼特认为第三篇没有引起人们应有的注意,"它却本可以成为前所未有的关于经济生活的历史社会学的极好起点"②。而斯密第三篇的思想启发了当代世界体系论者乔万尼·阿里吉,他认为美国同欧洲所走过的财富发展道路相似,是与财富自然发展顺序相反的道路,这就意味着 21 世纪的美国面临着持续加重的经济危机,而中国所走的道路遵循的是财富自然发展的顺序,因而在 21 世纪中国得以崛起,这也证明了斯密的历史社会学理论的价值。③ 第四篇"论政治经济学体系",其主题之一是批评重商主义对经济发展的干预主张,批评他们将这种垄断精神扩展到殖民地的做法。第五篇是"论君主或国家的收入",主要从历史的角度论述了公共支出、公共收入以及公债,对英国当时的税收政策提出了批判,并严厉地谴责了英国因为与殖民地作战而背负巨额公共债务的做法,第五篇的篇幅上几乎与第四篇一样长,这两篇共占全文的 57%。④

(3)《道德情操论》:想象的"同情"。

近代以来,个人逐渐摆脱对共同体的依赖,成为原子式的市民社会的成员,作为特殊利益代表的个人之间的关系如何协调的问题,如何在市民社会中实现人的自由问题,成为近代哲学探讨的主题。对这一问题的回答有两种思路⑤,它们在斯密的理论中都显现出来。一是内在论的思路,即"从人的概念、想象中的人、人的本质、人中能引申出人们的一切关系"⑥;二是外在论的思路,即"诉诸外部的经济关系"⑦,斯密是从内在

---

① [英]伊安·罗斯. 亚当·斯密传. 杭州:浙江大学出版社,2013:446.
② [美]约瑟夫·熊彼特. 经济分析史:第 1 卷. 北京:商务印书馆,1991:292.
③ [意]乔万尼·阿里吉. 亚当·斯密在北京:21 世纪的谱系. 北京:社会科学文献出版社,2009.
④ [美]约瑟夫·熊彼特. 经济分析史:第 1 卷. 北京:商务印书馆,1991:291.
⑤ 对两种思路的总结参考了:王代月. 斯密的市民社会理论:马克思借以回到现实的经济学环节. 哲学研究,2015(12):12-17. 该文认为斯密是外在论的代表,而笔者认为斯密兼具有内在论和外在论两个方面。
⑥ 马克思,恩格斯. 马克思恩格斯文集:第 1 卷. 北京:人民出版社,2009:553.
⑦ 韩立新.《巴黎手稿》研究:马克思思想的转折点. 北京:北京师范大学出版社,2014:1.

论的思路走向外在论的思路的。二者最终得以融会贯通、相辅相成和不可分割,以下将着重阐述作为切入口的内在论思路。

近代历史是伴随着新航路开辟和海外贸易的发展而开启的,商业的逐利性强化了人的利己本性,而商品交换的扩大又要求考虑到他人的利益,与他人保持平等互惠的关系,正是在上述背景下,近代思想家们才有了对人性的自利心和利他心的探讨。霍布斯虽然认为人的本性是自私的,不存在自然道德律令约束人的欲望,从而必须依靠国家的绝对权力才能不致人类灭亡,但也认为人性中有同情的心理预设。① 苏格兰启蒙运动的奠基者弗朗西斯·哈奇森,主张人的道德感来自自然,是天生的,人类天生懂得帮助别人并成为一个善良正直的人,而反对霍布斯关于人类是天生堕落的生物的观点。② 休谟将同情人性论与效用相联系,指出"大多数人都容易承认,心灵的有用的性质之所以是善良的,乃是由于它们的效用。这一点一经承认,同情的力量也就必须加以承认。德被认为是达到目的的一个手段"③。休谟以效用作为道德判断的标准和实现道德目的的手段,从而更具有经济学价值,启发了斯密关于经济学效用原则的制定。

"正是通过斯密的著作,十八世纪关于人性的思想才传到经济学家手里。"④ 斯密对于人性的研究贯穿于其学术生涯的始终,并几乎用了一生的时间,交替写作了两本建立在其人性论基础上的著作——《道德情操论》和《国富论》,前者被普遍认为是阐述了以"同情"为基本人性所建立的社会道德秩序,后者被普遍认为是阐述了以"自利"为基本人性所建立的经济秩序,呈现出《道德情操论》和《国富论》中两种人性的对立,构成了所谓"亚当·斯密问题"。这一问题最早由19世纪中叶德国历史学派的经济学家提出,从此以后,几乎所有论及亚当·斯密

---

① [美]阿瑟·赫尔曼. 苏格兰:现代世界文明的起点. 上海:上海社会科学院出版社,2016:65.
② [美]阿瑟·赫尔曼. 苏格兰:现代世界文明的起点. 上海:上海社会科学院出版社,2016:65-67.
③ [英]休谟. 人性论. 北京:商务印书馆,2016:658.
④ [美]约瑟夫·熊彼特. 经济分析史:第1卷. 北京:商务印书馆,1991:290.

著作和思想的论著，差不多都持这一观点，这似乎成了研究亚当·斯密的传统"信条"。① 比如卢森贝在所著的《政治经济学史》中就持这一观点，虽然欧美学界从20世纪80年代起对斯密关于苏格兰启蒙学者的身份予以了挖掘和阐述，但是国内学界对斯密这一全新形象的普及度很弱，在今天，我国无论是学者还是普通民众对斯密也有很大的误解，因而，亟须进一步予以澄清和普及。

首先，什么是同情心？同情在斯密的道德体系中居于核心位置。同情与自私相对立。"在斯密那个年代，'道德情操'这个词是用来说明人（被设想为本能上是自私的动物）的令人难以理解的能力，即作出判断克制私利的能力。"②《道德情操论》第一卷第一篇第一章就是"论同情"，斯密开篇指出，"无论人们会认为某人怎样自私，这个人的天赋中总是明显地存在着这样一些本性，这些本性使他关心别人的命运，把别人的幸福看成是自己的事情，虽然他除了看到别人幸福而感到高兴以外，一无所得。这种本性就是怜悯或同情。"③

同情"与其说是因为看到对方的激情而产生的"④，这是一种对当事人所产生的激情的同情，"不如说是因为看到激发这种激情的境况而产生的"⑤，是由于客观对象所激起的当事人的情感态度。激情表现的合宜性以"旁观者能够赞同的强度"⑥为标准，激情有三种：不友好的激情、友好的激情和自私的激情，不友好的激情是"各种不同形式的憎恶和愤恨之情"⑦，友好的激情是从人们之间的所有友好的和仁慈的感情中引起的令

---

① ［英］亚当·斯密. 亚当·斯密全集（第1卷）：道德情操论. 北京：商务印书馆，2014：译者序言 i.
② ［英］亚当·斯密. 亚当·斯密全集（第1卷）：道德情操论. 北京：商务印书馆，2014：译者序言 iii - iv.
③ ［英］亚当·斯密. 亚当·斯密全集（第1卷）：道德情操论. 北京：商务印书馆，2014：5.
④⑤ ［英］亚当·斯密. 亚当·斯密全集（第1卷）：道德情操论. 北京：商务印书馆，2014：9.
⑥ ［英］亚当·斯密. 亚当·斯密全集（第1卷）：道德情操论. 北京：商务印书馆，2014：28.
⑦ ［英］亚当·斯密. 亚当·斯密全集（第1卷）：道德情操论. 北京：商务印书馆，2014：38.

人愉快的激情①，自私的激情是介乎友好的和不友好的两种相反的激情之间的处于某种中间地位的激情②，比如"人们由于个人交好运或运气不好而抱有的高兴和悲伤情绪"③，这类激情是一种较为温和的自我情感表达。斯密强调"同情在任何意义上都不可能看成一种自私的本性"④，在我们对别人悲伤的事情表达出同样悲伤的感情时，这种悲伤完全是由于对方而产生的，而不是因为我们自身而产生的，"所以，这根本不是自私"⑤，"这怎么能看成是一种自私的激情呢？"⑥ 因而，同情不是自私。

斯密反对哈奇森关于人天生具有一种道德感的观点，而认为人只有通过积极的联想和想象才能了解对方的感受，认为同情实质上是一种想象的行为。正是由于人具有这种同情的本性，即能够设身处地感受对象由某种激情所表现的情感，我们才能够感受到对象的激情或情感，从而体会到对象的这种快乐或痛苦，但斯密也强调事实上我们无法实际体验对象的激情。所以，同情可以说是人所具有的一种情感表现能力，是一种将他人的喜怒哀乐复制到自己心里，通过想象力引发自己相同的情感表现，或者探究是否能够产生同样情感表现的能力。⑦ 面对当事人产生的某种激情，旁观者根据当事人所处的场景想象当事人的激情或者说感情，当旁观者对当事人产生了某种同情心的心理表现，在旁观者表现或者反馈给当事人之前，旁观者会首先在内心评估这种表现是否与当事人的反应方向一致，是否能够接受当事人的认可，在内心评估获得同意后，旁观者反馈给当事人，如果旁观者的反馈能够得到当事人的认可，那么就会减轻当事人的痛苦或是增加当事人的快乐，这种表现就是合宜的，呈现出正面意义，而如果旁观者的反馈不能够得到当事人的认可，就会产生相反的结果。

---

① ［英］亚当·斯密. 亚当·斯密全集（第 1 卷）：道德情操论. 北京：商务印书馆，2014：44-45.

②③ ［英］亚当·斯密. 亚当·斯密全集（第 1 卷）：道德情操论. 北京：商务印书馆，2014：47.

④ ［英］亚当·斯密. 亚当·斯密全集（第 1 卷）：道德情操论. 北京：商务印书馆，2014：419.

⑤⑥ ［英］亚当·斯密. 亚当·斯密全集（第 1 卷）：道德情操论. 北京：商务印书馆，2014：420.

⑦ ［日］堂目卓生. 解读亚当·斯密之《道德情操论》与《国富论》. 北京：求真出版社，2012：26.

因而，我们反馈的标准选择和尺度拿捏是一个重要且必要的问题，解决这一问题就需要站在"公正的旁观者"的立场上。"公正的旁观者"不是一个有血有肉的人，而是能够摆脱利害关系进行道德判断的一种抽象，按照社会的道德规则对具体情况做出评价。① 因此，公正的旁观者为道德提供了社会的准许，从而又成为良知的来源②，这种良知即责任感是我们评判自己的情感和行为时要遵守道德的一般准则，它可以控制利己心和自爱心，引导我们坚持正义。公正的旁观者根据社会的普遍道德规则所推崇和赞美的品行就是斯密所要讨论的美德。一方面，作为旁观者要努力体谅当事人的情感，这就形成了公正、谦让和宽容仁慈的美德；另一方面，作为当事人要努力把自己的情绪降低到旁观者所能赞同的程度，这就产生了自我克制、自我控制和控制各种激情的美德。③ 斯密力图将美德建立在人人与生俱来的感情上，而不是建立在理智的分析之上。"斯密把这种基本都能遵循内心公正观察员的评判的人称为智者，而把每时都在意世人评价的人称为弱者。"④ 公正在美德中扮演了最为关键的角色，它是确定的、可以用法律保障实施的美德。

其次，什么是自利心？"毫无疑问，每个人生来首先和主要关心自己；而且，因为他比任何其他人都更适合关心自己，所以他如果这样做的话是恰当和正确的。"⑤ 自利是由自私激情驱动的，但其结果也有可能是道德的，例如，节俭、勤劳、谨慎等品德虽然都是从自利动机出发的，但被认为是一种美德。与自利相区别的是仁慈，仁慈是由社会激情驱动的。人不仅仅受到自私激情的驱动，也受到社会激情的驱动，斯密赋予两种激情以同等地位的社会推动力，其中从自我利益出发的公正则是最基本的美德，

---

① [美]帕特里夏·沃哈恩. 亚当·斯密及其留给现代资本主义的遗产. 上海：上海译文出版社，2006：40.
② [美]帕特里夏·沃哈恩. 亚当·斯密及其留给现代资本主义的遗产. 上海：上海译文出版社，2006：41.
③ [英]亚当·斯密. 亚当·斯密全集（第1卷）：道德情操论. 北京：商务印书馆，2014：23.
④ [日]堂目卓生. 解读亚当·斯密之《道德情操论》与《国富论》. 北京：求真出版社，2012：43.
⑤ [英]亚当·斯密. 亚当·斯密全集（第1卷）：道德情操论. 北京：商务印书馆，2014：102-103.

这样斯密就为《国富论》中的分析打下了基础。在《国富论》中，斯密虽然也强调个人自利的重要性，但也强调了社会利益和公正的重要作用，试图解决在公共利益中控制私人激情的问题，强调了法律制度在经济事务中所起到的重要作用。

在自利与自爱之间的关系上。斯密将自爱作为赞同本能的根源之一来探讨，赞同本能是有关使某种品质为我们所喜爱或讨厌的内心的力量或能力，用自爱解释赞同本能有效用原则和同情原则两种，从效用原则来说，某种道德之所以被人们认可为美德，是因为它有利于促进社会幸福并间接增进自身利益，从同情原则来说，是通过设身处地和换位思考得出来的。①斯密虽然认可自爱原则，但并不主张将其作为人性的全部，也不主张从这一原则中推出一切，"据我所知，从自爱推断出一切情感和感情，即耸人听闻的有关人性的全部阐述，从来没有得到充分和明白的解释"②。因而，自利不等于自爱。

再次，自利心和利他心是从哪里来的呢？斯密认为它们是由上帝赋予的。斯密是自然神论者，自然神论不是无神论，而是介于有神论和无神论之间的过渡性的神学理论，是具有保守性的宗教改革思想，是时代发展的产物，也是近代思想家中较为普遍性的哲学观点，这一论点是通过对现实事物运动发展规律的把握，来推断造物主的意图和造物主本身的存在。康德也是自然神论者，他认为，人类的始祖亚当和夏娃最初是生活在伊甸园的，上帝给予他们足够的自由，除了那棵智慧树上的果实，他们可以在这里尽情地享受果实，过着无忧无虑的生活，起初他们也是这样做的，但是由于受到了蛇的引诱而偷吃了智慧树上的果实，导致沉沦到人间遭受苦难，开启了人世的历史。这里的问题是：上帝究竟赋予了亚当和夏娃以何种意义上的自由？蛇的引诱毕竟是外界因素，而如果上帝赋予了亚当和夏娃以足够和全面的自由，为何不直接规定他们没有获得智慧树上果实的自由呢？而如果上帝足够全知全能，为何不能免除他们偷吃智慧树上的果实

---

① [英] 亚当·斯密. 亚当·斯密全集（第1卷）：道德情操论. 北京：商务印书馆，2014：416-419.
② [英] 亚当·斯密. 亚当·斯密全集（第1卷）：道德情操论. 北京：商务印书馆，2014：420.

所带来的后果呢？可见，上帝不是完全禁止他们偷吃智慧树上的果实的，上帝是与他们有过契约和规定的，即只要不吃智慧树上的果实，他们可以获得其他所有的果实，否则就要遭受惩罚，可见，上帝赋予了人自由，但这是有限的、有选择的自由，上帝只是提供了一个开端，而无法决定人的行为选择，上帝给人以忠告，而人如果违背忠告将付出代价，这种选择的自由就是上帝所赋予的。同样，斯密从自然神论出发，认为自利心和利他心是上帝赋予人类的两种本能，但是上帝并不干涉人的实际选择，但是利己的本能由于过分强烈而容易散失，而利他的本能则由于人的软弱性而往往过剩，而过分注意利他原理对社会生活反而有害，那些不致力于考察利己原理的至上性，而只倾向于利他原理的人，斯密称之为"弱者"。因而只有这两种本能之间的关系保持在适当的限度内并相互协调的时候，才是对社会生活有利的。

最后，自利心和利他心有什么关系？无论是对于人的本性还是对于经济活动中的人来说，二者缺一不可、相辅相成，自利心是前提，始终是第一位的，利他心是第二位的。斯密强调同情并不意味着否定了利己心，从同情的原理来说，每个人对自身快乐和痛苦的感受力比对他人快乐和痛苦的感受力更为灵敏，"像斯多葛学派的学者常说的那样，每个人首先和主要关心的是他自己。"①《国富论》和《道德情操论》中论述的都是商业社会即市民社会中兼具自利心和利他心两种人性的人，每个人在充分利用其利己心冲动的同时，必须考虑到他人的利己性的营利活动不受侵犯，这就是要遵从"一般准则"这一正义规定，比如"符合一般人道标准的最低工资"②，人道就是指一种利己心不为贯彻它的目的而侵犯其他利己心的状态。

（4）自然法理学：《国富论》的雏形所在。

首先，斯密的自然法理学是其道德哲学体系下的一个分支。从斯密的学术历程可以得出，他的理论研究重点是道德哲学、自然法学和政治经济学

---

① [英]亚当·斯密. 亚当·斯密全集（第1卷）：道德情操论. 北京：商务印书馆，2014：283.

② [英]亚当·斯密. 国富论. 北京：商务印书馆，2015：63.

三大部分，当然，这种划分是在学科分化后对斯密思想的解读，在斯密那里是没有这样的学科边界和思维转换的。在斯密所处的18世纪，"博学多识的时代尚未结束，人们还能在整个科学知识领域遨游，甚至能在迥然不同的领域从事研究工作而不会遇到灾难。"①"道德"是指人们在这个世界上为了生存、为了生生不息而需要遵循的行动指南和基本准则②，因而神学、伦理学、法学、政治学和经济学等问题都可以归入"道德哲学"这门百科全书性质的学科下③，道德哲学就其全部内容来说就是关于市民社会的科学体系。在思维方式上，斯密也同所有苏格兰思想家一样，深受牛顿主义的影响，致力于用经验证明物质世界和精神世界的客观规律，认为这些规律足以证明世界所体现的是上帝一手创立的秩序，以这些规律为基础的科学具有神圣的道德使命，因而道德科学的任务就是阐释道德共同体的可能性并推动其实现，这正是苏格兰的大学都把包括自然法学在内的道德哲学作为所有学术研究的基础的一个根本原因。④"苏格兰学者的一个共同之处是，他们都非常重视对人类本质的经验研究"⑤，正是在这一道德秩序即理想人性体系的框架下，苏格兰学者们开始对该秩序与体系的具体形式（即社会与经济）进行经验观察，并探讨这些具体形式是如何从组成他们的个人的活动中产生的。⑥

其次，斯密在自然法理学领域的研究为其政治经济学研究开辟了道路。从斯密的思想发展历程来看，斯密是从道德哲学开始，论及自然法理学，再涉及政治经济学的，从横向看，道德哲学包括自然法理学和政治经济学，政治经济学又包含在自然法理学中，并从自然法理学中生发出最初的样态，因而自然法理学处于道德哲学和政治经济学的一个中介和衔接位

---

① [美] 约瑟夫·熊彼特. 经济分析史：第1卷. 北京：商务印书馆，1991：285.
② 朱绍文. 亚当·斯密的《道德感情论》与所谓"斯密问题". 经济学动态，2010（07）：91-96.
③ [英] 坎南. 亚当·斯密关于法律、警察、岁入及军备的演讲. 北京：商务印书馆，1962："简介"第1-2页.
④ [英] 亚历山大·布罗迪. 剑桥指南：苏格兰启蒙运动. 杭州：浙江大学出版社，2010：194-195.
⑤ [英] 亚历山大·布罗迪. 剑桥指南：苏格兰启蒙运动. 杭州：浙江大学出版社，2010：205.
⑥ [英] 亚历山大·布罗迪. 剑桥指南：苏格兰启蒙运动. 杭州：浙江大学出版社，2010：195.

置。"法学和经济学不仅在其形成过程中有联系,在它们大致形成分化的领域之后,也相互渗透,成为广义的法学的一环。"① 例如,斯密在格拉斯哥大学讲授道德哲学课程时,考察了"以权宜原则为基础的行政法令"以及"那些以促进国家的富裕、强盛和繁荣为目的的行政法令",以此出发考察了"与商业、财政、宗教和军事建制有关的各种政治制度","他在这个题目上的讲授内容包含着后来以《国富论》为题出版的著作中的主要思想。"②

最后,斯密在自然法理学下展开对政治经济学的早期研究。斯密延续着古希腊以来哲学思考的核心问题即什么样的政体是一个好的政体,在这一哲学主题下,他探讨以正义和公正为核心的法学在何种意义和形式上可以保证人类的幸福,试图详细论述"有关天然正义准则的一般体系"③,这一体系"应该贯串所有国家的法律,或成为所有国家法律的基础"④,斯密称之为"自然法学的体系"⑤ 或"法律学"⑥。法律学是法律和政治的一般原则的理论,法律学所研究的四大对象是法律、警察、岁入和军备,在警察这一部分中讨论了国家的富裕如何实现的问题⑦,这构成了《国富论》核心观点的雏形。而国家富裕的问题为何在警察这一部分中探讨呢?这是因为警察是负责城市治安的,当时封建贵族家庭里豢养着大量食客,他们被主人驱逐后,就丧失了生存能力而导致社会上犯罪行为的增加,这对城市治安状况造成了极为不利的影响,所以"防止犯罪,关键不在于设置警察,而在于减少仰食于人的人数"⑧。斯密认为,依赖使人类堕落,独立则塑造人的诚实品格,而商业和制造业有助于增进人们的自立

---

① [日]广松涉. 唯物史观的原像. 南京:南京大学出版社,2009:16.
② [英]杜格尔德·斯图尔特. 亚当·斯密的生平与著作. 北京:商务印书馆,1983:9.
③④⑤ [英]亚当·斯密. 亚当·斯密全集(第1卷):道德情操论. 北京:商务印书馆,2014:452.
⑥ [英]坎南. 亚当·斯密关于法律、警察、岁入及军备的演讲. 北京:商务印书馆,1962:28.
⑦ [英]坎南. 亚当·斯密关于法律、警察、岁入及军备的演讲. 北京:商务印书馆,1962:30.
⑧ [英]坎南. 亚当·斯密关于法律、警察、岁入及军备的演讲. 北京:商务印书馆,1962:176.

能力，所以建立商业和制造业是防止犯罪的最好政策。① 可见，要想改善城市治安状况，就要塑造人的勤劳和独立品质，而这一品格则需要在增进国民财富中塑造，因而，在自然法理学的研究中必然要涉及政治经济学，也只有通过对经济领域的研究，自然法理学的研究才能达到现实的目的。

2.2 "现实的个人"：马克思价值理论的哲学基础

马克思通过两大发现为我们理解历史问题提供了根本遵循。其中，历史唯物主义的创立无疑为我们把握历史规律提供了科学原则，但只有将历史唯物主义运用到对近代社会矛盾的揭示中，才能把握马克思理论的整体性。马克思对近代社会矛盾的探讨，突出体现在马克思价值理论的创新上，这一创新建立在对斯密价值理论的批判与超越之上，二者价值理论差异的首要环节在于哲学基础的不同，斯密从"抽象的个人"出发，而马克思是从"现实的个人"出发。

2.2.1 资本主义生产方式的普遍确立及其理论回应

从1776年《国富论》的出版到1867年《资本论》第一卷的出版，资本主义走过近百年的历史，马克思所面向的已经不是资本主义生产方式初步确立的时期，而是资本主义社会的阶级矛盾激化的时代，"以19世纪中叶英国资本主义在全球的扩张为背景，马克思试图理解资本的一般本性，把资本作为一个资本、作为主体来把握"②。

（1）马克思早期学术探索及其对黑格尔体系哲学的批判。

马克思于1818年5月5日出生于特里尔城。特里尔是德国最古老的城市之一，公元前16年，由罗马帝国奥古斯都屋大维主持修建，一度被称为北部罗马，是罗马天主教会的重镇，特里尔也因此是德国现存古罗马时代遗迹最多的城市。后依据843年分割查理曼帝国的《凡尔登条约》，特里尔归并给了东法兰克王国，后被日耳曼人掌握，1794年又被拿破仑

---

① [英]坎南. 亚当·斯密关于法律、警察、岁入及军备的演讲. 北京：商务印书馆，1962：176.
② [日]内田弘. 新版《政治经济学批判大纲》的研究. 北京：北京师范大学出版社，2011：27.

占领，使得这一地区受到法国大革命精神的洗礼，呈现出与德国其他地方不同的自由氛围。①②

这一氛围深深影响了马克思的父亲亨利希·马克思。作为犹太民族，马克思家族中很多人是犹太教拉比，即负责执行教规、律法并主持宗教仪式的人，但马克思的父亲并没有选择家族所希冀的职业，而是选择成为一名律师。③ 这是因为，一方面，拿破仑的法律使莱茵兰地区的犹太人拥有了一定的平等权利，促使马克思的父亲向往大革命所确立的法制和思想；另一方面，法国也曾试图对特里尔犹太人的商业活动加以严格控制，所以亨利希·马克思想要学习法律来保护受到各种侵害的犹太人。④ 1814年，特里尔重新回归普鲁士，然而普鲁士却废除了涉及解放犹太人的相关法律条款，这就使得具有犹太人身份的亨利希·马克思能否从事律师职业成为一个问题。在这一背景下，亨利希·马克思同很多曾在拿破仑帝国统治下的犹太人一样，必须在职业和宗教信仰之间做出选择，他最终宣布脱离犹太教，但并没有皈依于在特里尔占据统治地位的天主教，而是选择了柏林当局所信仰的路德教，虽然路德教教徒还没有犹太教教徒多。⑤ 亨利希·马克思因而得以继续从事他所钟爱的律师职业，致力于保卫犹太人的权利，并抗议侵害德籍犹太人的不公平制度。⑥ 在马克思出生时，亨利希·马克思已经是特里尔市的高级诉讼法庭法律顾问，担任着特里尔城的律师协会主席一职。⑦ 父亲对马克思影响很深，亨利希·马克思身上所具有的现代人文主义思想和自由精神深深影响了马克思。⑧ 但遗憾的是，亨利希在马克思上柏林大学时就去世了，那天恰好是马克思20岁生日后的第五天，即1838年5月10日。虽然马克思与父亲在专业选择上发生了较大的

---

① ［英］戴维·麦克莱伦. 马克思传（第4版）. 北京：中国人民大学出版社，2016：3.
② ［法］雅克·阿塔利. 卡尔·马克思：世界的精神. 上海：上海人民出版社，2018：6.
③④ ［英］戴维·麦克莱伦. 马克思传（第4版）. 北京：中国人民大学出版社，2016：4-5.
⑤ ［法］雅克·阿塔利. 卡尔·马克思：世界的精神. 上海：上海人民出版社，2018：9-11.
⑥ ［法］雅克·阿塔利. 卡尔·马克思：世界的精神. 上海：上海人民出版社，2018：11.
⑦ ［英］戴维·麦克莱伦. 马克思传（第4版）. 北京：中国人民大学出版社，2016：5.
⑧ ［德］弗·梅林. 马克思传. 北京：人民出版社，1965：9.

分歧，但他一直保持着对父亲的热爱，并直到逝世一直保留着一张父亲的老照片。①

　　1830—1835 年是马克思的中学时期。学校充满着 18 世纪启蒙运动的自由主义精神，马克思在这里受到典型而纯粹的人道主义的教育。② 1835 年 10 月，马克思进入波恩大学学习法律专业，但他对文学和哲学更感兴趣，并沉浸在浪漫主义的自由氛围之中。1836 年夏，马克思与燕妮正式订婚，随后前往柏林大学读书，在柏林大学的第一年他沉浸在对燕妮的思念中，写了很多诗歌。

　　其中有一首是关于黑格尔的有趣的系列讽刺短诗，批判了黑格尔的艰涩傲慢，他在给父亲的信中提到这一点，他说，"我不喜欢它那种离奇古怪的调子"③，而这在浪漫主义作家中是一种普遍现象，这时的马克思呈现出对离群索居天才的崇拜和对抛开了其他人的个人人格发展的内在兴趣。④ 同时他还广泛阅读了法学著作，并逐渐确立专攻哲学的志向。⑤ 1837 年 10 月，马克思在柏林附近的斯特劳拉小村庄休养的时候通读了黑格尔的著作，"在这里他的思想发生了根本性的变化"⑥，他从康德和费希特的追随者转变为黑格尔的学生，"这种转向很深刻、也很突然，这可能是马克思整个一生思想发展中最重要的一步"⑦。马克思随后加入"博士俱乐部"，成为青年黑格尔派中的一员，致力于解答后黑格尔时代哲学往何处去的问题，而这一问题是建立在对德意志民族命运的关切之上，是关于落后的德国往何处去的哲学思考。马克思在这一时期对这一问题的积极思考集中体现在《德谟克利特的自然哲学和伊壁鸠鲁的自然哲学的差别》中，通过阐明德谟克利特和伊壁鸠鲁这两位古希腊唯物主义哲学家在自然哲学上的差别，特别是对伊壁鸠鲁哲学抽象的、个别的、自由的自我意识的绝对性的彰显与赞誉，马克思批判了在德国思想界占统治地位的基督教传统和

---

　　① [英] 戴维·麦克莱伦. 马克思传（第 4 版）. 北京：中国人民大学出版社，2016：27.
　　② [英] 戴维·麦克莱伦. 马克思传（第 4 版）. 北京：中国人民大学出版社，2016：8.
　　③ 马克思，恩格斯. 马克思恩格斯全集：第 47 卷.2 版. 北京：人民出版社，2004：13.
　　④ [英] 戴维·麦克莱伦. 马克思传（第 4 版）. 北京：中国人民大学出版社，2016：15 - 19.
　　⑤ 马克思，恩格斯. 马克思恩格斯全集：第 47 卷.2 版. 北京：人民出版社，2004：7.
　　⑥⑦ [英] 戴维·麦克莱伦. 马克思传（第 4 版）. 北京：中国人民大学出版社，2016：23.

黑格尔理性主义哲学体系，进而试图在实践上为改变德国思想专制的现实提供一种可行路径，并在理论上确定黑格尔以后哲学发展的正确方向。①

（2）从书斋到现实：遭遇"难事"。

马克思博士毕业后，在特利尔的家中待了六周，1841年夏初到达波恩与鲍威尔汇合，同时修改论文以发表，以便求得学术教职。② 之后马克思又去了科隆，结识了正在筹措《莱茵报》的赫斯等人。1841年9月，鲍威尔因为参加了一次自由主义者的示威游行并针对新闻审核发表了反对演说，被暂停了在大学里担任的一切职务，这使得马克思希冀由鲍威尔推荐任职的愿望落空。③ 1841年12月24日普鲁士当局颁布了书报检查令，马克思为此写作了第一篇政论性文章《评普鲁士最近的书报检查令》并将其寄给了由卢格主编的《德意志年鉴》，并在1842年4月开始为《莱茵报》撰稿。④ 马克思1842年6月底与母亲发生了激烈争吵，从而被取消了来自家庭的一切经济援助。⑤ 1842年10月至次年3月马克思任《莱茵报》主编。

在《莱茵报》任职期间，他"第一次遇到要对所谓物质利益发表意见的难事"⑥。山地、草地本来是全体民众的公共财产，但后来逐渐被统治者们所占领。1532年，德意志帝国国会通过了相关法律，规定捡拾枯树枝、采摘野果不算违法行为，但到了19世纪40年代，出于维护大土地所有者的利益，莱茵省议会中各阶级的代表都倾向于将捡拾枯树枝的行为看作盗窃行为并予以处罚。对此，马克思撰写了关于林木盗窃法的辩论文章，第一次就经济问题发表意见，他运用了一系列经济学概念，如价值、

---

① 李成旺. 实践·历史·自由：马克思哲学本真精神的当代追寻. 北京：人民出版社，2018：158.
② [英] 戴维·麦克莱伦. 马克思传（第4版）. 北京：中国人民大学出版社，2016：32-33.
③ [英] 戴维·麦克莱伦. 马克思传（第4版）. 北京：中国人民大学出版社，2016：34.
④ [英] 戴维·麦克莱伦. 马克思传（第4版）. 北京：中国人民大学出版社，2016：34-35.
⑤ [英] 戴维·麦克莱伦. 马克思传（第4版）. 北京：中国人民大学出版社，2016：39.
⑥ 马克思，恩格斯. 马克思恩格斯全集：第31卷. 2版. 北京：人民出版社，1998：411.

货币、利润，甚至出现了后来表示剩余价值的"Mehrwert"① 一词，但他对价值内容的理解很混乱，尚不明晰，有时表示通行的市场价格，有时又表示使用价值。此外，他也从法律意义上讨论价值概念，指出"价值是财产的民事存在的形式，是使财产最初获得社会意义和可转让性的逻辑术语"②。可见，在这一阶段马克思的经济学知识还比较欠缺。

此时的马克思陷入黑格尔哲学与现实的悖谬中。一方面，黑格尔哲学所宣扬的法哲学，特别是其理性主义国家学说，是可以解决市民社会中私人利益的斗争的，因为国家和法原本作为绝对精神的实现，消除了个别性和特殊性，代表的是最为普遍的利益。而另一方面，现实却告诉马克思，市民社会中的问题不解决，法律仍然沦为私人利益的武器，法律根本无法实现黑格尔所宣扬的理性精神，甚至理性国家践踏着劳苦大众。这就动摇了马克思对黑格尔法哲学的信念，促使马克思思考物质利益同国家、法之间的关系，并开始批判黑格尔的理性国家观。正如马克思指出的，"为了解决使我苦恼的疑问，我写的第一部著作是对黑格尔法哲学的批判性的分析"③，即《黑格尔法哲学批判》。

(3) 马克思对黑格尔哲学逻辑泛神论的批判。

法国大革命使得欧洲资产阶级自由主义势力与封建专制势力之间的矛盾急剧尖锐，这对德国也产生了强烈的影响。④ 为了维护君主政体，反对法国大革命在欧洲的革命理想，俄罗斯帝国皇帝亚历山大一世、奥地利帝国皇帝弗朗茨二世和普鲁士王国国王腓特烈·威廉三世三国君主于1815年9月缔结了神圣同盟。在这两种对立势力的交锋中，德国自身的发展也日益提出了革命的要求，这表现为19世纪初期德国资产阶级自由

---

① 对"Mehrwert"一词，马克思在《关于林木盗窃法的辩论》中几次使用该词，《马克思恩格斯全集》第2版都将其译为"额外价值"，表示林木所有者由于林木失窃而得到的追加价值，即罚款。而在《1857—1858年经济学手稿》中，马克思才第一次把"Mehrwert"（"剩余价值"）作为术语即剩余价值，表示资本家无偿占有、超出最初预付价值的余额。马克思，恩格斯．马克思恩格斯全集：第1卷．2版．北京：人民出版社，1995；1019．

② 马克思，恩格斯．马克思恩格斯全集：第1卷．2版．北京：人民出版社，1995；247．

③ 马克思，恩格斯．马克思恩格斯全集：第31卷．2版．北京：人民出版社，1998；412．

④ [法]奥古斯特·科尔纽．马克思恩格斯传：第1卷．北京：生活·读书·新知三联书店，1963；5．

主义运动的崛起，第一个标志就是以"大学生协会"为代表的旨在统一德国的民族自由民主运动，这一运动在1817年10月17日的瓦特堡大会上达到顶点。① 从19世纪30年代开始，德国资本主义突飞猛进，1834年1月，德意志关税同盟生效，大大促进了市场内的商品流通速度，促进了财富的产生和积累。同时，在1830年法国七月革命和1832年英国议会改革的鼓舞下②，1832年5月27日，两万五千名民主主义者举行了汉巴赫大会，要求实现德国统一和在全德意志实行自由政体。③ 德国自由主义浪潮先后产生了以海涅为代表的"青年德意志"的政治—文学运动④和"青年黑格尔"的哲学—政治运动，德国呈现出封建势力同时与资本主义和无产阶级作战的特点，决定了自由主义运动和民主共产主义运动的平行发展。⑤

社会主义作为一种理论在18世纪后半期的德国产生，当时它还带有空想的和纯文学的性质，直到19世纪30年代和40年代，出现了一批社会主义和共产主义的理论家，如巴贝夫、圣西门和傅立叶等。⑥ 在德国，手工业者由于遭受着英国工业的竞争，而不断被降低工资，因而生活状况日益恶化，社会主义和共产主义的影响在德国不断强化，导致了农民起义，起义被镇压后，革命家们纷纷逃亡瑞士和法国，这些地方成为德国反对派社会运动的实际中心，在瑞士成立了一个"青年德意志"协会，这成为"正义者同盟"和后来"共产主义者同盟"的前身。⑦

马克思关于德国问题的解决方案的探讨，之所以联系副本即黑格尔法

---

① ［法］奥古斯特·科尔纽. 马克思恩格斯传：第1卷. 北京：生活·读书·新知三联书店，1963：9-10.
② 孙伯鍨. 探索者道路的探索：青年马克思恩格斯哲学思想研究. 北京：北京师范大学出版社，2017：18.
③ ［法］奥古斯特·科尔纽. 马克思恩格斯传：第1卷. 北京：生活·读书·新知三联书店，1963：16.
④ ［法］奥古斯特·科尔纽. 马克思恩格斯传：第1卷. 北京：生活·读书·新知三联书店，1963：19.
⑤ ［法］奥古斯特·科尔纽. 马克思恩格斯传：第1卷. 北京：生活·读书·新知三联书店，1963：18-19.
⑥ ［法］奥古斯特·科尔纽. 马克思恩格斯传：第1卷. 北京：生活·读书·新知三联书店，1963：23.
⑦ ［法］奥古斯特·科尔纽. 马克思恩格斯传：第1卷. 北京：生活·读书·新知三联书店，1963：27-32.

哲学，而不联系原本即德国现实，是因为德国的现实低于当时欧洲的一般水平，仅仅批判德国只能达到英法的水平，而黑格尔的国家学说保持在了先进的思想发展水平，只有驳斥了黑格尔的法哲学，才能为德国实现普遍的解放而不是单单的一个国家的解放提供方案。

马克思对这一时代矛盾的认识是受到黑格尔法哲学影响的。黑格尔法哲学所面对的社会现实是：资本主义生产方式在欧洲的普遍确立，现实市民社会领域成为私人利益的战场，市民社会和政治国家相分离。19世纪初期的德国面对的是英法资产阶级革命蓬勃兴起的时代图景，而德国自身却仍然处于封建割据的落后状态，社会的主要矛盾是容克地主和新兴资产阶级之间的矛盾，同时也产生了同英法资本主义充分发展所带来的同样的矛盾，即资产阶级和无产阶级的矛盾斗争，在这种状况下，资产阶级发展先天不足，因而只能通过宗教外衣和哲学批判的方式表达着新兴生产力的发展诉求。黑格尔的法哲学包含三大部门，形成了第一篇"抽象法"、第二篇"道德"和第三篇"伦理"，即从家庭、市民社会、国家向世界史上升的体系。其中，自由意志借外物（特别是财产）以实现其自身，就是抽象法；自由意志在内心中实现，是道德；自由意志既通过外物，又通过内心得到充分的现实性，就是伦理。① 伦理是客观精神的真实体现，有其生长发展过程：第一，家庭，即直接的或自然的伦理精神；第二，市民社会，即伦理精神丧失了直接的统一而达于相对性；第三，国家，即伦理精神通过分化、中介而完成的统一。②

黑格尔的法哲学是斯密"广义的法哲学体系"的德国版③，黑格尔法哲学中的市民社会论亦即黑格尔狭义上的"市民社会论"也直接源自斯密④。一方面，斯密的理论是包括伦理学、法理学和经济学在内的整个体系，这一理论或体系可称为斯密的市民社会理论，也是斯密"广义的法哲学体系"，《国富论》是其市民社会理论的一个缩影；斯密市民社会理论的建构方式影响了黑格尔，黑格尔的法哲学也包含着同样多的内容。另一方

---

① ［德］黑格尔．法哲学原理．北京：商务印书馆，1961："评述"第12页．
② ［德］黑格尔．法哲学原理．北京：商务印书馆，1961："评述"第16-17页．
③④ ［日］广松涉．唯物史观的原像．南京：南京大学出版社，2009：16．

面，斯密的政治经济学是斯密法哲学的一个环节，这一环节被黑格尔充分吸纳为其自身法哲学理论环节中的市民社会部分，亦即狭义"市民社会论"，黑格尔认为"……古典政治经济学派，不过是在需求和劳动的体系及其逻辑这种哲学化的形式中的展开"①。也正是沿着黑格尔法哲学的市民社会论之要求参考的顺序，马克思接触到了古典经济学派的各种著作，其中，斯密的《国富论》作为黑格尔法哲学"原版"的斯密"法学体系"的"第二部"，对当时的马克思来说是最具魅力的。②

2.2.2 理论实质：生产关系合理化与自由人联合体的实现

在《黑格尔法哲学批判》中，马克思实现了对市民社会和国家关系的颠倒，得出市民社会决定政治国家。马克思指出，在黑格尔那里，"观念变成了主体，而家庭和市民社会对国家的现实的关系被理解为观念的内在想像活动。"③ 而马克思认为"政治国家没有家庭的自然基础和市民社会的人为基础就不可能存在"④，"家庭和市民社会都是国家的前提，它们才是真正活动着的；而在思辨的思维中这一切却是颠倒的。"⑤

（1）初次批判：马克思经济哲学视域的开启。

马克思到了巴黎就开始政治经济学研究，其成果是《巴黎手稿》⑥，《巴黎手稿》包括《经济学笔记》和《1844年经济学哲学手稿》两部分⑦。在《经济学笔记》中，马克思对斯密《国富论》进行了摘录，但几乎没有评述性话语，"处于一种严重的失语状态"⑧。《1844年经济学哲学手稿》

---

① [日]广松涉. 唯物史观的原像. 南京：南京大学出版社，2009：16.
② [日]广松涉. 唯物史观的原像. 南京：南京大学出版社，2009：17.
③ 马克思，恩格斯. 马克思恩格斯全集：第3卷.2版. 北京：人民出版社，2002：10.
④ 马克思，恩格斯. 马克思恩格斯全集：第3卷.2版. 北京：人民出版社，2002：12.
⑤ 马克思，恩格斯. 马克思恩格斯全集：第3卷.2版. 北京：人民出版社，2002：10.
⑥ 《巴黎手稿》是马克思从1843年10月到1845年间居住在巴黎期间所写的手稿，可分为两大部分：一是对一些经济学著作的摘录和评注，可称为《经济学笔记》，另一部分是一部著作手稿，即《1844年经济学哲学手稿》. 韩立新. 《巴黎手稿》研究：马克思思想的转折点. 北京：北京师范大学出版社，2014：109-110.
⑦ 韩立新. 《巴黎手稿》研究：马克思思想的转折点. 北京：北京师范大学出版社，2014：110.
⑧ 张一兵. 经济学研究视域中的哲学失语：青年马克思《巴黎笔记》的摘录性文本研究. 理论探讨，1998（05）：30-36.

中的"第一手稿"首先论述了工资、资本的利润和地租，这一区分在经济思想史上最初是由斯密提出的。在斯密以前，资本家作为一个独立的社会阶级的地位并未得到确认，利润作为一个独立和重要的范畴也没有得到确认，而斯密把资本家作为一个社会基本阶级，把利润作为一个本源收入，不但肯定了资本家的重要地位，而且肯定了利润范畴的独立性，这样社会的阶级矛盾就以利润和其他社会收入之间的矛盾的形式出现，于是，解释利润的起源和本质便成为此后的政治经济学所面临的主要课题。① 正如马克思后来所指出的，"在亚·斯密那里，政治经济学已发展为某种整体，它所包括的范围在一定程度上已经形成"②。

斯密在《国富论》中指出，个人需要的满足必然依赖于他人劳动亦即商品交换③，在资本积累和土地私有产生之后，一般用于取得或生产任何一种商品的劳动量，不能单独决定这种商品一般所应交换、支配或购买的劳动量，因为资本和土地通过作用于劳动形成商品价值，这些生产费用都加到了商品的价格中，商品价格归根到底分解成为资本利润、土地地租和劳动工资三个部分或其中之一。④ 商品出售后，生产费用得以回流和补给，工人得到工资，资本家获得利润，土地所有者获得地租，工人、资本家、土地所有者三大阶层都能挣得相应收入⑤，整个社会处于和谐有序、公平正义的状态。

之后，斯密理论的庸俗化代表萨伊在1803年出版的《政治经济学概论》中，将斯密经济理论条理化和系统化，提出了"生产三要素"，奠定了西方经济学研究的基本范式，对之后西方经济学的发展产生了深远影响。⑥ 这本著作在马克思所处的时代也成为政治经济学的教科书典范，因而马克思在接触到政治经济学时，首先研究的是萨伊的《政治经济学概论》，这也是马

---

① 陈岱孙. 从古典经济学派到马克思：若干主要学说发展论略. 北京：商务印书馆，2014：22.
② 马克思，恩格斯. 马克思恩格斯全集：第34卷. 2版. 北京：人民出版社，2008：182.
③ ［英］亚当·斯密. 国富论. 北京：商务印书馆，2015：19.
④ ［英］亚当·斯密. 国富论. 北京：商务印书馆，2015：41-44.
⑤ ［英］亚当·斯密. 国富论. 北京：商务印书馆，2015：59-142.
⑥ 马涛. 经济思想史教程. 2版. 上海：复旦大学出版社，2018：133.

克思在《巴黎笔记》中摘录的第一位经济学家的理论。① 也正是从萨伊这里，马克思返回到斯密，在《1844 年经济学哲学手稿》中研究了"生产三要素"的原始版本即斯密《国富论》中关于商品价格的构成问题。

马克思之所以从三大收入阶层的划分开始他的政治经济学研究，除了因为这一内容是政治经济学的核心，也是斯密理论的首要内容之外，更为本质的原因是，这一划分在更大的层面上勾勒了近代市民社会的面貌。马克思指出，"在国民经济学家看来，社会是市民社会，在这里任何个人都是各种需要的整体，并且就人人互为手段而言，个人只为别人而存在，别人也只为他而存在"②。"对斯密市民社会理论的发现，使马克思找到了社会生成的现实机制"，"使马克思发现私有财产、需要、交换和分工构成了市民社会生成的四个要素"。③ 这一划分表明了国民经济学只是从私有财产的事实出发，但是它并没有进一步说明这个事实，而是把私有财产在现实中所经历的物质过程，放进一般的、抽象的公式，然后又把这些公式当作规律，但又不理解这些规律。④ 具体来说，国民经济学只是把私有财产，"把劳动、资本、土地的互相分离，工资、资本利润、地租的互相分离以及分工、竞争、交换价值概念等等"⑤ 当作固定的前提而不予以考察，这样他们其实根本无法把握经济发展规律，因而只有"从国民经济学的各个前提出发"⑥，去剖析这些前提，才能从根本上破除这种仅仅致力于发财致富的国民经济学。私有财产为什么会出现呢？此时的马克思从人的本质出发，找到了劳动异化这一私有财产的根源即人的类本质的异化。

马克思从"当前的国民经济的事实出发"⑦，观察到工人的劳动产品成为异己的存在物，工人越是通过自己的劳动占有外部世界、感性自然性，感性的外部世界越来越不成为他的劳动对象，也越来越不提供直接的

---

① 按照马克思写作《经济学笔记》的顺序，马克思对萨伊经济学的解读最早，为"第一册：萨伊、斯卡尔培克"。韩立新.《巴黎手稿》研究：马克思思想的转折点.北京：北京师范大学出版社，2014：112-113.
② 马克思，恩格斯.马克思恩格斯文集：第1卷.北京：人民出版社，2009：236.
③ 王代月.斯密的市民社会理论：马克思借以回到现实的经济学环节.哲学研究，2015(12)：12-17.
④⑤⑥ 马克思，恩格斯.马克思恩格斯文集：第1卷.北京：人民出版社，2009：155.
⑦ 马克思，恩格斯.马克思恩格斯文集：第1卷.北京：人民出版社，2009：156.

生活资料。① 而产品的异化是由生产活动的异化直接导致的，"劳动对工人来说是外在的东西"，"不属于他的本质"，"劳动的异己性完全表现在：只要肉体的强制或其他强制一停止，人们就会像逃避瘟疫那样逃避劳动"。② 以上关于异化劳动的两个规定得出人的类本质与人的相异化。人的类本质是普遍的自由存在物，人通过劳动改造对象世界的过程，才真正证明自己是类存在物，而异化劳动把类生活变成维持个人生活的手段，把自主活动、自由活动贬低为手段。③ 人同自己的劳动产品、自己的生命活动、自己的类本质相异化的直接结果就是人同人相异化，不仅是工人与资本家之间相异化，也是工人之间、资本家之间相异化。工人通过异化的、外化的劳动，生产出资本家对这个劳动的关系即私有财产的关系，所以"私有财产是外化劳动即工人对自然界和对自身的外在关系的产物、结果和必然后果。"④

上述是从国民经济学所承认的私有财产的前提出发，去讨论作为结果的外化劳动，但在这一概念的分析中，私有财产又成为外化劳动的后果。因而要想废除这种私有财产从而实现人的自由，那就要扬弃劳动异化。而异化劳动又是如何产生的呢？马克思只是提出了这一问题而并未作出科学回答。

其中，马克思对人的本质是类存在物的理解，深受费尔巴哈人本学的影响。马克思指出，"人是类存在物，不仅因为人在实践上和理论上都把类——他自身的类以及其他物的类——当做自己的对象；而且因为——这只是同一种事物的另一种说法——人把自身当做现有的、有生命的类来对待，因为人把自身当做普遍的因而也是自由的存在物来对待。"⑤ 这吸收借鉴了费尔巴哈的术语和思想。费尔巴哈在《基督教的本质》中指出，动物没有宗教，而人有宗教，所以人和动物的根本区别就构成宗教的本

---

① 马克思，恩格斯. 马克思恩格斯文集：第1卷. 北京：人民出版社，2009：156-158.
② 马克思，恩格斯. 马克思恩格斯文集：第1卷. 北京：人民出版社，2009：159.
③ 马克思，恩格斯. 马克思恩格斯文集：第1卷. 北京：人民出版社，2009：161-163.
④ 马克思，恩格斯. 马克思恩格斯文集：第1卷. 北京：人民出版社，2009：166.
⑤ 马克思，恩格斯. 马克思恩格斯文集：第1卷. 北京：人民出版社，2009：161.

质。① 那么，究竟什么是人跟动物的本质区别？费尔巴哈认为对这个问题的最简单、最一般、最通俗的回答是：意识，这里所说的意识是在严格意义上的，而不是自我感或感性的识别力这种意义，因为这种根据一定的显著标志作出的对外界事物的知觉或判断力，动物也是具备的。② 而只有将自己的类、自己的本质性当作对象的那种生物，才具有最严格意义上的意识，才能够把别的事物或实体各按其本质特性作为对象。③ 从这一点来看，动物只有单一的生活，内在生活和外在生活是合二为一的，而人却具有双重生活，既有内在生活又有外在生活，外在生活是可见的、毋庸置疑的，而人的内在生活即是对他的类、他的本质发生关系的生活，比如人的思维就是人跟自己交谈、讲话，即使没有外在的另一个个体，人仍然能够行使思维、讲话这种类的职能，而这是真正的类的职能。④

费尔巴哈认为，类本质不仅仅是宗教的基础，也是宗教的对象，宗教是对无限的东西的意识，那么宗教是而且只能是人对自己的本质——无限的本质——的意识，本质的界限也就是意识的界限，这就是意识和本能的区别。⑤ 所以，宗教的根源在于人的类意识，而动物只有本能所以不可能有宗教。意识的本质特征，就是总括一切、无限，无限者的意识是对意识之无限性的意识，或者说，在无限者的意识中，意识把自己的本质之无限性当作对象。⑥ 人自己意识到的人的本质就是理性、意志和心（即爱），这是在人里面而又超乎个别的人之上的属神的三位一体，是鼓舞人、规定人、统治人的权力——是属神的、绝对的权力，这种权力是人所不能违抗的。⑦

而在基督教中，费尔巴哈认为，人与人之间的关系都是千篇一律地独自与上帝存在的同一个个体，个体本身具有类的意义，被认为是类之完善的实存，因而基督教只关注到个体而抛开了类，这就抹杀了人与人之间的质的差别⑧，也抹杀了类的概念和类生活的意义⑨。费尔巴哈认为，宗教

---

① ② ③ ［德］费尔巴哈. 基督教的本质. 北京：商务印书馆，1984：3.
④ ⑤ ⑥ ［德］费尔巴哈. 基督教的本质. 北京：商务印书馆，1984：4.
⑦ ［德］费尔巴哈. 基督教的本质. 北京：商务印书馆，1984：5.
⑧ 马泽民. 马克思主义哲学前史. 重庆：重庆出版社，1994：402.
⑨ ［德］费尔巴哈. 基督教的本质. 北京：商务印书馆，1984：206.

变迁是人的本质的扬弃的方式,也是化解现实市民社会经济冲突的方法。费尔巴哈不是要废除宗教,而是要建立满足合理利己的爱的宗教,费尔巴哈指出,"我所说的利己主义,乃是人争取自己的地位,乃是人的自我坚持,以之对抗神学的伪善、宗教的和思辨的幻想、政治的野蛮和专制等向人所提出的一切非自然的和非人的要求,——这种利己主义适合于人的本性,因此也适合于人的理性,因为人的理性不是别的,正是人的被意识到的本性。"① 这样,费尔巴哈实际上并没有超脱出宗教的领域,但是他所提供的人本学主义立场对马克思具有启发性,马克思将异化理论延伸到宗教领域之外,吸收了黑格尔和国民经济学的理论内容,从而建立了劳动异化理论。

(2)出场:马克思全面生产理论。

马克思"现实的个人"观点的确立,实现了马克思对费尔巴哈人本学唯物主义的真正摆脱,实现了对黑格尔哲学的真正超越和对国民经济学的前提性批判,这一思路是在《关于费尔巴哈的提纲》和《德意志意识形态》中确立的。

在《关于费尔巴哈的提纲》中,马克思以唯物主义的实践概念为基点,打破旧有的人本主义异化史观,表达了对唯心主义和旧唯物主义的基本看法,指出他们都没有从"感性的人的活动"即"实践"出发。

费尔巴哈对感性只是从客体的或者直观的形式去理解②,突破了唯心主义倾向于研究思想客体的思路,而去研究感性客体、感性对象。费尔巴哈的这种直观不是简单的所谓照镜子的反映,他知道"实际事物并不能全部反映在思维中,而只能片段地部分地反映在思维中"③,这是因为"思维的本性是普遍性,而现实的本性是个别性"④,而"只有那通过感性直观而确定自身,而修正自身的思维,才是真实的,反映客观的思维——具有客观真理性的思维。"⑤ 但是,费尔巴哈的直观唯物主义将人与自然界割裂开,既没有看到人与自然界之间的历史性联系,也没有看到自然界是

---

① [德]费尔巴哈. 费尔巴哈哲学著作选集:下卷. 北京:商务印书馆,1962:551.
② 马克思,恩格斯. 马克思恩格斯文集:第1卷. 北京:人民出版社,2009:499.
③④⑤ [德]费尔巴哈. 费尔巴哈哲学著作选集:上卷. 北京:商务印书馆,1959:178.

人生活于其中的自然界，人所处的自然界也不是开天辟地就有的。费尔巴哈所理解的人的本质只是单个人所固有的抽象物，而马克思指出，人的本质在现实性上是一切社会关系的总和。① 这时的马克思所理解的人不再是以自由自觉的劳动为本质的人，而是属于一定社会形式的人，是在社会生活中实践着的人，这种对人的本质的认识，是把感性理解为实践活动的唯物主义，是马克思的新唯物主义。

这种新唯物主义就是马克思在《德意志意识形态》中创立的历史唯物主义。

这种历史理论不是以"绝对精神""自我意识""唯一者"等想象出来的东西为出发点，不像唯心主义那样，把历史想象为某种精神实体的神秘活动，也不像"抽象的经验论者"那样，把历史看作一些僵死的事物的简单堆积。② 历史唯物主义的出发点是"现实的个人"③，而非抽象的人，不是鲍威尔理解的"自我意识"，不是费尔巴哈理解的"类"，也不是施蒂纳理解的"唯一者"，不是这些抽象的词句，而是现实地、实际地创造历史的人。"这些个人是从事活动的，进行物质生产的，因而是在一定的物质的、不受他们任意支配的界限、前提和条件下活动着的"④，这是唯物主义历史观的前提。马克思从人和动物的区分出发，"一当人开始生产自己的生活资料，即迈出由他们的肉体组织所决定的这一步的时候，人本身就开始把自己和动物区别开来。"⑤ 在此基础上，"第一个历史活动就是生产满足这些需要的资料，即生产物质生活本身"⑥，从而确立起物质生产活动在社会发展中的基础性地位，这是"人类历史进程展开的时间—历史起点"⑦ 和"考察人类历史规律的逻辑起点"⑧。

---

① 马克思，恩格斯. 马克思恩格斯文集：第1卷. 北京：人民出版社，2009：501.
② 孙伯鍨. 探索者道路的探索：青年马克思恩格斯哲学思想研究. 北京：北京师范大学出版社，2017：326.
③ 马克思，恩格斯. 马克思恩格斯文集：第1卷. 北京：人民出版社，2009：519.
④ 马克思，恩格斯. 马克思恩格斯文集：第1卷. 北京：人民出版社，2009：524.
⑤ 马克思，恩格斯. 马克思恩格斯文集：第1卷. 北京：人民出版社，2009：519.
⑥ 马克思，恩格斯. 马克思恩格斯文集：第1卷. 北京：人民出版社，2009：531.
⑦⑧ 李成旺. 实践·历史·自由：马克思哲学本真精神的当代追寻. 北京：人民出版社，2018：308.

当然，物质生产不是一个孤立的事件，而是一个系统性的工程，在生产满足了第一个需要之后，新的需要又产生了，对新的需要的满足又推动生产的顺利进行，新需要的实现构成了再生产过程。物质生产资料的生产虽然是人类历史的现实起点，但离不开人的生产即繁殖，亦即家庭范围内的夫妻关系、父母和子女的关系，家庭关系是最初的社会关系，当需要的增长产生了新的社会关系时，家庭关系就成为从属性质的了。① 可以看出，物质生活资料的生产、再生产和人的生产不应被看作是三个阶段，而是同时存在的三个方面。在说明了历史的现实基础之后，马克思和恩格斯深入说明了由此产生的第四个因素，即人与人之间的客观的社会关系，这不同于自然属性的家庭关系，社会关系在这里是非常宽泛的，包含了生产关系和其他社会关系。② 构成社会历史进程的第五个因素是意识，只有当真正的分工即物质劳动和精神劳动分离时，意识才能摆脱世界去构造纯粹理论，才能现实地反映现存实践。③ 马克思将前三个因素统称为生产力，将社会关系称为社会状况，指出生产力、社会状况和意识三个总体因素在现实的历史过程中一定会发生矛盾，这是分工导致的，而只有消灭分工才能使三个因素彼此不发生矛盾。④

基于此，马克思和恩格斯建立了全面生产理论，通过物质生产、人的生产、社会关系生产和精神生产的复杂机制揭示出人类社会发展的历史规律。其中，物质生产即物质生活资料的生产和再生产处于始源性地位，是其他生产的前提和根本；人的生产与物质生产是一体两面、缺一不可的，同样处于根本性的地位，对其他生产具有决定性意义；社会关系生产同物质生产一样对精神生产起着决定作用，但又处在物质生产、人的生产和精神生产的各个环节中，并对这些环节起着明显的反作用，具有中介的意义；精神生产是其他各个环节相互运动的产物，又反过来对物质生产和社会关系生产产生持久性的作用。正是在这四种生产的运行机制中才呈现出

---

① 马克思，恩格斯. 马克思恩格斯文集：第1卷. 北京：人民出版社，2009：531-532.
② 马克思，恩格斯. 马克思恩格斯文集：第1卷. 北京：人民出版社，2009：532-533.
③ 马克思，恩格斯. 马克思恩格斯文集：第1卷. 北京：人民出版社，2009：533-534.
④ 马克思，恩格斯. 马克思恩格斯文集：第1卷. 北京：人民出版社，2009：535.

历史唯物主义智慧,实现了西方思想史上的理论创新。①

在马克思全面生产理论下,马克思和恩格斯第一次科学地阐明了生产力和生产关系的辩证关系原理,从而在理论上解决了私有财产的起源问题。私有财产不是既定的前提,而是生产关系的特定形式,是生产力发展到一定阶段的产物,伴随着生产力的发展而出现、发展和消亡,"在大工业中,生产工具和私有制之间的矛盾才是大工业的产物,这种矛盾只有在大工业高度发达的情况下才会产生。因此,只有随着大工业的发展才有可能消灭私有制。"② 在确立这一历史唯物主义的原则之后,分析现实资本主义生产方式的运行规律,以及从现实生产力和生产关系的运动中论证共产主义社会的可能性,就成为马克思下一步要着手解决的问题了,而商品正是资本主义的现实的历史起点,因而对资本主义生产方式的剖析,首先要从商品入手,马克思分析了商品的价值以及价值的运动形式,创立了剩余价值学说,从而实现了政治经济学批判。

---

① 伍书颖.新时代青年思想政治教育观的生成逻辑与理论基础.社会主义核心价值观研究,2019(01):95-100.
② 马克思,恩格斯.马克思恩格斯文集:第1卷.北京:人民出版社,2009:556.

第3章　斯密与马克思关于价值生产和价值规定理论的比较[①]

斯密与马克思关于价值生产和价值规定的理论，是斯密与马克思对近代社会中人的生存状态和人的自由实现路径的经济哲学思考，也是二者价值理论比较研究的基础环节。价值生产和价值规定理论，回答的是价值是如何产生的，即价值的来源是什么，进而价值是如何规定的问题，价值生产和价值规定这两大问题是紧密相关、不可分割的。在回答了这两大问题之后，才能进一步回答价值再生产的问题，即何种劳动能够创造剩余价值的问题，进一步地，即生产劳动和非生产劳动的划分问题，这是本书第4章要解决的问题。在斯密和马克思价值理论比较研究的最后环节，要回答的是价值的分割和价值的分配问题，即价值如何分割为利润和工资并分别分配给资本家和工人的问题，这是本书第5章要解决的问题。由此可见，斯密与马克思的价值生产和价值规定理论处于二者价值理论比较研究各环节中的基础位置。

斯密认为，在分工和交换的自由法则下，物质生产力不断提高，物质财富持续增加，国民财富自然而然地普惠到全社会各个阶层各种职业的劳动者身上。马克思一方面肯定了资本主义生产方式在生产力创造上的历史性功绩，另一方面指出雇佣劳动制带来的是资本家阶级和劳动者阶级的对抗关系，资本主义生产方式必然因无法容纳更高的生产力而最终走向灭

[①] 本章部分内容笔者曾以《经济哲学视域中马克思对斯密商品价值决定论的超越》为题发表于《首都经济贸易大学学报》2022年第3期，在此作了进一步的修改、扩充与完善。

亡，只有联合起来的新的劳动形式才能带来真正的自由。

在斯密与马克思关于价值生产和价值规定理论的对比研究中，主要有以下三大差异，其层次是逐渐深入的：第一，斯密主张多种商品价值决定论，其中，耗费劳动决定商品价值的理论只适用于资本积累和土地私有之前的社会发展阶段，而在资本积累和土地私有之后的社会发展阶段上，商品价值的劳动决定论则彻底转向收入决定论、供求价值论等等，而马克思采用延续、统一的商品价值决定论，从简单商品经济到发达商品经济的整个时期，商品价值均决定于商品中所包含的无差别人类劳动，并通过资本主义生产关系下价值转化为生产价格的规律，解决了斯密价值理论中的矛盾。第二，就耗费劳动决定商品价值来说，斯密只是从价值量的维度来规定商品价值，而马克思进一步揭示了决定商品价值的质的一致性即抽象人类劳动。第三，最核心也是最关键的是，马克思分析了商品价值形式的历史进程，而斯密从未思考过为什么劳动产品采取商品这种价值形式，为什么劳动表现为价值等问题。

3.1 斯密的价值生产和价值规定理论

近代以来，人逐渐脱离人身依附关系而在国家制度维度上获得独立人格，而成为在政治国家与市民社会中的双重存在，亦即同时作为政治国家中的"公民"和作为市民社会中的"市民"而存在，对作为"市民"的私有财产的承认和维护成为人格获得独立的关键确证，也是人追寻自由的必然要求。斯密坚决地否定了任何一种认为贫穷是崇高或救赎的观点，反对斯多葛"简朴"和基督教禁欲主义这两个极有影响力的学说。[①] 斯密认为，财产权成为历史上各种政权组织原则的实际基础[②]，在18世纪的英国商业社会中道德提升的途径与追求财富的路径是一致的[③]，因而关于财

[①] [英]克里斯托弗·J.贝瑞. 苏格兰启蒙运动的社会理论. 杭州：浙江大学出版社，2013：140.
[②] [英]坎南. 亚当·斯密关于法律、警察、岁入及军备的演讲. 北京：商务印书馆，1962：35-42.
[③] [英]亚当·斯密. 亚当·斯密全集（第1卷）：道德情操论. 北京：商务印书馆，2014：74.

富及其源泉的正确认识就显得至关重要。

从前文可知，在斯密之前有两种关于财富及其源泉的主张：一是重商主义将财富仅仅看作金银形式，故而将商业劳动和开采金银矿的劳动作为创造财富的源泉；二是重农主义将财富仅仅看作农业生产中的"纯产品"，故而将农业劳动理解为创造财富的源泉。① 斯密既不赞同前者仅仅从交换价值的角度去理解财富，也不赞同后者仅仅从使用价值的角度去理解财富，因而也不赞同将创造财富的劳动理解为商业劳动或者农业劳动，而是抛弃了创造财富的活动的一切规定性，将劳动一般作为创造财富的活动的抽象一般性提了出来。② 这是由于当时产业资本开始组织劳动，社会生产力的发展使得个人从一种劳动转换到另一种劳动变得很容易，因而实现了对任何种类劳动的同等看待。③

在此基础上，尽管斯密提出了其多种商品价值决定论中的正确观点，即耗费劳动决定商品价值，但他仅仅是从劳动量出发来理解商品价值，在其商品价值决定论的更大层面上，他走上了重商主义所强调的交换价值维度，回到了资本主义生产方式的表象层面。

3.1.1 分析起点：分工和交换

在斯密看来，财富的增加是社会进步的标尺，而财富创造的源泉在生产领域，在斯密所处的时代，生产领域中所开展的是工场手工业的生产方式，这一生产方式是"以分工为基础的协作"的"典型形态"④，因而，分工是劳动生产力的标志，是促进财富增加的重要因素。

分工是斯密价值理论的逻辑起点。斯密要回答的是这种劳动一般是如何实现国民财富增长的，在对财富形式的理解上，货币被一贯作为财富的代表，而在斯密看来，货币只是流通的符号，货币之所以能够流通，是因为商品需要销售，而在商品销售之前必须要有商品生产，而在商品生产中

---

① 马克思，恩格斯. 马克思恩格斯全集：第33卷.2版. 北京：人民出版社，2004：137-139.
② 马克思，恩格斯. 马克思恩格斯全集：第30卷.2版. 北京：人民出版社，1995：44-45.
③ 马克思，恩格斯. 马克思恩格斯全集：第30卷.2版. 北京：人民出版社，1995：45-46.
④ 马克思. 资本论：第1卷.2版. 北京：人民出版社，2004：390.

分工可以提高财富生产效率，所以，"斯密描述了一个全新的图景，他从分工开始，描绘了生产→交换→分配→消费＝再生产这样不断上升的过程。"① 斯密认为"劳动生产力上最大的增进，以及运用劳动时所表现的更大的熟练、技巧和判断力，似乎都是分工的结果"②。

这里，斯密说得不算确切，他说劳动生产力的增进"似乎"是分工的结果，即分工在很大程度上是劳动生产力增进的原因。为了更加确定和更好地说明这个论点，他首先列举了"不重要制造业"的例子，如扣针制造业，由于所雇佣的工人往往集合在同一工厂，所以它的分工往往更能引起人们的注意，这样的分工无疑提高了劳动的生产力，而对于大制造业，由于部门很多以至于不可能同时看到所有工人，所以很少有人注意到它的分工情况，而实际上大制造业的分工有时比小制造业的分工更为周密，因此才获得生产力的更大增进。③ 斯密关于小制造业和大制造业的区分，实际上是斯密关于工场手工业内部的分工和社会内部分工的区分，这种区分在斯密那里只是主观的，对于观察者来说，一眼就可以在空间上看到各种各样局部劳动的场合，符合工场手工业分工的特点，而各种局部劳动相对分散并不易把握联系的场合，符合社会分工的特点。④ 斯密也发现，在不同行业间，分工对生产力增进的影响也不同，与制造业相比，由于农业不能采取完全的分工制度，所以农业的生产力没有制造业的劳动生产力进步大。⑤

需要指出的是，首先，协作这种劳动形式是提高社会生产力的一般形式，在每个社会发展阶段都存在，当在同一个劳动过程中同时雇用人数较多的雇佣工人时，资本主义生产过程就开始了，这种劳动生产力就变成了资本的生产力，看起来似乎是资本创造的一样，这种以分工为基础的协作，在工场手工业上取得了自己的典型形态。⑥ 其次，社会分工是各种经济形态所共有的，不论有没有商品生产都存在着，因为社会分工固然是商

---

① ［日］内田弘．新版《政治经济学批判大纲》的研究．北京：北京师范大学出版社，2011：57．
② ［英］亚当·斯密．国富论．北京：商务印书馆，2015：3．
③ ［英］亚当·斯密．国富论．北京：商务印书馆，2015：3-4．
④ 马克思．资本论：第1卷．2版．北京：人民出版社，2004：410-411．
⑤ ［英］亚当·斯密．国富论．北京：商务印书馆，2015：4-6．
⑥ 马克思．资本论：第1卷．2版．北京：人民出版社，2004：374-390．

品生产的前提条件，但社会分工却并不需要商品生产作为媒介，"而工场手工业分工却完全是资本主义生产方式的独特创造"①，斯密所研究的分工实际上是工场手工业分工，但他把这种特定生产方式下的分工，称为一切社会形态下的分工，根本忽视了不同社会形态下分工的差别，或者说斯密所认为的一般分工其实只是资本主义社会中所特有的分工，其实质是将资本主义社会的生产方式当作是一种天然的形式，当作一种超越历史意义的永恒方式。最后，斯密关于工场手工业内部的分工和社会内部分工的区分是不科学的，这两种分工虽然有很多相似之处，但二者不仅有程度上的差别，更有本质的区别。第一，生产形式不同。转化为商品的产品，是工人各自劳动的产物还是工人共同劳动的产物。在社会内部分工中，他们各自的产品都是作为商品而存在，在工场手工业内部的分工中，工人作为局部工人不生产商品，转化为商品的只是局部工人的共同产品。② 第二，中介不同。"社会内部的分工以不同劳动部门的产品的买卖为中介；工场手工业内部各局部劳动之间的联系，以不同的劳动力出卖给同一个资本家，而这个资本家把它们作为一个结合劳动力来使用为中介"③。第三，前提不同。社会分工以生产资料按类别分散在许多互不依赖的商品生产者中间为前提，工场手工业分工以生产一种商品的生产资料集中在一个资本家手中为前提等等。④ 因而，在资本主义生产方式的社会中，社会分工的无政府状态与工场手工业的有组织性和有计划性之间是相互制约、存在矛盾的，而斯密并没有认识到这一层次。

在分析了上述制造业内部和不同行业之间的分工情况后，斯密总结了分工促进生产力增进的三大原因，一是劳动者业专艺精，二是环节减少、节约时间，三是机械的发明。⑤ 斯密认为分工促进各行各业产量大增，再通过劳动产物的相互交换，这样在一个政治修明的社会里，就会造成普及

---

① 马克思. 资本论：第1卷.2版. 北京：人民出版社，2004：416.
② 马克思. 资本论：第1卷.2版. 北京：人民出版社，2004：411.
③ 马克思. 资本论：第1卷.2版. 北京：人民出版社，2004：411-412.
④ 马克思. 资本论：第1卷.2版. 北京：人民出版社，2004：412.
⑤ [英] 亚当·斯密. 国富论. 北京：商务印书馆，2015：6-9.

到最底层人民的普遍富裕的情况,即社会各阶级的普遍富裕。① 所以,斯密关于国家富裕和社会公平正义的理论是建立在分工之上的,但是分工又是从哪里来的呢?

斯密指出,分工"是不以这广大效用为目标的一种人类倾向所缓慢而逐渐造成的结果,这种倾向就是互通有无,物物交换,相互交易"②,"分工的直接根源乃是人类爱把东西相互交换的癖性"③,"这个癖性只是人类所共有的,其他动物都没有这个癖性。"④ 因而,分工来自人类先天具有的相互交换的倾向。但是对这一倾向究竟缘何而来的问题,斯密认为这不属于《国富论》所研究的范围,但他又接着指出,这种互通有无的契约关系从根本上说是出于人们自利的打算,⑤ 因而实际上又回答了上述问题。其实他在《国富论》之前关于"警察"的演讲中,就从人和动物相区别的角度,探讨过相互交换的癖性产生的原因,这就是"人想望任何东西时,不是像狗一样,把希望寄托在他人的善心,而是把希望寄托给他人的利己主义"⑥。"这个癖性的真正基础是人类天性中普遍存在的喜欢说服别人这种本质"⑦。其实,当斯密把工场手工业分工这一资本主义生产方式的独特创造,看作是一切社会形态下的自然形式时,交换作为资本主义生产方式的典型形态,就自然与分工绑定在一起了,或者说,分工本身就是在交换的范围内,所以在《国富论》"序论"中,斯密就指出,"构成这种必需品和便利品的,或是本国劳动的直接产物,或是用这类产物从外国购进来的物品。"⑧ 因而,作为斯密价值理论出发点的分工实质上是交换下的分工,是分工和交换的统一,这种对分工和交换所作的超历史性解释构成了斯密理论中一切矛盾的根源。

---

① [英]亚当·斯密. 国富论. 北京:商务印书馆,2015:9.
② [英]亚当·斯密. 国富论. 北京:商务印书馆,2015:11.
③④ [英]坎南. 亚当·斯密关于法律、警察、岁入及军备的演讲. 北京:商务印书馆,1962:188.
⑤ [英]亚当·斯密. 国富论. 北京:商务印书馆,2015:11-12.
⑥ [英]坎南. 亚当·斯密关于法律、警察、岁入及军备的演讲. 北京:商务印书馆,1962:188.
⑦ [英]坎南. 亚当·斯密关于法律、警察、岁入及军备的演讲. 北京:商务印书馆,1962:190.
⑧ [英]亚当·斯密. 国富论. 北京:商务印书馆,2015:序论 i.

既然分工起因于交换能力，那么分工的程度要受到交换能力大小的限制，即受市场广狭的限制。① 为进一步增强交换力，作为交换中介的货币就应运而生了，但是在以货币交换货物的时候，就出现了货币自身价值量变动的情况，这就提出了何为商品的交换价值或相对价值的问题。② 在正式进入价值决定论的探讨之前，斯密首先区分了使用价值和交换价值两种不同的价值概念，使用价值指特定物品的效用，交换价值指由于占有某物而取得的对他种货物的购买力。③ 在二者关系上，斯密否定了使用价值对交换价值的决定作用，斯密指出，"使用价值很大的东西，往往具有极小的交换价值，甚或没有；反之，交换价值很大的东西，往往具有极小的使用价值，甚或没有。"④

至此，斯密《国富论》第一篇"论劳动生产力增进的原因，并论劳动生产物自然而然地分配给各阶级人民的顺序"的论证体系就呈现出来了，分工劳动（第一章）→交换本能（第二章）→市场（第三章）→货币（第四章）→商品（第五章）⑤，而这与马克思的论述逻辑是明显不同的。

从经济学方法论上看，斯密相较于他之前的古典政治经济学家有了实质性的进步。古典政治经济学产生于17世纪中叶，完成于19世纪初，"在英国从威廉·配第开始，到李嘉图结束，在法国从布阿吉尔贝尔开始，到西斯蒙第结束"⑥，是资本主义确立和上升时期的资产阶级经济理论体系，是产业资本要求的反映。马克思在《〈政治经济学批判〉导言》中分析了政治经济学研究的两条道路，一种是从实在和具体开始，达到抽象和简单的规定⑦，"从具体事物渐渐向抽象事物下降的方法"⑧，称作"下向法"⑨；第二种是从这种抽象开始，再回到总体⑩，"从抽象事物渐渐向具

---

① ［英］亚当·斯密. 国富论. 北京：商务印书馆，2015：15.
② ［英］亚当·斯密. 国富论. 北京：商务印书馆，2015：20-24.
③④ ［英］亚当·斯密. 国富论. 北京：商务印书馆，2015：24.
⑤ ［日］内田弘. 新版《政治经济学批判大纲》的研究. 北京：北京师范大学出版社，2011：70.
⑥ 马克思，恩格斯. 马克思恩格斯全集：第31卷.2版. 北京：人民出版社，1998：445.
⑦ 马克思，恩格斯. 马克思恩格斯全集：第30卷.2版. 北京：人民出版社，1995：41.
⑧⑨ ［日］内田弘. 新版《政治经济学批判大纲》的研究. 北京：北京师范大学出版社，2011：55.
⑩ 马克思，恩格斯. 马克思恩格斯全集：第30卷.2版. 北京：人民出版社，1995：42.

体事物上升的方法"①，称作"上向法"②。前一种方法是17世纪的经济学家走过的道路，他们总是从人口、民族、国家等生动的整体开始，抽象出分工、货币等抽象规定，其代表人物是威廉·配第；后一种方法被马克思称为"显然是科学上正确的方法"③，从劳动、分工、需要、交换价值等简单的东西上升到国家、国际交换和世界市场，其代表人物有亚当·斯密。

配第是英国古典政治经济学的奠基人，"英国国民经济学之父"④。配第在《政治算术》中，从社会热点问题"英国怎样才能握有欧洲的霸权"入手，将法国、荷兰与英国在国力上进行比较，具体表现在人口、领土、位置、产业、军事力量等方面上，配第得出如下结论：如果各方面政策合理到位，就能在国力上不输给法国，而为了保证政策的合理性，就必须确保财源，而财富的增加就必须振兴工场手工业和商业，商品生产需要更多的工人，也需要更多的货币积累，而将商品销售到国外，就能更多地积累财富。⑤ 所以，配第是从具体的表象开始，关注人口、领土等构成国力的因素，到抽象的范畴即作为财富形式的货币，是从具体事物向抽象事物下降的方法。马克思评论道，"配第在政治经济学的几乎一切领域中所作的最初的勇敢尝试，是如何——为他的英国的后继者所接受并且作了进一步的研究的。"⑥

这一英国后继者的代表人物之一就是亚当·斯密。斯密《国富论》出版的1776年，正处于英国资本主义原始积累已经完成以及工业革命前夜的历史阶段，斯密是在配第的基础上继续前进的，他从一些最简单的规定，如分工、货币等"一些有决定意义的抽象的一般的关系"⑦ 出发，最

---

① ［日］内田弘. 新版《政治经济学批判大纲》的研究. 北京：北京师范大学出版社，2011：55.
② ［日］内田弘. 新版《政治经济学批判大纲》的研究. 北京：北京师范大学出版社，2011：56.
③ 马克思，恩格斯. 马克思恩格斯全集：第30卷.2版. 北京：人民出版社，1995：42.
④ 马克思，恩格斯. 马克思恩格斯全集：第31卷.2版. 北京：人民出版社，1998：447.
⑤ ［英］威廉·配第. 政治算术. 北京：商务印书馆，1960.
⑥ 马克思，恩格斯. 马克思恩格斯全集：第26卷.2版. 北京：人民出版社，2014：404.
⑦ 马克思，恩格斯. 马克思恩格斯全集：第30卷.2版. 北京：人民出版社，1995：41-42.

终得到具有许多规定和关系的丰富总体。这具体表现在：《国富论》的第一、二篇是从分工论向资本积累上升，逐渐展开自己的经济理论的，第三、四篇讨论了致使欧洲出现扭曲的产业构造的历史、政策和学说，最后一篇论述了国民财富的使用方式，因而呈现出从分工劳动向市民国家的理论体系的展开。

从哲学历史观的角度看，斯密的生产、分工、交换和劳动理论，是对现代性社会存在的最初探索。① 斯密正处于工场手工业末期和机器大生产的前夜，工场手工业是以分工为基础的协作的典型形态，具有资本主义生产过程的特征，"斯密考察分工的主要功绩在于，他把分工放在首位，强调分工的意义，并且直接把分工看作劳动（即资本）的生产力。"② 斯密从人内在具有的交换本能和生产本能为出发点来探讨增加国民财富的真正原因，作为分工原因的交换本能是自然的，所以把分工、交换以及货币和商品组成的文明社会看作自然社会。③ 这样的自然的文明的社会就是斯密所揭示的商业社会，分工和交换就如同"看不见的手"一样，使得源自每个人利己动机的交换行为在客观上促成了利他结果，使得整个社会的财富增加，使各个阶级都能实现富裕状态。可见，以分工和交换为起点的斯密价值理论，将资本主义社会看作是自然的永恒的社会形态，而马克思价值理论从商品出发，揭示了商品出现以前、简单商品经济时期到发达商品经济时期的历史转化过程，实现了对斯密理论的根本超越。

3.1.2 斯密商品价值决定论的内在矛盾

斯密在把商品的价值区分为使用价值和交换价值的基础上，进入第五章关于商品的分析，开始讨论货币交换货物时所遵循的法则。斯密最先提出的问题是："什么是交换价值的真实尺度，换言之，构成一切商品真实

---

① 张一兵. 回到马克思：经济学语境中的哲学话语. 3 版. 南京：江苏人民出版社，2014：52.
② 马克思，恩格斯. 马克思恩格斯全集：第 32 卷. 2 版. 北京：人民出版社，1998：312.
③ [日] 内田弘. 新版《政治经济学批判大纲》的研究. 北京：北京师范大学出版社，2011：58.

价格的，究竟是什么？"①

斯密一方面认为，决定一个人贫富与否，要看该人付出多少劳动从而收获多少财富，但是另一方面，在分工确立以后，随着交换的扩大，几乎所有的必需品都要通过交换才能获得，所以一个人所享受的必需品、便利品和娱乐品，是由他所能购买到的劳动量决定的。② 所以，同样的劳动，一方面成为使用价值的实体，另一方面又成为交换价值的实体。③ 对于处在社会分工体系中的每个人来说，劳动与其说是从自然界直接获得财富的方式，不如说是通过支配他人产品获得财富的间接的、社会的手段。

"换言之"这一同义转换用语说明了，斯密这时认为"交换价值的真实尺度"与"商品的真实价格"在内容上是一致的。一方面，"商品交换价值的真实尺度"是指商品的价值决定于购买这一商品的劳动；另一方面，"商品的真实价格"是指商品价值决定于生产商品所耗费的劳动，"任何一个物品的真实价格，即要取得这物品实际上所付出的代价，乃是获得它的辛苦和麻烦"④，劳动相比于金银和谷物，是第一性价格，是最初用以购买一切货物的代价。⑤ 斯密指出，购买的劳动以耗费的劳动为前提，二者内容是一致的。

紧接着是第一个转折，斯密在行文中迅速抛弃了耗费劳动的观点，回归到购买劳动的观点上，得出一种物品的交换价值必然正好等于这一物品对其所有者所提供的劳动支配权，如财产对所有者提供的权力是购买力，是对于当时市场上各种劳动或各种劳动生产物的支配权。斯密指出，现实中商品的交换价值通常不是按照耗费劳动估定的，而是"通过市场上的议价来作大体上两不相欠的调整"⑥，所以相比于耗费劳动，交换劳动更进一步地接近了市场上商品的交换行为。

然后是第二个转折，斯密认为在交换过程中，"只有本身价值绝不变

---

① [英] 亚当·斯密. 国富论. 北京：商务印书馆，2015：24.
② [英] 亚当·斯密. 国富论. 北京：商务印书馆，2015：25.
③ [日] 内田弘. 新版《政治经济学批判大纲》的研究. 北京：北京师范大学出版社，2011：60.
④ [英] 亚当·斯密. 国富论. 北京：商务印书馆，2015：25.
⑤ [英] 亚当·斯密. 国富论. 北京：商务印书馆，2015：25-26.
⑥ [英] 亚当·斯密. 国富论. 北京：商务印书馆，2015：26.

动的劳动，才是随时随地可用以估量和比较各种商品价值的最后和真实标准。"①"劳动是商品的真实价格，货币只是商品的名义价格"②，同货币或者谷物等作为价值表现形式相比，"只有劳动才是价值的普遍尺度和正确尺度"③。从中也可以看出，货币被斯密视为单纯的商品交换的媒介物，并没有什么神秘性，因而没有获得进一步的分析。

因此，斯密在耗费劳动和购买劳动两种价值决定论的认识上存在模糊和矛盾，对二者关系的认识有两个转折，第一个转折是从最开始认为二者一致到抛弃耗费劳动，第二个转折是最后又回到耗费劳动。马克思评论道，"亚·斯密在交换价值的规定上摇摆不定：一方面认为商品的价值决定于生产商品所必要的劳动量，另一方面又认为商品的价值决定于可以用来买进商品的活劳动量，或者同样可以说，决定于可以用来买进一定量活劳动的商品量"④。转而，斯密开始探讨商品价格的组成部分，究竟有哪些因素决定商品价格的？一方面，在资本积累和土地私有尚未发生以前的初期野蛮社会中，获取各种物品所需要的劳动量之间的比例，似乎是各种物品相互交换的唯一标准。⑤ 这种情况下，耗费劳动量和购买劳动量是一致的，一种物品通常应可购换或支配的劳动量，只由取得或生产这物品一般所需要的劳动量来决定。

但另一方面，在资本积累和土地私有的社会状态下，当资本所有者为了获得利润将资本投入劳动人民身上，劳动者对原材料增加的价值就分为两个部分，其中一部分支付劳动者的工资，另一部分支付雇主的利润，来报酬他垫付原材料和工资的那全部资本⑥；因此，这种商品一般所应交换、支配或购买的劳动量由两个因素决定，一是生产这一商品的劳动量，二是对那劳动垫付资本并提供材料的资本的利润。⑦ 土地一旦完全成为私有财产，在大多数商品价格中，就有了第三个组成部分即地租。利润和地

---

①② ［英］亚当·斯密. 国富论. 北京：商务印书馆，2015：28.
③ ［英］亚当·斯密. 国富论. 北京：商务印书馆，2015：31.
④ 马克思，恩格斯. 马克思恩格斯全集：第 33 卷.2 版. 北京：人民出版社，2004：46.
⑤ ［英］亚当·斯密. 国富论. 北京：商务印书馆，2015：41.
⑥ ［英］亚当·斯密. 国富论. 北京：商务印书馆，2015：42.
⑦ ［英］亚当·斯密. 国富论. 北京：商务印书馆，2015：43.

租通过作用于劳动形成价值。①

总之，斯密认为，"一般用于取得或生产任何一种商品的劳动量，也不能单独决定这种商品一般所应交换、支配或购买的劳动量。"② 劳动者对原材料增加的价值分为三个部分，其中一部分支付劳动者的工资，另一部分支付雇主的利润，来报酬他垫付原材料和工资的那全部资本，还有一部分构成土地的地租，这就形成了商品价格的三个组成部分。③ 反过来，这三个组成部分各自的真实价格，由各自所能购买或支配的劳动量来衡量，劳动不仅衡量价格中分解成为劳动的那一部分的价值，而且衡量价格中分解成为地租和利润的那些部分的价值。④ 综合上面两种情况，概以言之，"无论在什么社会，商品价格归根到底都分解成为那三个部分或其中之一。"⑤ 可见，斯密价值决定论存在着明显的矛盾：一方面，斯密正确地指出，工资、利润和地租来自劳动者所生产的价值量；另一方面，斯密错误地指出，工资、利润和地租构成商品价格的组成部分，前者讨论的是生产问题，而后者却将分配形式变成了生产形式，工资、利润和地租本来是商品价值的分割，结果在这里反过来成了生产的要素，可见，斯密将分配脱离于生产并置于生产之前，因而陷入了矛盾之中。

3.1.3 对斯密价值决定论矛盾的进一步分析

斯密价值决定论的矛盾产生的更本质的原因是，斯密没法解决劳动价值论和资本主义社会中等量资本获得等量利润之间的矛盾。一方面，劳动所表达的是对近代社会中人的存在和人的尊严的肯定，使人从宗教的思想统治中摆脱出来，劳动价值论从经济学的角度确证了这一深刻的哲学变革，成为近代启蒙思想家对抗封建上层阶级解决的基础理论学说，为资本家阶级推翻封建阶级提供了理论支持；但是另一方面，随着资本主义生产方式的确立和成熟，经济客观事实却表明，投入到生产过程中的等量劳动不一定能获得等量回报，反而呈现出等量资本获得等量利润的规律，所以

---

①②③ ［英］亚当·斯密. 国富论. 北京：商务印书馆，2015：43.
④ ［英］亚当·斯密. 国富论. 北京：商务印书馆，2015：43-44.
⑤ ［英］亚当·斯密. 国富论. 北京：商务印书馆，2015：44.

是资本而不是劳动决定着商品的生产和交换。斯密就是深深地陷入这一矛盾中，最终没能解决这一矛盾，因而呈现出其价值决定论的复杂矛盾。对于斯密经济理论体系中的矛盾，资产阶级学者们是早有觉察的，但他们出于不同的目的，曾经以极不相同的态度来对待斯密经济理论体系的矛盾。

法国庸俗经济学家的创始人萨伊（1767—1832）是斯密理论矛盾的最早发现者和评论者，他在1803年出版的《政治经济学概论》中对斯密理论进行了系统化、理论化和普及化。萨伊察觉到斯密的理论体系"只不过是一大堆杂乱地放在一起的……它不是政治经济学或统计学的完整论著，而是一大堆不齐整的奇妙的创造性理论和已知与已被证明的真理"①。"许多地方都欠明晰，整部著作几乎都缺乏条理"②。在此基础上，萨伊采取的方式是把其中庸俗的部分提取出来，以及把其中科学的成分庸俗化或者去除，"萨伊把亚·斯密的不一贯的说法和错误的意见化为十分一般的词句，来掩饰他自己的陈腐的浅薄见解"③。

随着工业革命的发展，产业资本家阶级需要对斯密的理论体系进行改造。李嘉图深刻认识到价值决定于劳动时间这一规定是理解资本主义的基础和出发点，"因为李嘉图和斯密相比，更彻底地、更明确地阐述了价值和剩余价值，实际上是肯定了内在的亚·斯密，而否定了外在的亚·斯密。"④ 但是李嘉图简单地抛弃了斯密经济理论的种种矛盾，因而也就抛弃了斯密借助这种自相矛盾的方法所提出的那些具有重大理论意义的课题，马克思说，"李嘉图揭示了斯密的矛盾，但没有觉察到这个更深刻的基础，没有对他所发现的矛盾做出正确的评价，因此也没有给以解决。"⑤ "他不如亚·斯密的地方是，……价值规律随着资本的形成而发生的特殊发展，丝毫没有引起他的不安，更没有促使他去研究这

---

① ［法］萨伊.政治经济学概论：财富的生产、分配和消费.北京：商务印书馆，2020：16.
② ［法］萨伊.政治经济学概论：财富的生产、分配和消费.北京：商务印书馆，2020：40.
③ 马克思，恩格斯.马克思恩格斯全集：第33卷.2版.北京：人民出版社，2004：81.
④ 马克思.资本论.第2卷.2版.北京：人民出版社，2004：245.
⑤ 马克思，恩格斯.马克思恩格斯全集：第33卷.2版.北京：人民出版社，2004：47.

个问题。"①

目前国内学界一般都承认斯密价值理论的矛盾，对斯密的这一转向有两种论证思路。

其一，斯密关于"耗费劳动决定价值"、"购买劳动决定价值"和"三种收入决定价值"的三种规定分别有与之相适应的社会发展阶段，但只有"购买劳动决定价值"实现了不同阶段上价值标准的一致性。斯密实际上认为，在简单商品生产条件下，生产商品所耗费的劳动决定商品价值，在资本主义商品生产条件下，工资、利润、地租三种收入决定商品价值。②在前一场合，生产某一商品所耗费的劳动同这个商品可以买到的劳动相等；在后一场合，生产商品所支付的工资、利润、地租三者之和同用这个商品可以买到的劳动相等。③这样，价值决定于生产商品所耗费的劳动这一规定只适用于前一场合，价值决定于三种收入这一规定只适用于后一场合，而价值决定于商品可以买到或支配的劳动这一规定既适用于前一场合，又适用于后一场合。④在前一场合，商品可以买到或支配的劳动等于商品生产所耗费的劳动，在后一场合，商品可以买到或支配的劳动等于工资、利润、地租三种收入的总和，或者等于这三种收入各自可以买到或支配的劳动的总和，也就是说价值决定于三种收入的规定和价值决定于商品可以买到或支配的劳动的规定没有矛盾。⑤

其二，斯密的价值规定可区分出外在尺度和内在决定因素两个衡量标准，作为价值外在尺度的是"购买劳动决定价值"，作为价值决定因素的是"三种收入决定价值"和"耗费劳动决定价值"，"三种收入决定价值"否定了"耗费劳动决定价值"。陈岱孙指出，斯密提出的"交换价值的真实尺度"和"商品的真实价格"虽然在表述上是同一个概念，但是在其描述中可以明显得出二者具有截然不同的含义，"交换价值的真实尺度"是价值的外在衡量标准，"商品的真实价格"是价值的内在决定因素，"商品

---

① 马克思，恩格斯.马克思恩格斯全集：第33卷.2版.北京：人民出版社，2004：65.
② 吴易风.英国古典经济理论.北京：商务印书馆，1988：140.
③ 吴易风.英国古典经济理论.北京：商务印书馆，1988：125.
④ 吴易风.英国古典经济理论.北京：商务印书馆，1988：140.
⑤ 吴易风.英国古典经济理论.北京：商务印书馆，1988：140-141.

的真实价格"决定"交换价值的真实尺度",但斯密在叙述的过程中,将二者等同进而混淆。① 在资本积累和土地私有发生之前,"交换价值的真实尺度"是作为价值外在尺度的购买劳动,"商品的真实价格"是作为价值决定因素的耗费劳动;在资本积累和土地私有发生之后,购买的劳动量仍然是商品的"交换价值的真实尺度","商品的真实价格"就不是由生产本商品所需要的劳动单独构成的,而是由工资、利润、地租三者共同构成。② 这样,斯密的三种收入构成"真实价格"的论点就否定了他的耗费劳动构成"真实价格"的论点,而成为他的价值学说中真正的互相矛盾的二元论。③ 需要指出,这一论点与上一观点的内容是一致的,不同的是陈岱孙是在"交换价值的真实尺度"和"商品的真实价格"这两个概念下来讨论斯密价值决定论的矛盾的。

应当指出,斯密对商品价格的讨论是从交换价值的意义上展开的,无论是耗费的劳动决定商品价值,还是购买的劳动决定商品价值,抑或是三种收入决定商品价值的观点,都是在探讨商品和商品间交换的比例关系,即交换价值,这里的商品价值其实是商品价格。斯密在其中触及商品价值问题,只不过其劳动价值学说仅仅局限在某些环节和论断中,被作为主体内容的价格探讨所遮蔽了,但是不能否认他曾提出劳动价值学说,那种认为斯密没有提出劳动价值论的观点是站不住脚的。

固然,斯密以劳动为一切财富的源泉,从交换本能引出劳动分工,再从劳动分工引出交换价值,他认为分工意味着每个人都为别人工作,商品的交换可以归结为不同商品生产者之间的劳动的交换,于是,表现在交换领域中的物的交换关系便明确地从属于表现在生产领域中的生产关系,这是斯密理论中的隐线,是斯密理论中的科学成分,但是,斯密又始终没能离开交换关系来考察价值,他总是试图在交换关系中寻找一

---

① 陈岱孙. 从古典经济学派到马克思: 若干主要学说发展论略. 北京: 商务印书馆, 2014: 71-72.
② 陈岱孙. 从古典经济学派到马克思: 若干主要学说发展论略. 北京: 商务印书馆, 2014: 73-74.
③ 陈岱孙. 从古典经济学派到马克思: 若干主要学说发展论略. 北京: 商务印书馆, 2014: 74.

个衡量价值的尺度,而马克思认为,只有进入生产过程中才能破解价值决定的秘密。

3.2 马克思的价值生产和价值规定理论

马克思对斯密展开体系的方法表达了肯定,并继承了这种从抽象到具体的方法,但是马克思并不赞同斯密的这种抽象,对具体概念的理解也与斯密根本不同,对政治经济学的研究也不是从分工开始的。与斯密"分工劳动→交换本能→市场→货币→商品"的论证体系不同,马克思则是将其颠倒过来,变成了"商品→货币→市场"的形式,从体系上颠覆了斯密的"货币论→商品论",从中也可以看出斯密所欠缺的是对货币流通的形式亦即价值形态的分析。①

在马克思看来,"人体解剖对于猴体解剖是一把钥匙。反过来说,低等动物身上表露的高等动物的征兆,只有在高等动物本身已被认识之后才能理解。"② 因而对分工、劳动等抽象范畴的考察不是从人性也不是从某种原始状态出发,而是要从最为发达的生产方式出发,去揭示经济运行的规律,这样才能理解抽象范畴的真正含义,从而为研究前资本主义社会的发展状况提供钥匙。

斯密从分工出发理解的社会是一种符合人的交换本能的自然社会,因而货币的出现、资本的积累都是一种符合人性的自然结果。而在马克思看来,斯密所谓的自然的本能和自然的社会,是资本主义社会中商品自由交换的表象,本质上是一种虚假的意识形态幻想,被斯密看作自然的、贯通历史的概念在马克思看来都是社会的、历史的规定,因而马克思认为只有对处于具体的现实的经济形态进行把握,才能揭示概念本身的丰富内涵,才能找到概念的本质性规定,因而马克思主义政治经济学是从分析最为发达状态的社会形式开始的。

---

① [日]内田弘. 新版《政治经济学批判大纲》的研究. 北京:北京师范大学出版社,2011:70.
② 马克思,恩格斯. 马克思恩格斯全集:第30卷.2版. 北京:人民出版社,1995:47.

3.2.1　分析起点：商品①

从《〈政治经济学批判〉导言》中可以得出，马克思赞同斯密所开创的第二条政治经济学道路，并同样采取了从抽象上升到具体的研究方法，马克思从现实中普遍存在的混沌表象即商品世界出发，得到一些最简单的规定如价值、抽象劳动、具体劳动，然后从这里出发再回到商品世界，得到的就是许多规定和关系的丰富的总体，即处在价值存在和变化的第一阶段的商品，以及进一步发展为货币和资本的商品。② 但这并不意味着马克思与斯密的经济学方法具有同质性，事实上，二者的经济学方法是根本不同的，这首先体现在马克思政治经济学体系的出发点是与斯密完全不同的。

在马克思政治经济学体系的出发点问题上，马克思本人也经历着思想上的转变。马克思最初在政治经济学体系开端的设定上是不确定的，在《政治经济学批判（1857—1858年手稿）》中，他有时认为这一开端是"生产一般"，他指出"在交换价值一章以前研究生产一般的第一章中就应该说明"③，"在第一篇关于生产一般和第二篇第一部分关于交换价值一般"④ 等表述中，可以看到马克思想要先从"生产一般"入手，再研究"商品"的"交换价值"。但是，他有时又认为这一开端是"商品"的"交换价值"，他指出，"在考察交换价值、货币、价格的这个第一篇里……生产的内部结构构成第二篇。"⑤ 另外，在1858年11月29日马克思给恩格斯的信中开始使用"第一章《商品》"的表述。⑥ 上述摇摆性的阐述并没

---

① 本节部分内容笔者以《经济思想史视域中马克思价值概念的生成逻辑》为题将发表于《经济思想史研究》2024年第00期，在此作了进一步的修改、扩充与完善。

② 马克思，恩格斯. 马克思恩格斯全集：第30卷.2版. 北京：人民出版社，1995：41-43.

③ 马克思，恩格斯. 马克思恩格斯全集：第30卷.2版. 北京：人民出版社，1995：256.

④ 马克思，恩格斯. 马克思恩格斯全集：第30卷.2版. 北京：人民出版社，1995：280.

⑤ 马克思，恩格斯. 马克思恩格斯全集：第30卷.2版. 北京：人民出版社，1995：180-181.

⑥ 马克思，恩格斯. 马克思恩格斯全集：第29卷. 北京：人民出版社，1972：358.

有持续多久，马克思在1859年出版的《政治经济学批判。第一分册》中确立了"商品"作为其政治经济学体系的开端，并在《资本论》中继续沿用了这一表述，即在资本主义生产方式占统治地位的社会中，财富表现为"庞大的商品堆积"，每个商品都是这种财富的元素形式，因此，商品就是马克思政治经济学研究的起点。① 如何理解这种商品呢？这就要从马克思展开商品的论述过程入手。

马克思对商品的讨论是从分析商品二因素开始的。斯密在《国富论》的货币论终结部分将商品作为使用价值来分析，然后又作为交换价值来分析，马克思以此为前提（或者以李嘉图在价值论的开篇继承了斯密的分析为前提），得出商品最重要的首先是使用价值这一结论。② 无论是马克思第一次系统阐述商品章的《政治经济学批判。第一分册》还是在《资本论》第一卷中，马克思对商品的分析都是从使用价值开始的。

马克思在《政治经济学批判。第一分册》的商品章中指出，"商品首先是，按英国经济学家的说法，'生活上必需的、有用的或快意的某种东西'，是人类需要的对象，最广义的生活资料。"③ 这里的英国经济学家是指麦克库洛赫和斯密，"生活上必需的、有用的或快意的某种东西"是麦克库洛赫"在他编辑并加注的亚·斯密《国民财富的性质和原因的研究》1828年爱丁堡版第1卷第9页上所加的注释中的话"④。

在《资本论》第一卷中，马克思更为详细地阐述了商品的特征。就商品的使用价值属性来说，商品首先是一个在人之外的东西，是靠自己的属性来满足人的某种需要的物，这就表明了商品首先是外在于人的存在，是靠自己的客观属性来满足人的需要的，人的主观需要是由胃产生的还是由幻想产生的问题是无关紧要的，同样商品是直接还是间接满足人的需要的问题也是无关紧要的。⑤ 关于商品使用价值的客观属性问题一直饱受争

---

① 马克思. 资本论：第1卷. 2版. 北京：人民出版社，2004：47.
② ［日］内田弘. 新版《政治经济学批判大纲》的研究. 北京：北京师范大学出版社，2011：78.
③ 马克思，恩格斯. 马克思恩格斯全集：第31卷. 2版. 北京：人民出版社，1998：419.
④ 马克思，恩格斯. 马克思恩格斯全集：第31卷. 2版. 北京：人民出版社，1998：649.
⑤ 马克思. 资本论：第1卷. 2版. 北京：人民出版社，2004：47-48.

议，其反对的观点在于认为使用价值不应该仅仅是指人与物之间的关系，也应该包含了人与人之间的关系，其依据在于商品的使用价值如果无法满足人的需要，则商品的使用价值就失去了意义，因而使用价值不可能脱离人的需要本身。而这一观点是经不住推敲的，因为商品的使用价值必然包含着满足人的需要的属性，但是如何满足、满足多少对象等问题是无法衡量的。当然，这种使用价值对人的需要的满足的达成和实现，离不开交换过程，所以使用价值是交换价值的物质承担者。

这种有用物有质和量两种属性，如"一张纸"，从质的角度上讲，"纸"本身是许多属性的总和，既可以用来书写，又可以用来剪裁以做装饰，还可以作为包装，甚至现在有一种用小麦做的纸是可以吃的，所以随着历史的进展，物的多种使用方式将被进一步发现。从量的角度上讲，我们用"一张"来衡量"纸"，或者用重量单位来衡量"纸"等等，这些是为社会普遍认可的尺度。商品从性质上规定必须是有用物，必然具有使用价值，商品的使用价值首先来自自然界所赋予的属性，这种有用性同人取得它的使用属性所耗费的劳动的多少没有关系。"不论财富的社会的形式如何，使用价值总是构成财富的物质的内容。"① "使用价值只是在使用或消费中得到实现"②，它虽然是社会需要的对象，并处在社会联系之中，但并不反映任何社会生产关系，因为"在这个最初的规定中，只有人对物或对自身即自己需要的关系。使用价值在体系的出发点中是在最直接的、具体感受到的形式中作为同生产关系毫不相关的物的质的规定性出现的。这里暂时没有关系主体的经济规定性"③，所以，"同经济的形式规定像这样无关的使用价值，就是说，作为使用价值的使用价值，不属于政治经济学的研究范围"④。

据此，有学者认为使用价值被排除在马克思政治经济学研究范围之外⑤，这一观点是不符合马克思原意的。马克思区分了作为使用价值的使

---

①② 马克思. 资本论：第1卷. 2版. 北京：人民出版社，2004：49.
③ [苏] P. 齐亚勃留克. 马克思《资本论》中的"使用价值"范畴的发展过程. // 苑洁. 马克思主义研究资料（第10卷）：《资本论》基本理论问题研究. 北京：中央编译出版社，2014：129.
④ 马克思，恩格斯. 马克思恩格斯全集：第31卷. 2版. 北京：人民出版社，1998：420.
⑤ 晏智杰. 劳动价值学说新探. 北京：北京大学出版社，2001：13.

用价值和作为商品的使用价值,商品一定是使用价值,但使用价值不一定是商品,例如,用自己生产的产品来满足自身的需要,这种产品只是以使用价值的形式为生产者所使用,而不是以商品的形式为生产者所消费,马克思所要研究的使用价值处于后一情形,即"只有当使用价值本身是形式规定的时候"①,所谓的"形式规定",指的是特定的生产关系和权力关系为各种自然的物质存在和物质关系所承载,或者说,作用于自然的物质存在和物质关系之后形成的"经济—社会"规定。② 也就是说,当使用价值承载一定的生产关系时,它就是一种经济的形式规定,"直接是表现一定的经济关系即交换价值的物质基础"③,如果它不反映某种生产关系的话,使用价值就只是一种自然的物质存在。

在资本主义生产方式占统治地位的社会中,商品除了使用价值,还有以其作为物质承担者的交换价值,这时的商品就获得了与最初的自然规定不同的第二种规定,开始转向生产关系。

两种不同的交换价值之所以能够交换,是因为它们都可以转化为相同的第三个东西,而这种共同东西不可能是商品的自然属性,即不可能是商品的使用价值属性,因而只能是不包含质的差别而只具有量的差别的东西。在撇开商品体的使用价值后,商品体只有劳动产品这个属性,这种劳动产品不是通常意义上的劳动产品,而是将使用价值抽去了的劳动产品,对这种劳动产品的准确理解就要从商品使用价值和交换价值讨论的维度,进入生产商品的劳动过程维度。

在撇开使用价值后,劳动产品就不再是某种具体劳动的产物,不再体现各种劳动的有用性质,因而"各种劳动不再有什么差别,全都化为相同的人类劳动,抽象人类劳动"④。这种抽象人类劳动是无差别的人类劳动的单纯凝结,是不管以哪种形式进行的人类劳动力耗费的单纯凝结,即价值。⑤ 所以,商品的价值是由于抽象人类劳动对象化或物化在商品里面,

---

① 马克思,恩格斯. 马克思恩格斯全集:第31卷.2版. 北京:人民出版社,1998:420.
② 牛变秀,王峰明. 价值存在和运动的辩证法:马克思《资本论》及其手稿的核心命题研究. 北京:社会科学文献出版社,2011:30.
③ 马克思,恩格斯. 马克思恩格斯全集:第31卷.2版. 北京:人民出版社,1998:420.
④⑤ 马克思. 资本论:第1卷.2版. 北京:人民出版社,2004:51.

这种价值量要用劳动的量即劳动时间来计量，也就是用社会必要劳动时间来估量该使用价值的价值量，而商品价值量的变动受到劳动生产力变动的影响，劳动生产力又是由多种情况决定的，其中包括：工人的平均熟练程度、科学发展水平、生产过程的社会结合以及自然条件等等。① 需要注意的是，马克思这里强调的是商品价值量的影响因素，而不是商品价值的质即抽象人类劳动的影响因素，诸如科技创造价值等说法是不符合马克思观点的。这里，马克思实际上作了一个商品价值"质的决定"和"量的决定"的区分，影响商品价值量的因素不能作为影响商品价值"质"的因素。

综上，马克思的叙述逻辑遵循的是"使用价值→交换价值→劳动产品→抽象人类劳动→商品价值→劳动时间→社会必要劳动时间"。

使用价值和价值在商品那里是缺一不可的，一个物品没有使用价值则不能称为商品，一个物品没有价值也不能称为商品。② 例如空气，虽然有使用价值但没有价值，因而不能称其为商品。再例如，有些物品虽然是由劳动创造的，是有价值的，但由于性能不佳而被淘汰，则不具有使用价值，这类物品也不能称为商品。使用价值不是商品所特有的概念，而价值是衡量商品交换标准的概念，代表着商品的一般交换能力，是商品所固有的概念，伴随着发达商品经济的发展而普遍化。

商品一经产生，其使用价值和价值就蕴含在其中了，但仍然处于一种未完成状态。商品的价值基于无差别的人类劳动的特点，表示出特有的可交换性，商品一经交换，使用价值和价值的所有者开始出现分离，使用价值的占有者让渡出价值，价值的占有者让渡出使用价值，商品的使用价值和价值不可同时被兼有。需要注意的是，以往教科书将商品定义为用来交换的劳动产品，并从这一概念出发来分析何为商品和非商品，而没有给出为何如此界定这一概念以及为何将其作为理论出发点，因而实际上没有回答何为商品的问题。马克思认为，商品是近代社会中人与人之间关系的外化表现，人与人之间的生产关系、交往关系，被物与物之间的交换关系所取代和遮蔽，人类的劳动不再直接表现出来，而是通过商品交换的形式加

---

① 马克思.资本论：第1卷.2版.北京：人民出版社，2004：53.
② 马克思.资本论：第1卷.2版.北京：人民出版社，2004：54.

以表现，因而商品只有完成了交换、实现了价值，才能称为商品，仅仅是在观念上用来交换的劳动产品或者没能成功交换的劳动产品都不能称为商品，所以以"用来交换的劳动产品"来定义"商品"是不准确的。

所以，商品的价值来源于生产商品的抽象人类劳动，即一般人类劳动的耗费，正是由于商品间存在这种共同的、同质的价值，因而才提供了商品交换的基础。而商品的使用价值来自生产商品的具体劳动。每一种具体形式的劳动都能够生产出一种特定品种的产品，这种产品能够满足人的某种需要，是某种特定的使用价值，所以各种使用价值或商品体的总和，表现为有用劳动的总和，即表现为社会分工。

在社会分工和商品生产之间的关系上，马克思认为社会分工是商品生产存在的前提。① 在商品生产出现以前就已经存在社会分工了，社会分工只是商品生产的必要条件而不是充分条件，除了社会分工这个条件之外，还需要独立的互不依赖的私人劳动的产品即生产资料的私人所有这一条件，这样才能产生商品这一劳动产品的交换形态。②

在商品经济阶段，以私人劳动为基础的有用劳动的质的区别发展成社会分工体系。③ 不过，虽然社会分工是以具体劳动的形式参与到商品生产中的，但具体劳动本身并不依赖于社会分工，在没有社会分工之前，具体劳动决定的劳动产品的使用价值仍能满足人的需求。进一步说，在没有社会分工进而没有商品生产的条件下，人类的物质生活资料生产也已经存在很长时间了。对此，恩格斯指出，"商品生产决不是社会生产的唯一形式"④。而在社会分工和商品生产的关系上，斯密认为先有商品生产和交换，再有社会分工。

在分工和交换之间的关系上，马克思认为先有分工，再有商品交换。"认为私人交换以分工为前提固然是对的，但是认为分工以私人交换为前提就错了。"⑤ 人们最初进行生活资料的生产是在原始共同体中，这种原始共同体是氏族，是以血缘为基础的人类社会自然形成的原始形式。氏族

---

①② 马克思. 资本论：第1卷.2版. 北京：人民出版社，2004：55.
③ 马克思. 资本论：第1卷.2版. 北京：人民出版社，2004：56.
④ 马克思，恩格斯. 马克思恩格斯全集：第26卷.2版. 北京：人民出版社，2014：326.
⑤ 马克思，恩格斯. 马克思恩格斯全集：第31卷.2版. 北京：人民出版社，1998：454.

内部在纯生理的基础上产生一种自然分工，共同体成员共同拥有生产资料，共同生产生活资料，形成社会分工，"直接的社会生产以及直接的分配排除一切商品交换，因而也排除产品向商品的转化（至少在公社内部），这样也就排除产品向价值的转化。"① 劳动产品不需要采取商品形式，共同体内部更不存在商品生产和商品交换，"例如在秘鲁人中曾有过非常发达的分工，但是并没有私人交换，产品并没有作为商品交换"②。在共同体外，不同的共同体从事的生产物品的种类存在天然的差异，当共同体最初开始接触时，产品交换这一行为才发生，交换的双方不是个体而是氏族、家庭等，从而这些交换的产品就变成了商品。"交换没有造成生产领域之间的差别，而是使不同的生产领域发生关系，从而使它们转化为社会总生产的多少互相依赖的部门。"③ 于是，最初的交换双方就作为不同的生产资料所有者而互相对立，共同体间作为私人所有者而相互对立，这必然反过来导致了共同体内部所有制的瓦解。因而，在社会分工和生产资料私有制的双重前提下，商品得以产生。

　　需注意的是，产品在最初进行交换的时候就变成了商品，但这时的产品还只是商品的一种偶然性规定，因为劳动产品的生产目的不是交换，所以准确来说，交换使得劳动产品成为商品，进而使得劳动产品的生产成为商品生产。这看起来与事实本身并不相符，在事实层面上是先有生产才有交换，但在逻辑层面上是先有商品交换，劳动产品的生产才能称为商品生产，劳动产品也才成为商品。这与商品这个概念的内涵是一致的，当商品刚刚被生产出来时，还不能称其为真正意义上的商品，而只有当商品完成它的使命即被卖出去，完成了交换过程，实现了交换价值后，才能实现商品这个概念本身所赋予的意义。

　　因而，劳动产品的生产在社会分工之前已经出现，社会分工又在商品生产之前已经出现，所以构成"劳动产品的生产—社会分工—商品交换"的历史发生学逻辑。而斯密认为，由人们相互交换的内在倾向形成了劳动

---

① 马克思，恩格斯. 马克思恩格斯全集：第 26 卷. 2 版. 北京：人民出版社，2014：327.
② 马克思，恩格斯. 马克思恩格斯全集：第 31 卷. 2 版. 北京：人民出版社，1998：454.
③ 马克思. 资本论：第 1 卷. 2 版. 北京：人民出版社，2004：407-408.

分工，劳动分工促进劳动生产力的增进即劳动产物的增加，因而构成了"商品交换—社会分工—商品生产"的逻辑。① 这里，作为起点的商品交换在很大程度上不是真实存在的商品交换行为，而是人的交换倾向这种感受性，这种倾向是对商品普遍交换的现实的抽象，而从人的感受性出发却无法立足于一个坚实的基础，因而仍然属于观念论的思维方式。而且，斯密那里的分工仅仅是指资本主义社会形态下的分工，而没有区分自然分工和社会分工、工场手工业的分工和社会内部的分工，因而对于社会分工的理解更为狭隘和片面化。

在马克思看来，在产品普遍采取商品形式的社会里，也就是在商品生产者的社会里，作为独立生产者的私人各自独立进行的各种有用劳动的这种质的区别，发展成一个多支的体系，发展成社会分工。② 社会分工与商品的使用价值、劳动的有用劳动方面相关，它们所表现的是生产力范畴，生产力是具体的劳动生产力，它决定着在一定目的下的生产活动的效率，生产力的变化不会影响同一劳动在同样时间内提供的价值量本身。于是，商品使用价值和价值的矛盾实质就是抽象劳动和具体劳动之间的矛盾。而人们相互交换商品，实际上是相互交换各自的劳动，是私人劳动和私人劳动之间的交换，但这种交换必须要遵守社会劳动的规则，在交换中表现出生产者的劳动的社会性，因而他们之间的这种劳动互换才采取了价值的形式、商品的形式，因而，商品的使用价值和价值的矛盾，又进一步表现为私人劳动和社会劳动的矛盾。

商品无论是从使用价值方面还是从价值方面来看都不具有神秘性，因为商品无非是有用劳动的耗费，商品的价值量可以用劳动时间来衡量。③ 然而，商品的使用价值或者商品体的形式，只是其日常的自然形式，商品本身具有二重性，也是价值承担者，因此商品具有价值形式。柄谷行人认为："《资本论》对价值形态的导入，乃是马克思划时代的态度转变"④。对商品价值形式的研究是马克思区别古典政治经济学价值理论的关键，

---

① [英] 亚当·斯密. 国富论. 北京：商务印书馆，2015：11.
② 马克思. 资本论：第1卷. 2版. 北京：人民出版社，2004：56.
③ 马克思. 资本论：第1卷. 2版. 北京：人民出版社，2004：88.
④ [日] 柄谷行人. 跨越性批判. 北京：中央编译出版社，2011：165.

"古典政治经济学的根本缺点之一，就是它从来没有从商品的分析，特别是商品价值的分析中，发现那种正是使价值成为交换价值的价值形式。恰恰是古典政治经济学的最优秀的代表人物，像亚·斯密和李嘉图，把价值形式看成一种完全无关紧要的东西或在商品本性之外存在的东西。"① 马克思之前的经济学家对价值形式的完成形态即货币的研究是极其充分的，但是对价值形式本身却缺少研究，这是"因为已经发育的身体比身体的细胞容易研究些"②，而商品的价值形式就是资产阶级社会的经济细胞形式，是资产阶级生产方式的最抽象的、但也是最一般的形式，对这种价值形式的研究"既不能用显微镜，也不能用化学试剂"，而"必须用抽象力来代替"。③价值形式的研究触及了资本主义社会发展阶段之前的历史的特征，而古典政治经济学家把资产阶级生产方式误认为是社会生产的永恒的自然形式，这就势必会忽略价值形式的特殊性。

柄谷行人认为，由于斯密将交换价值包含在商品中，因而斯密就将交换价值形态的货币包含在商品中，货币就成为从属于商品的东西，货币执行的是购买职能，而商品的交换价值同样意味着购买力，所以货币并没有获得比商品更多的功能，这样斯密就把货币的意义抹杀掉了。④ 而马克思在商品和货币之间关系上的认识则与斯密不同，他并不把交换价值认作商品的内在因素，交换价值是商品交换的价值表现，由此展开他对价值形式的分析。

在价值表现的两极中，处于相对价值形式的商品是价值要被表现的商品，处于等价形式的商品是充当等价物作用的商品。价值形式经历了简单的、个别的或偶然的价值形式，到总和的或扩大的价值形式，再到一般的价值形式，最后到货币形式。在商品的简单价值形式中，原来包含在一个商品内部的使用价值和价值的矛盾，现在表现为一种外部的对立，表现为两种商品之间的对立，也就是说商品的简单价值形式中所包含的是该商品的使用价值和价值的对立的简单形式，这时价值作为无差别的人类劳动凝结物的这种性质还没有能够充分地显示出来。⑤ 随着生产力的发展、交换

---

① 马克思. 资本论：第1卷.2版. 北京：人民出版社，2004：98-99.
②③ 马克思. 资本论：第1卷.2版. 北京：人民出版社，2004：8.
④ ［日］柄谷行人. 跨越性批判. 北京：中央编译出版社，2011：166.
⑤ 马克思. 资本论：第1卷.2版. 北京：人民出版社，2004：62-77.

的扩大,一种商品可以与多种商品进行交换,一种商品的相对价值可以通过多种方式表现出来,但这种扩大的价值形式仍然具有商品交换的明显缺点。① 随着交换的发展,从无数的商品中逐渐分离出来一种商品,这种商品由于其自身的某些特性使得其他一切商品都倾向于与它交换,通过它来表现自己的价值,这样扩大的价值形式便过渡到一般的价值形式,不过这种一般等价物并不是完全固定地由某一种商品来充当,这样就影响了商品交换的便捷性。② 当一般等价物被固定在某一种特殊商品上的时候,这种商品就成了货币,其天然形式就是金银。③ "金银天然不是货币,但货币天然是金银。"④ 金银作为财富象征已经有很长的历史了,但是对金银实质的把握只有在马克思这里才得以揭示,以金银为代表的货币不是斯密所认为的仅仅承担着商品流通的职能,货币更是商品价值的一般性代表。商品的使用价值和价值之间的矛盾,在交换中必然导致货币的产生,货币使这个矛盾得到外部的解决和进一步的激化,同时又加深了以私人交换为基础的商品生产的一切矛盾,最终商品二因素的矛盾、生产商品的私人劳动和社会劳动之间的矛盾都在商品和货币的矛盾关系上表现出来。因而,商品和货币本质上都是一种价值,承载着一种生产关系,之所以出现对商品和货币的拜物教崇拜,根源于占有社会劳动的渴求,更确切地说,是一种对社会劳动力的支配权的攫取。

　　由上可知,以斯密为参照,马克思区分了价值和交换价值。斯密没有独立的价值概念,价值在他那里是使用价值和交换价值的统称或代称,价值有时是使用价值,表示特定物品的效用,有时又是交换价值,表示由于占有某物而取得的对他种货物的购买力。⑤ 由于斯密主要探讨了交换价值,总是以交换价值来概括价值,因而他的价值概念在更多情况下是指交换价值。依照马克思的价值理论,斯密所讨论的内容不是商品价值问题,而是商品交换价值的标准问题,但马克思仍然沿用斯密的表述称其理论为

---

① 马克思. 资本论:第1卷. 2版. 北京:人民出版社,2004:80.
② 马克思. 资本论:第1卷. 2版. 北京:人民出版社,2004:81-86.
③ 马克思. 资本论:第1卷. 2版. 北京:人民出版社,2004:87.
④ 马克思,恩格斯. 马克思恩格斯全集:第31卷. 2版. 北京:人民出版社,1998:550.
⑤ [英]亚当·斯密. 国富论. 北京:商务印书馆,2015:24.

"价值理论",这里的"价值理论"不是与"使用价值"区别的"价值"的理论,而是因为"交换价值"仍然带有"价值"一词,且斯密在商品交换价值的探讨中涉及马克思意义上的价值问题,所以马克思在语义表达上将斯密关于交换价值的规定称为"价值理论"。与斯密以"概念"即"价值概念"为出发点不同,马克思是从商品这一劳动产品的表现形式出发的,他在《评瓦格纳"政治经济学教科书"》中指出,"我不是把价值分为使用价值和交换价值,把它们当做'价值'这个抽象分裂成的两个对立物,而是把劳动产品的具体社会形式分为这两者,'商品',一方面是使用价值,另一方面是'价值'——不是交换价值,因为单是表现形式不构成其本身的内容。"① 可见,马克思的商品价值概念与使用价值、交换价值不是同一层次的概念,交换价值不属于价值的内容,价值是本质层面的概念,是由生产关系决定的。

同时,马克思也区分了交换价值和价格。在斯密这里,价格是估量商品交换价值的形式,可分为两种,其一,"真实价格"或"劳动价格"是指衡量商品交换价值的真实尺度即劳动量,是用一种商品所能购得的劳动量来估定其交换价值②;其二,"名义价格"或"货币价格"是指商品在市场上交换时的实际货币量,即用一种商品量所能购得的另一种商品量来估定其交换价值,第二种价格形式比第一种价格形式更为普遍、自然和高效。③ 而在马克思这里,价格是商品价值量的货币表现,"价格是对象化在商品内的劳动的货币名称"④,价格是一种特殊的交换价值,但交换价值却不一定是价格。⑤

3.2.2 马克思商品价值的本质性规定

商品价值的本质问题,是马克思主义政治经济学的首要和根本问题。

---

① 马克思,恩格斯. 马克思恩格斯全集:第19卷. 北京:人民出版社,1963:412.
② [英]亚当·斯密. 国富论. 北京:商务印书馆,2015:25.
③ [英]亚当·斯密. 国富论. 北京:商务印书馆,2015:25-28.
④ 马克思. 资本论:第1卷.2版. 北京:人民出版社,2004:122.
⑤ 王峰明.《资本论》的逻辑、方法与意义:以马克思的劳动价值论为例. 哲学动态,2017(08):12-24.

马克思从最为发达的社会形态出发来探讨商品价值问题，就表明了马克思关于商品价值本质的认识，即商品价值是一种特定生产关系的存在，对商品价值的分析只能放在发达商品经济的阶段。当然，商品本身不是在发达商品经济阶段才出现的，相反，在私有制出现之后，商品就出现了，但这并不意味着商品价值的本质就立即显现出来。商品价值按其本质来说，是资本和雇佣劳动的产物，而在资本主义生产以前的各种社会形式中，商品更多的是使用价值。对商品价值的本质分析是与资本主义生产方式的特性分析离不开的，而资本主义生产方式的特性是在与前资本主义生产方式的比较中得出来的。

马克思在《政治经济学批判（1857—1858年手稿）》（又称《政治经济学批判大纲》）"资本章"第二篇"资本的流通过程"中的"资本主义生产以前的各种形式"一节分析了资本主义生产方式的特征。马克思指出，雇佣劳动和资本的产生前提有两个，一是自由劳动，即摆脱了人身依附关系的自由劳动力，这种自由劳动同货币相交换，进入商品生产过程，被货币所消耗，从而再生产货币，以实现货币的增殖，而不是为了获得货币所带来的享受；二是自由劳动同实现自由劳动的客观条件相分离，生产资料和产品分属于不同的主体所有。① 这两个历史条件中首要的是人与土地的分离，因为土地是最重要的生产资料，不仅是劳动对象，而且提供劳动资料，并提供人类居住的地方，越是在生产力不发达的阶段，土地在人的劳动过程中起到的作用越大。② 在资本主义生产方式确立以前，劳动者和生产资料经历着从统一到分离的过程，生产的目的不是为了交换价值，而是为了使用价值，所获得的使用价值首先服务于人自身生命的再生产。③

首先，自然形成的共同体是土地所有制形式的前提。这种共同体是部落共同体，部落不是定居在某个地方，而是以游牧作为最初的生存方式，这种部落共同体是一种天然的共同体，它是占有和利用土地的前提。④ 在这个前提下，人类开始定居，开始将自身与土地等自然的前提结合起来，

---

①② 马克思，恩格斯. 马克思恩格斯全集：第30卷.2版. 北京：人民出版社，1995：465.

③④ 马克思，恩格斯. 马克思恩格斯全集：第30卷.2版. 北京：人民出版社，1995：466.

将土地作为共同体的基础,在亚细亚和古典古代的生产方式中,劳动者也是共同体成员,把劳动的客观条件当作自己的财产,因而劳动者也是生产资料的所有者,是和生产资料天然统一的。①

其次,在亚细亚的生产方式中,人们把土地当作自己的基础,土地是公社的共同财产,公社成员自动拥有公社的土地,这样的公社共同体是一种天然实体,个人是作为共同体成员的身份来占有公社的集体土地的一部分,某个人一旦不属于公社成员,就没有资格占有公社土地,这时可以看到公社才是土地的实际占有者,这种共同体是完全能够自给自足的,因而蕴含着扩大再生产的一切条件。②

再次,在古典古代的生产方式中,土地依然是被公社所占领,但不同的是,一部分留给公社本身支配,这就是公有地,而另一部分被分割为小块土地,为私有地,是公社成员的私有财产。③ 为了防止其他共同体的侵扰和维护本共同体的生存,以家庭为单位组成的公社以军事原则组织起来,以城市作为居住地,所以城市成为军事组织的基础,耕地是城市的领土,而不是像在亚细亚的生产方式中土地是村庄存在的根据。④ 在公社中,个人一方面具有公社成员的身份,这一身份仍然是占有土地的前提,他们联合起来共同对抗外界,这种联合也是他们的共同保障;另一方面,个人又是各自占有小块土地的私有者,是拥有个人财产的。⑤ 这两方面是不可分割的,公社是土地所有制的前提,个人所占有的小块土地是"由他作为国家成员的存在作中介的"⑥,个人生产的目的仍然不是为了价值,而是为了自给自足。公社成员通过剩余劳动和服兵役等方式保障公社的存在,公社的存在是关于公社成员对劳动条件所有权的保障,劳动条件的所有权即一块耕地的所有权是对自己劳动的所有权的保障,因而公社作为国家的存在是私人土地所有权的前提和保障,马克思指出,财产"是罗马人

---

① 马克思,恩格斯. 马克思恩格斯全集:第30卷. 2版. 北京:人民出版社,1995:466.
② 马克思,恩格斯. 马克思恩格斯全集:第30卷. 2版. 北京:人民出版社,1995:466-468.
③ 马克思,恩格斯. 马克思恩格斯全集:第30卷. 2版. 北京:人民出版社,1995:469-470.
④⑤⑥ 马克思,恩格斯. 马克思恩格斯全集:第30卷. 2版. 北京:人民出版社,1995:470.

的财产","土地私有者只有作为罗马人才是土地私有者"。①

最后,在日耳曼的生产方式中,人们不再生活在城市中,而大量生活在城市周围的乡村中,这与之前的两种生产方式不同,亚细亚的历史是城市和乡村的无差别的统一的历史,古典古代的历史是以土地所有制和农业为基础的城市的历史。② 在日耳曼人那里,"各个家长住在森林之中,彼此相隔很远的距离"③,公社只有在公社成员集会的时候才存在,城市已经成为公社成员集会的场所,只在某些特定场合下才热闹起来,这时的公社对成员的约束力也只是在法律、政治等方面,由于人们占有大量乡村和森林的土地,因而公社只是一种形式上和象征性的存在,当然,日耳曼人也有公有地,但公有地只是个人财产的补充,公社及其财产的存在表现为以单个人的私有财产为中介,表现为"公共附属物"。④

需要强调的是,生产的前提性条件是马克思区别于斯密经济学的关键。马克思指出,在亚细亚、古典古代和日耳曼的生产形式中,劳动的目的是生产使用价值,是在个人对公社的一定关系中把个人再生产出来。⑤ 从这三种生产形式中可以得出,无论是在最初的生产还是在再生产过程中,作为客观存在的物质内容始终在生产中作为前提性条件而存在。具体有两点:

第一,劳动最初所占有的劳动对象和劳动条件不是劳动创造的,而是自然界的产物,是劳动的前提条件。马克思指出,人在劳动的过程中自然而然地"把劳动的客观条件简单地看作是自己的东西,看作是使自己的主体性得到自我实现的无机自然"⑥,但这其实是一种幻想,"劳动的主要客观条件本身并不是劳动的产物,而是已经存在的自然"⑦,自然界的存在

---

① 马克思,恩格斯. 马克思恩格斯全集:第30卷.2版. 北京:人民出版社,1995:471.
② 马克思,恩格斯. 马克思恩格斯全集:第30卷.2版. 北京:人民出版社,1995:473.
③ 马克思,恩格斯. 马克思恩格斯全集:第30卷.2版. 北京:人民出版社,1995:474.
④ 马克思,恩格斯. 马克思恩格斯全集:第30卷.2版. 北京:人民出版社,1995:474-475.
⑤⑥⑦ 马克思,恩格斯. 马克思恩格斯全集:第30卷.2版. 北京:人民出版社,1995:476.

不划定任何所有权,每个人都是平等的。而以斯密为代表的资产阶级经济学家,从来没有考虑过这一前提,他们认为,以谁最先占领土地来确定所有权属于谁,土地似乎天然就是地主的土地,原始资本是资本家辛勤劳动和勤俭节约的结余,再生产中也不考虑不变资本的部分。

第二,"个人从一开始就不表现为单纯劳动的个人,不表现在这种抽象形式中,而是拥有土地财产作为客观的存在方式,这种客观的存在方式是他的活动的前提,并不是他的活动的简单结果"①,这些东西虽然也被他再生产并加以发展,但始终作为前提存在于再生产本身之前。② 所以,马克思指出"孤立的个人是完全不可能有土地财产的"③,把土地当作财产是以或多或少自然形成的或历史发展了的形式中的部落或公社占领土地(和平地或暴力地)为中介。④

谈到价值问题、生产问题,绕不开的是关于所有权、财产权的问题,马克思批判斯密所有权理论主要有以下两个维度。一是在三种本源性的共同体中根本不存在所谓现代法权意义上的个人的土地财产,将植根于资本主义经济形态的所有权概念非历史性地应用于一切时代,是根本错误的,所以这种所有权意义上的关于资本主义社会中财产合法性的论证是站不住脚的。二是马克思认为根本不存在由某些单个的人应该拥有生产资料的可能,这种生产资料一直是社会所共有的,因为它们从根本上来说完全来自自然,劳动本身也不能获得对自然产物的所有权,甚至劳动者本人都是由自然界生产和再生产出来的,劳动的过程只是劳动者和生产资料相结合的过程,只是占有劳动对象、劳动资料的过程。"私有财产的真正基础,即占有,是一个事实,是无可解释的事实,而不是权利。只是由于社会赋予实际占有以法律规定,实际占有才具有合法占有的性质,才具有私有财产的性质。"⑤ 因而,所有权问题本质上是资本主义社会中的资本家阶级

---

① 马克思,恩格斯. 马克思恩格斯全集:第30卷.2版.北京:人民出版社,1995:476-477.

②③④ 马克思,恩格斯. 马克思恩格斯全集:第30卷.2版.北京:人民出版社,1995:477.

⑤ 马克思,恩格斯. 马克思恩格斯全集:第3卷.2版.北京:人民出版社,2002:137.

统治无产阶级的虚假法权观念。

商品价值是属于资本主义社会的特有形式,"价值概念完全属于现代经济学,因为它是资本本身的和以资本为基础的生产的最抽象的表现"①。商品的出现与商品价值的本质性显现不是同时发生的。商品的出现是私有制的产物,在原始共同体解体后、在资本主义生产方式以前的社会形式中,商品及商品生产已经出现,商品生产首先遵循着一般劳动过程的规定,是劳动者与劳动资料、劳动对象相结合的过程。随着土地私有制的进一步发展,商品交换范围进一步扩大,需要的满足更多依赖于商品及商品生产,商品生产和交换成为获取生产生活资料的主要方式,而自给自足的生产方式退居次要地位,以普遍的商品交换为特征的时代到来了,商品价值作为一种生产关系才在资本主义社会中显现。决定商品之所以是商品而不是自给自足的劳动产品,不在于这一产品的使用价值,不在于决定商品价值量的劳动耗费,而在于劳动产品的交换价值形式本身,在于劳动产品的价值是通过交换的形式体现出来的,因而劳动产品成为商品。

在对商品价值的理解上存在这样一种观点,即价值等同于人类劳动力在纯粹生理学意义上的耗费,因而是一个可计算的数值,其理论依据通常是:其一,"现在我们来考察劳动产品剩下来的东西。它们剩下的只是同一的幽灵般的对象性,只是无差别的人类劳动的单纯凝结,即不管以哪种形式进行的人类劳动力耗费的单纯凝结。"② 其二,"一切劳动,一方面是人类劳动力在生理学意义上的耗费;就相同的或抽象的人类劳动这个属性来说,它形成商品价值。"③ 这些论据忽视了马克思是在将价值理解为社会必要劳动,理解为同等对待的社会劳动这一维度下,去强调价值关于生理学耗费意义上的属性,这一点在马克思对斯密价值理论的批评上可以体现出来。斯密指出,在分工确立之后,商品的价值等于购买的劳动量而不再等于生产该商品的劳动量,马克思指出,斯密价值理论实际上包含了交换价值的概念,只有自己的劳动作为社会劳动才能购买到其他商品,也才

---

① 马克思,恩格斯.马克思恩格斯全集:第31卷.2版.北京:人民出版社,1998:180.
② 马克思.资本论:第1卷.2版.北京:人民出版社,2004:51.
③ 马克思.资本论:第1卷.2版.北京:人民出版社,2004:60.

能卖掉自己的商品,"这里的重点在于分工和交换价值引起的对我的劳动和他人劳动的同等看待,换句话说,对社会劳动的同等看待"①。因而,价值不等于简单的物质能量的耗费,商品价值量本身是无法计量的,只能用生产该商品的持续时间来估量,而社会必要劳动时间是一个社会性、历史性的维度,并不是一个自然性维度。因而,商品的价值不能从物质能量的生理耗费和时间上的客观耗费两个角度去判定,而应该从商品本身所具有的交换价值形式去判定。这一点在《政治经济学批判(1857—1858年手稿)》中就已经显现出来,只是这时马克思还没有将价值与交换价值区别开来,但是表达的意思实际上就是价值的含义,即价值的本质是一种社会关系,"被设定为交换价值的产品……被看作是一种关系,而且这种关系是一般的关系,不是对一种商品的关系,而是对一切商品的关系,对一切可能的产品的关系。因此,它表现一种一般的关系;这种产品把自己看作是一定量的一般劳动即社会劳动时间的实现。"②

马克思指出,"商品的'价值'只是以历史上发展的形式表现出那种在其他一切历史社会形式内也存在的、虽然是以另一种形式存在的东西,这就是作为社会劳动力的消耗而存在的劳动的社会性。"③ 也就是说,商品的"价值"是一种"形式",这种"形式"是相对于作为内容的社会劳动力而言的,在各个历史阶段,劳动的社会性即作为社会劳动力的耗费是以这样或者那样的形式存在的,比如在中国封建社会中以贡品的形式存在,在资本主义社会中,商品是满足人的需要的主要形式,商品生产和交换普遍存在,商品所包含的劳动时间只有通过交换的形式来表现,所以劳动力的耗费就以"价值"的形式表现。劳动力的耗费即劳动时间的凝结成为商品中的价值实体,这种价值实体的确立是具体社会生产关系的产物,社会必要劳动时间的衡量是社会关系和生产关系维度的。这种实体不是斯宾诺莎意义上的,即"实体就是在自身内并通过自身而被理解的东西,也

---

① 马克思,恩格斯. 马克思恩格斯全集:第33卷.2版.北京:人民出版社,2004:52.
② 马克思,恩格斯. 马克思恩格斯全集:第30卷.2版.北京:人民出版社,1995:156-157.
③ 马克思,恩格斯. 马克思恩格斯全集:第19卷.北京:人民出版社,1963:420.

就是说，要领会它的概念是不需要借助他物的概念的"①，也就是说这里的实体是不需要依赖任何外在的载体而自己规定自己的东西。而在马克思那里，价值实体是一种社会实体，就是社会必要劳动时间，这种社会必要劳动时间的确立是特定生产关系和权力关系下的产物，进而借由价值形式表现出来和予以规定。

《资本论》第一卷所揭示的就是价值形式的运动发展规律，所体现的就是一层一层的现象对于本质的遮蔽，这种现象就是物质载体，"物质载体不同，价值就有不同的商品形式，社会生产关系和经济关系也就具有不同的表现形式。"② 比如，上衣、纸、铁，它们的物质载体不同，因而它们是不同类别的商品，即使具有的社会生产关系和经济关系相同，也具有不同的表现形式；同样，金银就所承载的不同物质载体而言，也是不同种类的商品，但是金银由于其特殊性，最终排挤掉其他商品而成为一般等价物，也就是商品价值的唯一等价形式，从而获得了它自身独特的价值规定。③ 货币的出现使得商品的价值和使用价值之间的矛盾转变为货币与其他一切商品的矛盾，货币独立地代表着价值，而其他商品则只是使用价值。当然，货币的物质载体不同也具有不同的形式规定，如金、银、信用货币、电子货币等形式，这时的金、银也只是一种自然存在，而不是经济范畴。④ 在马克思看来，"经济范畴"是一种"形式规定"，这意味着，经济范畴总是以特定的自然物质存在为载体，同时，它们又总是反映和体现着特定的经济关系和生产关系，从这一经济范畴的规定性出发，可以破解以价值为核心的马克思政治经济学的概念建构体系。第一层级是：生产资料的个体私有制作为本质存在和本质关系，作用于人的"活劳动"这种物质存在，形成"价值"范畴；第二层级是：生产资料的个体私有制和价值作为本质存在，作用于"铁"等物质存在，形成"商品"范畴；第三层级是，生产资料的个体私有制和商品作为本质存在，作用于"金银"这种独特的物质存在，形成"货币"范畴。以上三个层级是简单商品经济的范畴

---

① ［德］黑格尔. 哲学史讲演录：第 4 卷，上海：上海人民出版社，1959（2013 重印）：108.
②③④ 王峰明. 经济范畴规定性的哲学辨析. 教学与研究，2006（07）：35-40.

体系，当这个体系过渡到生产资料的资本主义私有制后，这种新的私有制作为本质存在和本质关系，作用于"货币"、"商品"和"价值"这些相对而言的物质存在，就形成"资本"范畴。因而，价值、商品、货币、资本在本质上都是一种生产关系。①

3.2.3 马克思对价值决定理论的批判性建构

马克思与斯密价值决定论的根本差异在于，他们对劳动价值论和等量资本获得等量利润之间关系的处理不同，马克思通过阐释价值转形理论实现了二者的统一，其联合点在于剩余价值的总量和利润的总和相等，生产价格的总和与价值的总量相等。

在经济思想史上，斯密虽然提出了耗费劳动决定商品价值的理论，但却是将其局限在几近原始的社会状态下，这并非一种科学意义上的劳动价值论。因为一旦将土地和资本纳入考察范围，一进入到现实中，斯密立即放弃了耗费劳动决定商品价值的观点，转而立足于价值分配的三种收入来反向决定商品价值，因而又放弃了正确的观点。在斯密的基础上，李嘉图坚定地维护了耗费劳动决定商品价值的观点，但是他没能解决两大问题。一是，既然是劳动创造了商品价值，那么在没有劳动参与的情况下，商品的价值却发生了变化，这该如何解释呢？比如陈葡萄酒比新酿的葡萄酒更贵这个事实。二是，在实际情况中，无论等量资本使用多少活劳动，总是在相同时间内产生平均的相等的利润，也就是说现实情况下遵循的不是等量劳动获得等量利润，而是等量资本获得等量利润。在对这两个问题的回应过程中，出现了各种形式的价值理论，最终导致李嘉图学派的解体。马克思与斯密、李嘉图在商品价值问题上的分歧，究其根本是对商品价值转形问题的不同理解。所谓价值转形，是指在讨论决定商品间交换的尺度时，由商品价值转化为生产价格。价值转化为生产价格的理论是由马克思提出的，从而解决了在资本主义社会中价值规律如何发挥作用的问题。

马克思在《巴黎手稿》写作时期就已经读过斯密的《国富论》（法文

---

① 牛变秀，王峰明. 价值存在和运动的辩证法：马克思《资本论》及其手稿的核心命题研究. 北京：社会科学文献出版社，2011：20—21.

版)并做了笔记,在那个时候,阅读过程中感觉最强烈的问题之一,就是两种所有制规律之间的区别和关联,即在《国富论》第一篇中的第一章到第五章,斯密阐述的是自己拥有其劳动产品的所有权,可是,进入第六章之后,突然说这种规律是以前的规律,而在资本积累和土地私有完成之后,劳动产物的价值分为三部分,即工资、利润和地租。斯密意识到资本主义社会已经不再适用以耗费劳动量为基础的商品交换原则,因而转向生产要素决定论,没有解决商品交换的标准问题。而马克思意识到了劳动与所有从同一性向互相分离转变的原因是资本主义所有制的秘密所在。① 对这一转变进行系统性探索,是马克思对斯密经济学进行批判的第一点②,更是马克思政治经济学体系着手要解决的核心问题。

对商品价值规律的理解关系到对马克思政治经济学体系的起点"商品"这一概念的准确把握,学界对此存在三种观点,一是指资本主义生产方式以前的简单商品,二是指资本主义社会中的商品,三是指具有历史贯通性的商品一般。通过上文的分析,第二种观点符合马克思的本义,而第一种观点关系到对马克思商品价值规律的另一种具有代表性的普遍性误读,即《资本论》第一卷与第三卷存在矛盾,因此也在此予以分析。该论点主要援引恩格斯在《资本论》第三卷中的观点作为支撑,其一,恩格斯在第三卷的序言中指出,"为什么马克思在第一册的开头从被他当作历史前提的简单商品生产出发,然后从这个基础进到资本,——为什么他要从简单商品出发,而不是从一个在概念上和历史上都是派生的形式,即已经在资本主义下变形的商品出发。"③ 其二,恩格斯在《资本论》第三卷的第十章中指出,"因此,商品按照它们的价值或接近于它们的价值进行的交换,比那种按照它们的生产价格进行的交换,所要求的发展阶段要低得多。按照它们的生产价格进行的交换,则需要资本主义的发展达到一定的

---

① [日]内田弘. 新版《政治经济学批判大纲》的研究. 北京:北京师范大学出版社,2011:17-18.
② [日]内田弘. 新版《政治经济学批判大纲》的研究. 北京:北京师范大学出版社,2011:18.
③ 马克思. 资本论. 第3卷. 2版. 北京:人民出版社,2004:17.

高度。"① "因此，撇开价格和价格变动受价值规律支配不说，把商品价值看作不仅在理论上，而且在历史上先于生产价格，是完全恰当的。"② 这说明第一卷中的商品价值规律所适应的阶段是远低于资本主义发展阶段的。其三，恩格斯在第三卷增补中指出，"总之，只要经济规律发生作用，马克思的价值规律对于整个简单商品生产时期来说便是普遍适用的，也就是说，直到简单商品生产由于资本主义生产形式的出现而发生变形之前是普遍适用的。"③ 所以，该观点认为，只要抱持历史性与逻辑性一致的观点，在恩格斯的理解中，开端商品当然不得不是简单商品。④

以上援引的三处论据都被用来表达简单商品价值规律与资本主义社会的商品价值规律相割裂的观点，而其实这些论据所表达的是价值转化理论，价值转化为生产价格并没有否定价值规律，而只是价值规律的变形规律。马克思在分析剩余价值和剩余价值率到利润和利润率的转化之后，进一步分析利润到平均利润的转化，发现了在资本主义生产方式下，价值转化为生产价格，市场价格的波动不再围绕着价值而是围绕着生产价格进行，生产价格的出现掩蔽了价值决定价格的基础，但生产价格却以价值为前提，在质量上，生产价格表现着转化了的价值，在数量上，全部商品总额的生产价格等于全部商品总额的价值。⑤

商品价值的规定性是处于本质层面的，马克思在第一卷中所讨论的不是一般劳动过程，更不是资本主义之前的商品交换规律，因为衡量价值量的社会必要劳动时间是在社会分工和机器化大生产的条件下确立的，是以商品经济作为社会经济发展的主要形式出现的，而在自然经济和简单商品经济的社会形式中，人们需要的满足主要是通过自给自足或者一定范围内有限的商品交换，商品间的交换不采取普遍的价值形式，因而也不存在所谓的具有普遍意义上的商品价值规律。商品价值规律是作为资本主义社会中商品生产和交换的本质规律，但是在现象层面特别

---

① 马克思.资本论.第3卷.2版.北京：人民出版社，2004：197.
② 马克思.资本论.第3卷.2版.北京：人民出版社，2004：198.
③ 马克思.资本论.第3卷.2版.北京：人民出版社，2004：1018.
④ [日] 广松涉.资本论的哲学.南京：南京大学出版社，2013：9.
⑤ 陈岱孙.陈岱孙文集（下）.北京：北京大学出版社，1989：587.

是在商品流通以及再生产的环节中，商品交换规律要受到平均利润率的影响，这就要纳入生产价格规律中，而生产价格规律虽然比商品价值规律更接近现象本身，但仍然与现实保持一定的距离，而不是与现实经济规律保持同一层面。

价值转形问题自恩格斯在《资本论》第二卷序言的文末提出之后，首先引起了一批西方学者的关注，继而影响到国内学术界，其争论的导向也走入数理化，逐渐偏离了马克思恩格斯的初衷，而并不能解决这个问题。事实上，马克思始终认为价值转形问题"不仅是纯粹的逻辑过程，而且是历史过程和对这个过程加以说明的思想反映，是对这个过程的内部联系的逻辑研究"①。马克思指出，在商品生产的全部历史过程中，价值规律起着支配商品生产和流通的作用，但在商品经济的不同发展阶段，价值规律作用的大小和形式不尽相同。② 在简单商品生产阶段，商品更近似于价值进行交换，而在资本主义商品生产阶段，商品作为资本的产品来交换，全部剩余产品以剩余价值的形式归于资本，剩余价值取得了利润这一转化形式，而由于各部分资本要求在剩余价值总量的分配中，得到与它们的量成比例的份额，就出现了等量资本获得等量利润的规律，于是利润转化为平均利润，价值转化为生产价格。③ 马克思对价值转形的分析是逻辑过程和历史过程的统一，价值规律发挥作用的形式的演化过程，也反映了资本主义生产方式的产生、发展和必然灭亡的历史趋势。④

在价值转形问题上，必须要回答两个"社会必要劳动时间"关系问题。这首先源于马克思对社会必要劳动时间的两种说法。

一是在《资本论》第一卷第一章"商品"中，马克思在讨论商品价值量的衡量标准时，指出社会必要劳动时间决定商品的价值量，"社会必要

---

① 马克思，恩格斯．马克思恩格斯全集：第46卷．2版．北京：人民出版社，2003：1013．

② 陈岱孙．从古典经济学派到马克思：若干主要学说发展论略．北京：商务印书馆，2014：46．

③ 陈岱孙．从古典经济学派到马克思：若干主要学说发展论略．北京：商务印书馆，2014：47．

④ 魏旭．论价值转形的历史过程及其与逻辑过程的辩证关系．政治经济学季刊，2020(01)：41-56．

劳动时间是在现有的社会正常的生产条件下，在社会平均的劳动熟练程度和劳动强度下制造某种使用价值所需要的劳动时间。"①

二是在《资本论》第三卷第六篇"超额利润转化为地租"的"导论"中，"不仅在每个商品上只使用必要的劳动时间，而且在社会总劳动时间中，也只把必要的比例量使用在不同类的商品上。这是因为条件仍然是使用价值。但是，如果说个别商品的使用价值取决于该商品是否满足一种需要，那么，社会产品量的使用价值就取决于这个量是否符合社会对每种特殊产品的量上一定的需要，从而劳动是否根据这种量上一定的社会需要按比例地分配在不同的生产领域。……在这里，社会需要，即社会规模的使用价值，对于社会总劳动时间分别用在各个特殊生产领域的份额来说，是有决定意义的。但这不过是已经在单个商品上表现出来的同一规律，也就是：商品的使用价值是商品的交换价值的前提，从而也是商品的价值的前提。……可见，只有当全部产品是按必要的比例生产时，它们才能卖出去。社会劳动时间可分别用在各个特殊生产领域的份额的这个数量界限，不过是价值规律本身进一步展开的表现，虽然必要劳动时间在这里包含着另一种意义。为了满足社会需要，只有如许多的劳动时间才是必要的。在这里界限是由于使用价值才产生的。社会在既定生产条件下，只能把它的总劳动时间中如许多的劳动时间用在这样一种产品上。"②

对两种社会必要劳动时间的理解，离不开对马克思从抽象到具体的政治经济学方法的剖析。"思维抽象"是对事物本质和规律的先行表达和陈述，为此，必须通过"加假设"，将各种"非本质"的关系和因素暂时"撇开"、存而不论；而"思维具体"则是对本质和规律的现实的存在方式和实现形式的表达和陈述，为此，必须把从前加入的"假设"去掉，在各种"非本质"关系和因素的变动中，对本质和规律在现实中的各种不同的表现和实现情况做出解释和说明，从而形成对事物的整体性解释和说明。③

---

① 马克思. 资本论：第1卷. 2版. 北京：人民出版社，2004：52.
② 马克思. 资本论：第3卷. 2版. 北京：人民出版社，2004：716-717.
③ 牛变秀，王峰明. 价值存在和运动的辩证法：马克思《资本论》及其手稿的核心命题研究. 北京：社会科学文献出版社，2011：80.

在《资本论》第一卷中的社会必要劳动时间就是一种"思维抽象"，是在"供求一致"和"使用价值量的权重不起作用"的假设条件下得出的。① 对此马克思也有说明，"在本书第一册，我们把资本主义生产过程，既作为孤立过程，又作为再生产过程来分析，我们分析了剩余价值的生产和资本本身的生产。资本在流通领域所经历的形式变换和物质变换被假定为前提，而没有进一步加以论述。我们假定，一方面，资本家按照产品的价值出售产品；另一方面，他在流通领域找到使过程重新开始或连续进行所必需的各种物质生产资料。我们在那里需要考察的流通领域中的惟一行为，是作为资本主义生产的基本条件的劳动力的买和卖。"②

而在《资本论》第二卷中的社会必要劳动时间就是一种"思维具体"，与之相关并同样作为"思维具体"概念的是市场价值和生产价格。马克思对市场价值的理解分为两种情况。

第一种情况是"供求一致"，这一情况下市场价格就不是围绕着《资本论》第一卷中的社会必要劳动时间波动，而是围绕着"市场价值"波动。市场价值在不同的生产条件下呈现出不同的特点：

一是"现在假定这些商品的很大数量是在大致相同的正常社会条件下生产出来的，因而社会价值同时就是这个很大数量的商品由以构成的各个商品的个别价值。这时，如果这些商品中有一个较小的部分的生产条件低于这些条件，而另一个较小的部分的生产条件高于这些条件，因此一部分的个别价值大于大部分商品的中等价值，另一部分的个别价值小于这种中等价值，如果这两端互相拉平，从而使属于这两端的商品的平均价值同属于中间的大量商品的价值相等，那么，市场价值就会由中等条件下生产的商品的价值来决定。"③

二是，"相反，假定投到市场上的该商品的总量仍旧不变，然而在较坏条件下生产的商品的价值，不能由于较好条件下生产的商品的价值而拉平，以致在较坏条件下生产的那部分商品，无论同中间的商品相比，还是

---

① 王峰明. 马克思经济学假设的哲学方法论辨析：以两个"社会必要劳动时间"的关系问题为例. 中国社会科学, 2009 (04)：54-64.
② 马克思. 资本论：第2卷.2版. 北京：人民出版社, 2004：391.
③ 马克思. 资本论：第3卷.2版. 北京：人民出版社, 2004：203.

同另一端的商品相比，都构成一个相当大的量，那么，市场价值或社会价值就由在较坏条件下生产的大量商品来调节。"①

三是，"最后，假定在高于中等条件下生产的商品量，大大超过在较坏条件下生产的商品量，甚至同中等条件下生产的商品量相比也构成一个相当大的量；那么，市场价值就由在最好条件下生产的那部分商品来调节。"②

第二种情况是"供求不一致"，"与此相反，如果这个量小于或大于对它的需求，市场价格就会偏离市场价值。第一种偏离就是：如果这个量过小，市场价值就总是由最坏条件下生产的商品来调节，如果这个量过大，市场价值就总是由最好条件下生产的商品来调节，因而市场价值就由两端中的一端来决定，尽管单纯就不同条件下生产的各个量的比例来看，必然会得到另外的结果。"③ 这实际上是说，在部门商品的市场供求不一致条件下，各自处于生产条件两端的个别价值量直接决定市场价值，从而成为价格波动的中心。④ 市场价值所涉及的只是某个特殊部门商品供求之间的比例关系问题，在此基础上，马克思进一步阐释了在社会总供给与社会总需求不一致条件下的社会必要劳动时间的规定，即马克思在《资本论》第三卷中的规定，这时就不但有部门内部的竞争，也有部门之间的竞争，造成利润平均化趋势和市场价值向生产价格的转形。⑤

从上述观点出发，马克思系统分析和总结了斯密价值决定论矛盾的产生原因、具体表现和正确维度。

首先，马克思分析了斯密价值决定论的矛盾产生的具体原因。一方面，将"劳动"和"劳动的产品"等同起来是斯密混淆两种价值规定的最初表现。斯密指出，在资本积累和土地私有之前，"耗费劳动决定价值"与"购买劳动决定价值"是一致的，"耗费劳动决定价值"是指商品价值决定于它们所包含的劳动量即劳动时间，"购买劳动决定价值"是指商品价值决定于用这些商品可以买到的活劳动量，即工资，也就是维持劳动者

---

①② 马克思. 资本论：第3卷.2版. 北京：人民出版社，2004：204.
③ 马克思. 资本论：第3卷.2版. 北京：人民出版社，2004：206.
④⑤ 王峰明. 马克思经济学假设的哲学方法论辨析：以两个"社会必要劳动时间"的关系问题为例. 中国社会科学，2009（04）：54-64.

生存的最低生活资料的劳动的产品,这时斯密将"劳动"和"劳动的产品"等同起来。① 另一方面,斯密不懂得价值规律在资本同雇佣劳动的交换中的特殊作用,是斯密混淆两种价值规定的根本原因。斯密感觉到并强调,随着资本积累和土地所有权的产生,等价交换的商品价值规律似乎变得不再适用,但是他没能搞明白这个矛盾,他不懂得劳动能力本身成了特殊商品,这样一种使用价值具有创造交换价值的能力。② 马克思认为,资本同雇佣劳动的交换同样遵循价值规律,这是资本同劳动力价值的等价交换,而资本家之所以能够获得利润,是因为雇佣劳动力生产出超过其价值的剩余产品,而斯密没有意识到他所说的耗费劳动同购买的劳动之间,有一个被资本家占有的剩余劳动。③

其次,马克思指出斯密没能将劳动价值论贯彻在其理论始终。一方面,"购买劳动决定价值"构成"循环论证"。马克思指出,斯密存在购买劳动和耗费劳动两种混乱的价值规定,并在其中摇摆不定,在"购买劳动决定价值"中,商品的价值决定于"用这个商品可以买到的活劳动量",而"用这个商品可以买到的活劳动量"也可以说是"一定量活劳动的商品量","工资"作为劳动力价值的表现形式,又等于"一定量活劳动的商品量",因而就得出商品的价值决定于"工资"。④ 所以,斯密实际上把工资当作商品的价值尺度,"把价值本身当作价值的标准和说明价值存在的理由,因此成了循环论证"⑤。另一方面,斯密关于"三种收入决定价值"是对其劳动价值论的背离。斯密意识到,在资本积累和土地私有出现之后,社会上的交换双方就从商品出卖者和商品所有者互相对立的关系,转变为劳动条件所有者和单纯劳动能力的所有者的关系⑥,劳动价值论显然无法适用于这一关系转变,商品的价值决定也就发生了变化,从"耗费劳动决定价值"转变为"三种收入决定价值",斯密的理论贡献在于他意识

---

① 马克思,恩格斯. 马克思恩格斯全集:第33卷. 2版. 北京:人民出版社,2004:52.
② 马克思,恩格斯. 马克思恩格斯全集:第33卷. 2版. 北京:人民出版社,2004:64-65.
③ 马克思,恩格斯. 马克思恩格斯全集:第33卷. 2版. 北京:人民出版社,2004:55-56.
④⑤ 马克思,恩格斯. 马克思恩格斯全集:第33卷. 2版. 北京:人民出版社,2004:46-47.
⑥ 马克思,恩格斯. 马克思恩格斯全集:第33卷. 2版. 北京:人民出版社,2004:53.

到并提出了这个问题，但只是从经验的方面试图解释这一现象，没能解释清楚这一问题产生的根本原因。

再次，马克思得出，耗费劳动决定商品价值，利润、地租和工资不能构成价值的源泉。马克思指出，价值的源泉是价值生产问题，利润、地租和工资是价值的分配形式，价值的生产和价值的分配是两个完全不同层次的问题，二者没有必然联系。① 斯密明确指出工资、利润和地租是对劳动生产物的扣除，剩余价值不是从预付基金中产生的，而仅仅是在新的生产过程中从"工人加到材料上的"新劳动中产生的，在这个新的生产过程中，预付基金表现为劳动资料或劳动工具，无论预付基金在现实的劳动过程中如何有用，它的价值不过是在产品中再现而已。② 相反，只有工人新加到材料上的那部分劳动（价值）才分解为工资、利润和地租，新创造的剩余价值本身同花费在材料和工具上的那部分资本是毫不相干的，至于商品的价值以什么方式在商品生产者之间分配，也丝毫不会改变剩余价值的性质，以及商品与商品之间的价值比例。③ 可以说，工资、利润和地租是一切收入的三个原始源泉，但不能说工资、利润和地租是一切交换价值的三个原始来源，因为商品的价值是完全由商品中包含的劳动时间决定的，价值的分配不能说是被占有的价值的源泉，"如果没有这种占有，工人以工资形式得到自己劳动的全部产品，那么，即使土地所有者和资本家没有来分享这个产品，生产出来的商品的价值仍然不变"④。如果从利润、地租和工资构成价值源泉的说法出发，工资作为劳动商品的价格也将由工资、利润和地租决定，这就会在逻辑上构成循环论证，自相矛盾。

最后，马克思抓住了斯密价值理论中关于剩余价值发现的正确思路。马克思指出，斯密始终没有放弃"耗费劳动决定价值"的观点，"斯密凡是在发挥他的论点的地方，实际上甚至不自觉地坚持了商品交换价值的正确规定，即商品的交换价值决定于商品中包含的已耗费的劳动量或劳动时

---

① 马克思，恩格斯. 马克思恩格斯全集：第33卷.2版. 北京：人民出版社，2004：71-72.
② 马克思，恩格斯. 马克思恩格斯全集：第33卷.2版. 北京：人民出版社，2004：56.
③ 马克思，恩格斯. 马克思恩格斯全集：第33卷.2版. 北京：人民出版社，2004：61.
④ 马克思，恩格斯. 马克思恩格斯全集：第33卷.2版. 北京：人民出版社，2004：72.

间。"① 马克思认为斯密其实发现了剩余价值的来源,斯密虽然在前两种价值理论中摇摆不定甚至把完全不同的规定混为一团,但总体不影响斯密对剩余价值来源的挖掘。"可以举出许多例子证明,亚·斯密在他的整部著作中,凡是说明真正事实的地方,往往把产品中包含的劳动量理解为价值和决定价值的因素。"② 例如,马克思针对斯密表述多种价值决定论的第六章"论商品价格的组成部分"的重点论述做出了评注:"斯密把剩余价值,即剩余劳动——已经完成并实现在商品中的劳动超过有酬劳动即超过以工资形式取得自己等价物的劳动的余额——理解为一般范畴,而本来意义上的利润和地租只是这一般范畴的分支。"③ 再如,马克思针对斯密《国富论》第一篇第八章"论劳动工资"中的重点论述也做出了评注:"总之,亚·斯密在这里直截了当地把地租和资本的利润称为纯粹是工人产品中的扣除部分,或者说,是与工人加到原料上的劳动量相等的工人产品价值中的扣除部分……这个扣除部分是由工人的剩余劳动,即工人劳动的无酬部分构成。"④ 而究其原因,这离不开斯密经济学方法论中的正确维度,即坚持了正确的经济学方法,他从经济发展的内部出发,抽象出分工、交换、劳动和交换价值等范畴,然后分析了商品价值决定的因素在于耗费劳动量,而利润和地租是对工人生产的劳动产品的占有,因而得到剩余价值来源的正确规定。

---

① 马克思,恩格斯. 马克思恩格斯全集:第33卷.2版. 北京:人民出版社,2004:47.

② 马克思,恩格斯. 马克思恩格斯全集:第33卷.2版. 北京:人民出版社,2004:106.

③ 马克思,恩格斯. 马克思恩格斯全集:第33卷.2版. 北京:人民出版社,2004:59.

④ 马克思,恩格斯. 马克思恩格斯全集:第33卷.2版. 北京:人民出版社,2004:61-62.

第4章　斯密与马克思关于价值再生产理论的比较①

　　斯密与马克思关于剩余价值的生产和再生产理论的探索，是斯密与马克思对近代市民社会经济运行规律的本质把握，是二者价值理论比较研究的关键环节。在探讨了价值的来源和价值规定的基础上，斯密与马克思进一步探讨何种劳动创造剩余价值，即生产劳动理论，其中，生产劳动和非生产劳动的划分问题是"理解资本主义生产过程的基础"②。斯密从资财积累作为劳动生产力增进的前提出发，基于多种价值决定论，提出了相互矛盾的生产劳动定义，一方面认为只有给雇主带来利润的劳动才是生产性劳动，另一方面又认为只要是固定或物化在商品上的劳动就是生产性劳动，从而陷入了二重性矛盾。在马克思看来，斯密的两个定义不仅彼此交错而且相互矛盾，斯密的第一个定义揭示了资本主义生产劳动的本质规定，体现了资本主义生产的根本目的，因而是正确的，斯密的第二个定义无视生产劳动的形式规定和物质规定的区别，无视生产关系对生产目的的决定作用，因而是错误的。正是在批判地扬弃斯密既有理论成果的基础上，马克思创立了科学的生产劳动理论，从而完成了对斯密的超越，为不断开拓当代中国马克思主义政治经济学新境界提供了坚实的理论基础。

---

　　① 本章部分内容笔者曾以《生产劳动理论：马克思对亚当·斯密的批判与超越》为题发表于《思想理论教育导刊》2021年第8期，在此作了进一步的修改、扩充与完善。
　　② 马克思，恩格斯. 马克思恩格斯全集：第33卷.2版. 北京：人民出版社，2004：355.

4.1 斯密生产劳动理论的二重性

亚当·斯密既是古典政治经济学的代表之一,也是一位苏格兰启蒙哲学家,他"在道德秩序即理想人性体系的框架下,……开始对该秩序与体系的具体形式(即社会与经济)进行经验观察"①,斯密关心的是在英国资本主义原始积累末期,在小生产者和资本家之间分配的社会财富有多少转化为生产资本,认为这是在同一人格内部消费欲和积累欲这一内在的矛盾。② 由此提出并回答了何种劳动促进财富的生产和积累的问题,从而形成了其独特的生产劳动理论。

4.1.1 斯密关于生产劳动的两个定义

从斯密关于耗费劳动决定商品价值的观点,以及将利润和地租看作是对劳动生产物的扣除的这两种价值决定论出发,可得出斯密理论中关于劳动一般是剩余价值来源的正确见解。斯密在《国富论》第一篇中指出,由人们相互交换的倾向所导致的分工,扩展了商品交换的广度并提高了商品交换的速度,促进劳动生产物不断增加,带来生产力的提高,因而分工是劳动生产力增进的唯一原因。③ 然而,斯密在《国富论》第二篇中又指出,资财的蓄积是分工的前提,这样就把生产力增进的原因进一步归结到资财的积累上,具体地说,在资本主义社会,个人的需要必须通过用自己的劳动生产物来交换他人的劳动生产物才能得到满足,但是购买他人劳动生产物的前提是自己的劳动生产物已经制成或卖掉,所以对个人而言,在自己的劳动生产物还没有制作完成或者没有卖出去的时候,必须先有一定的生活资料和生产资料。④ 因此,斯密指出,"按照事物的本性,资财的蓄积,必须在分工以前"⑤,有了资财的蓄积才有分工,这样才能雇佣更

---

① [英]亚历山大·布罗迪. 剑桥指南:苏格兰启蒙运动. 杭州:浙江大学出版社,2010:195.
② [日]内田弘. 新版《政治经济学批判大纲》的研究. 北京:北京师范大学出版社,2011:50.
③ [英]亚当·斯密. 国富论. 北京:商务印书馆,2015:3-19.
④ [英]亚当·斯密. 国富论. 北京:商务印书馆,2015:259-260.
⑤ [英]亚当·斯密. 国富论. 北京:商务印书馆,2015:259.

多工人，从而促进劳动生产力的发展。因而，国民财富增进的原因就"鲜明地"由分工转到了资本积累，或者说由劳动生产力转化为资本生产力，这里之所以说是"鲜明地"，是因为这一转变并非在提出资财蓄积时才发生的，而是早已暗含在斯密关于商品价值规定的二重性中。

综上，从事生产性劳动的人数及其能力发挥既要以资财的蓄积为前提，又以资本积累为目的。基于此，斯密首先划分了资财的类型，指出哪些资财是用于资本积累以及如何用于积累的，然后提出了生产性和非生产性劳动的区分问题。

资财的类型可从以下几个层次来把握。首先，全部资财可以区分为用于直接消费的部分和用于取得利润的部分，后者被斯密称为资本，资本的目的是使留供目前消费的部分不致匮乏且能增加。① 其次，资本可分为流动资本和固定资本。流动资本需要通过资本的流动获得利润，它包括各种商家手里的食品、材料、制成品及货币，其中要依靠货币才能流转和分配给真正的消费者，因而以促进商品流通为职能的商人资本也是一种流动资本；固定资本是无须进一步流通即可提供利润的东西，主要包括四个部分，分别是一切便利劳动和节省劳动的有用的机器与工具、一切有利润可取的建筑物、土地改良费和社会上一切人民学到的有用才能，这里斯密实际上是将劳动力看作固定资本。② 最后是固定资本和流动资本的关系。固定资本是由流动资本变成的，而且需要不断地由流动资本来补充，这种补充有三个主要来源，即土地产物、矿山产物、渔业产物，由此，流动资本中的食品、材料、制成品才有新的补充，才会在一定时期内变为和补充社会上的固定资本或者供目前消费的资财。③

其中，供目前消费的资财构成社会纯收入的一部分，社会纯收入的大小决定着国民真实财富的大小。纯收入与总收入相区别，总收入包含土地和劳动的全部年产物，纯收入是全体居民的总收入减去维持固定资本和流动资本的费用后留给居民自由使用的部分，"换言之，所谓纯收入，乃是

---

① ［英］亚当·斯密. 国富论. 北京：商务印书馆，2015：261.
② ［英］亚当·斯密. 国富论. 北京：商务印书馆，2015：261-265.
③ ［英］亚当·斯密. 国富论. 北京：商务印书馆，2015：265-266.

以不侵蚀资本为条件，留供居民享用的资财"①，纯收入而非总收入的大小决定着国民真实财富的大小，因而，国民财富的增进实质上是社会纯收入的增加。②而社会纯收入的增加，一方面要节约固定资本，这样就有更多部分的流动资本流向消费，另一方面，这种消费的资财进一步维持和雇佣更多的勤劳人民，那么这部分被消费的资财不仅得以再生产出来，而且能带来利润，这样用于消费的资财才能源源不断，社会纯收入也自然持续增加，如此国民财富得以增进。③进一步地，该用这部分消费资料供给从事何种行业的劳动人民呢？换句话说，资本推动劳动作用于何种领域才能产生利润呢？这就需要探讨生产劳动和非生产劳动的问题。

对于生产劳动的第一个定义，斯密虽然有各种不同的表述方式，但在本质上都把生产劳动归结为能够给资本家生产剩余价值或者说为资本家带来利润的劳动。例如：斯密指出："有一种劳动，加在物上，能增加物的价值；另一种劳动，却不能够。前者因可生产价值，可称为生产性劳动，后者可称为非生产性劳动。制造业工人的劳动，通常会把维持自身生活所需的价值与提供雇主利润的价值，加在所加工的原材料的价值上。反之，家仆的劳动，却不能增加什么价值。制造业工人把劳动投在物上，物的价值便增加。这样增加的价值，通常可以补还工资的价值，并提供利润。家仆的维持费，却是不能收回的。雇用许多工人，是致富的方法，维持许多家仆，是致贫的途径。"④按照这一标准，制造业工人不仅可以补偿雇主雇佣他们所支出的工资，还可以为雇主提供利润，因而是生产劳动者；而家仆不能补偿维持他们的费用，更不能给其雇主带来利润，因而是非生产劳动者。因此，生产劳动是补偿由雇主垫付的工资的价值并为雇主提供利润的劳动。

对于生产劳动的第一个定义，斯密还把生产劳动表述为与资本交换的劳动。他说："由土地、由生产性劳动者生产出来的年产物，一生产出来，就有一部分被指定作为补偿资本的基金，还有一部分作为地租或利润的收

---

①② ［英］亚当·斯密．国富论．北京：商务印书馆，2015：270．
③ ［英］亚当·斯密．国富论．北京：商务印书馆，2015：266-267．
④ ［英］亚当·斯密．国富论．北京：商务印书馆，2015：312．

入。"① 其中，"用来补偿资本的那一部分年产物，从来没有立即用以维持非生产性劳动者，而是用以维持生产性劳动者"，因为"把资财一部分当作资本而投下的人，莫不希望收回资本并兼取利润。因此，他只能雇用生产性劳动者。这项资财，首先对其所有者提供资本的作用，以后又构成生产性劳动者的收入"。② 这就说明，生产劳动者须与资本相结合，并且补偿资本的耗费，生产劳动因而是直接同资本交换的劳动。"至于他用来维持非生产性劳动的那一部分资财，从这样使用的时候起，即由他的资本中撤出来，放在他留供直接消费的资财中"③，即作为收入的利润或地租中的一部分。因此，非生产劳动不是与资本直接交换的劳动，而是与收入（包括利润、地租和工人工资）相交换的劳动。

对于生产劳动的第二个定义，斯密指出："制造业工人的劳动，可以固定并且实现在特殊商品或可卖商品上，可以经历一些时候，不会随生随灭。那似乎是把一部分劳动贮存起来，在必要时再提出来使用。那种物品，或者说那种物品的价格，日后在必要时还可用以雇用和原为生产这物品而投下的劳动量相等的劳动量。反之，家仆的劳动，却不固定亦不实现在特殊物品或可卖商品上。家仆的劳动，随生随灭，要把它的价值保存起来，供日后雇用等量劳动之用，是很困难的。"④ 这样，在斯密看来，制造业工人能够将其劳动固定或实现在商品上，因而是生产劳动者，而家仆不能将其劳动固定或实现在商品上，即不能将其劳动的价值保存下来，因而是非生产劳动者。因此，如果能够将自己的劳动固定或实现在一个特定的对象或可以出卖的商品中，以补偿其生活资料耗费，这样的劳动就是生产劳动，否则就是非生产劳动。对此，马克思正确地指出："亚·斯密在这里所说的生产劳动是指一般'生产价值'的劳动。"⑤

4.1.2　斯密两个生产劳动定义之间的矛盾

"亚·斯密对一切问题的见解都具有二重性，他在区分生产劳动和非

---

① ［英］亚当·斯密. 国富论. 北京：商务印书馆，2015：315.
②③ ［英］亚当·斯密. 国富论. 北京：商务印书馆，2015：314.
④ ［英］亚当·斯密. 国富论. 北京：商务印书馆，2015：312-313.
⑤ 马克思，恩格斯. 马克思恩格斯全集：第33卷.2版. 北京：人民出版社，2004：140.

生产劳动时给生产劳动所下的定义也是如此。"① 斯密关于生产劳动的两个定义是"混淆在一起"或"交错在一起"呈现的,并且这两个定义并不一致,不能同时成立,因而是"相互矛盾的"。②

在斯密的两个定义中,把生产劳动和非生产劳动区分开来的标准是彼此矛盾的。按照第一个定义中的标准,只要为资本家带来剩余价值或利润,这种劳动就是生产劳动,与它是否固定或实现在一个特定的对象上(即生产出商品或创造价值)没有本质性联系;相反地,按照第二个定义中的标准,只要固定或实现在一个特定的对象上(即生产出商品或创造价值),这种劳动就是生产劳动,与它是否带来剩余价值或利润没有本质性联系。

这样,在斯密那里,一方面存在着同一种劳动既是生产劳动又不是生产劳动的矛盾的判定。例如:"剧院、歌舞场、妓院等等的老板,购买对演员、音乐家、妓女等等的劳动能力的暂时支配权"③。按照第二个定义,演员、音乐家、妓女是非生产劳动者,因为他们的服务一经提供随即消失,不固定或不实现在一个耐久的或特殊的对象或可以出卖的商品中。但是,按照第一个定义,这些人的劳动又是生产劳动,因为"把这些服务出卖给公众,就为老板补偿工资并提供利润。他这样买到的这些服务,使他能够重新去购买它们,也就是说,这些服务会自行更新用以支付它们的基金"④。又如,饭店里的侍者⑤,能够为资本家所雇佣并带来利润,按照第一个标准,这种服务劳动是生产劳动,而按照第二个标准,由于这种劳动没有固定在特定的物质产品上,则是非生产劳动。同样,对商业劳动性质的判断也是矛盾的。

另一方面,在符合同一种标准的情况下,存在着一种劳动是生产劳动而另一种劳动却不是生产劳动的矛盾的判定。

因为斯密从第二个标准出发认为,由于生产劳动是生产商品、创造价

---

① 马克思,恩格斯.马克思恩格斯全集:第33卷.2版.北京:人民出版社,2004:136.
② 马克思,恩格斯.马克思恩格斯全集:第33卷.2版.北京:人民出版社,2004:136、140.
③④ 马克思,恩格斯.马克思恩格斯全集:第33卷.2版.北京:人民出版社,2004:152.
⑤ 马克思,恩格斯.马克思恩格斯全集:第33卷.2版.北京:人民出版社,2004:144.

值的劳动，所以生产劳动者可以增加市场上商品的总价值，非生产劳动者不增加市场上商品的总价值。对此，马克思反问道："难道任何时候市场上现有的商品的［总］价值，不是由于有'非生产劳动'而比没有这种劳动时要大吗？难道任何时候市场上除了小麦、肉类等等之外，不是还有妓女、律师、布道、歌舞场、剧院、士兵、政治家等等吗？"① 也就是说，马克思指出，市场上现有的商品总价值由于有非生产劳动而更大，个中原因在于："这帮男女得到谷物和其他生存资料或享乐资料并不是无代价的。为了得到这些东西，他们把自己的服务提供给或强加给别人，这些服务本身有使用价值，由于它们的生产费用，也有交换价值。"② 这就是说，非生产劳动者和生产劳动者一样，可以增加市场上的商品量和价值量。因此，是否增加市场上的商品量和价值量难以成为判定生产劳动的标准。

另一种情况是，一种服务劳动为资本家雇佣，能够实现在特定物质产品上，但不能为资本家带来利润，那么按照第一个标准，这种服务劳动是非生产劳动，而按照第二个标准，则是生产劳动。例如，一个缝补工来到资本家家里给资本家补裤子，由于他的劳动不为资本家创造价值以及带来利润，因而按照第一个标准，这种劳动不是生产劳动，而按照第二个标准，他的劳动固定在了物质产品上，则是生产劳动。③ 同样，当请工人到家里来制造钢琴时④、请厨师来家里做饭时⑤，按照这两个标准对这种劳动性质的判断也是矛盾的。

马克思肯定了斯密的第一个定义，这一定义是从一定的社会形式得出的，"不是从劳动的物质规定性得出来的"⑥。马克思认为由于"对生产劳动的这种观点，是从亚·斯密对剩余价值的起源的看法中，因而是从他对资本的实质的看法中，自然而然地得出来的"⑦；所以，这一定义"触及了

---

①② 马克思，恩格斯．马克思恩格斯全集：第33卷.2版．北京：人民出版社，2004：154.
③ 马克思，恩格斯．马克思恩格斯全集：第33卷.2版．北京：人民出版社，2004：142.
④ 马克思，恩格斯．马克思恩格斯全集：第33卷.2版．北京：人民出版社，2004：146.
⑤ 马克思，恩格斯．马克思恩格斯全集：第33卷.2版．北京：人民出版社，2004：144、151.
⑥ 马克思，恩格斯．马克思恩格斯全集：第33卷.2版．北京：人民出版社，2004：11.
⑦ 马克思，恩格斯．马克思恩格斯全集：第33卷.2版．北京：人民出版社，2004：137.

问题的本质,抓住了要领",因而是"正确的定义"和"正确的见解"。①就是说,斯密的第一个定义之所以正确,就在于它触及了资本主义生产的本质,抓住了剩余价值或利润对于资本主义生产的本质重要性。

马克思否定了斯密的第二个定义,这一定义"越出了形式规定的范围,越出了用劳动者对资本主义生产的关系来给生产劳动者和非生产劳动者下定义的范围"②。这一定义中"生产价值"和"不生产价值"这些术语与第一个定义中这些术语的意义不同,"这里谈的已经不是本身就包含着为已消费的价值再生产出一个等价的剩余价值生产",这里谈的生产劳动者是指"用自己的劳动把他的工资所包含的那样多的价值量加到某种材料上,提供一个等价来代替已消费的价值"。③马克思认为这一定义看不到剩余价值或利润与资本主义生产之间的本质性联系,遮蔽了资本主义生产的本质,既没有触及问题的本质,也没有抓住要领,因而是"错误的见解"④。

在两个定义的关系上,马克思认为这两个标准是不统一的,不能同时成立,因而是彼此矛盾的。按照第一个标准,为资本家带来利润的劳动是生产劳动,而这种劳动是否实现在一个特定的对象上不会影响对这一劳动的性质判断;按照第二个标准,劳动只要实现在物质产品上从而保存自身价值,就是生产劳动,而这一劳动是否带来利润则不影响对这一劳动的性质判断。

4.1.3 斯密生产劳动理论的思想史基础

斯密的观点何以出现如此明显的不一致和矛盾呢?要弄清这一点,就需要研究斯密与经济思想史上重商学派和重农学派之间的学理联系,理解和把握重商学派和重农学派对斯密的双重影响。其中,马克思特别指出,"亚·斯密深受重农主义观点的影响,在他的著作中,往往夹杂着许多属于重农学派而同他自己提出的观点完全矛盾的东西。"⑤

从斯密的第一个定义来看,他是"沿着重农学派甚至重商学派走过的

---

① 马克思,恩格斯. 马克思恩格斯全集:第33卷.2版. 北京:人民出版社,2004:141、136、139.
②③ 马克思,恩格斯. 马克思恩格斯全集:第33卷.2版. 北京:人民出版社,2004:147.
④ 马克思,恩格斯. 马克思恩格斯全集:第33卷.2版. 北京:人民出版社,2004:139.
⑤ 马克思,恩格斯. 马克思恩格斯全集:第33卷.2版. 北京:人民出版社,2004:46.

方向走,不过使这个方向摆脱了错误的表述方式,从而揭示出它的内核"①。

在重农学派方面,他们认为财富是由物质产品构成,其来源不是流通而是生产,在各经济部门中只有农业劳动才能创造财富,"其他部门只不过是改变原有财富的物质形态"②,在农业中,农业工人不是为自己而是为土地所有者创造"纯产品",这样的劳动是生产劳动,"'纯产品'不外是生产出来的商品的价值超过生产中消耗的价值的余额"③。在马克思看来,重农学派虽然错误地认为只有农业劳动才是生产的,但他们坚持了正确的见解,即认为从资本主义观点来看,只有创造剩余价值的劳动,并且不是为自己而是为生产条件所有者创造剩余价值的劳动,只有不是为自己而是为土地所有者创造"纯产品"的劳动,才是生产的。④ 正是基于此,重农学派是经济思想史上首次将理论研究"从流通过程转向生产过程"⑤的思想流派,这就把生产劳动与剩余价值联系起来,从而指出了理解生产劳动的正确方向。斯密一方面吸收了重农主义这一见解的正确方面,另一方面反对重农学派把生产劳动仅限于农业劳动,"提出制造业劳动(他认为还有商业劳动)也还是生产的"⑥,在此基础上,"把剩余价值的概念推广到社会劳动的一切领域"⑦。可见,斯密关于生产劳动的第一个定义既来源于重农学派,又超越了重农学派。

在重商学派方面,马克思认为,就斯密关于生产劳动的第一个定义而言,重商学派具有与重农学派同样的见解,尽管说重商学派的这种见解是不自觉的。重商主义将金银更多回流到国内作为国民财富增长的标志,财富直接来源于获取金银的劳动,所以,在产品出口带回的货币多于这些产

---

① 马克思,恩格斯.马克思恩格斯全集:第33卷.2版.北京:人民出版社,2004:137.
② 马涛.经济思想史教程.2版.上海:复旦大学出版社,2018:85.
③ 陈岱孙.政治经济学史(上).长春:吉林人民出版社,1981:43.
④ 马克思,恩格斯.马克思恩格斯全集:第33卷.2版.北京:人民出版社,2004:137-138.
⑤ 马克思,恩格斯.马克思恩格斯全集:第46卷.2版.北京:人民出版社,2003:376.
⑥ 马克思,恩格斯.马克思恩格斯全集:第33卷.2版.北京:人民出版社,2004:148.
⑦ 陈岱孙.从古典经济学派到马克思:若干主要学说发展论略.北京:商务印书馆,2014:121.

品所值的货币的那些生产部门，其劳动才是生产的，而在当时新开采金银矿的生产部门是货币增长的新来源，因而那些有可能在更大程度上分沾当时新开采的金银矿的产品的那些生产部门才是生产的，这就促使重商学派把这种生产部门使用的劳动称为唯一的生产劳动。①

从斯密的第二个定义来看，马克思指出："重农学派只要接触到价值实体，就把价值仅仅归结为使用价值（物质、实物）"②，进而"又把使用价值归结为物质本身"③。因为在重农学派看来，"只有在劳动工具的自然力明显地能够使劳动者所生产的价值多于他所消费的价值的领域中，劳动才是生产的。因此，剩余价值不是来自劳动本身，而是来自劳动所利用和支配的自然力——农业。"④ 这样，重农学派就把价值和剩余价值与土地产品或农产品联系起来，也就是与商品的使用价值联系起来，一如重商学派把价值和剩余价值与价值表现形式即货币联系起来。斯密则把"商品的两个条件，使用价值和交换价值，合并在一起"，并由此认为，"凡是表现在一种使用价值即有用产品中的劳动，都是生产的"。⑤ 同时，在马克思看来，重商学派对劳动产品的"耐久性"（实际上是"非消费性"）的强调也或多或少地影响了斯密。重商主义的代表人物威廉·配第在其代表作《政治算术》中指出，相比其他财富形式，金银有一个非常明显的优点，就是不易毁坏。可见，斯密的第二个定义则完全重复了重农学派和重商学派的错误，彻底背离了从剩余价值的维度界定资本主义生产劳动的正确方向。

历史地看，斯密的生产劳动理论尽管存在着严重缺陷，但却起到了为资本主义张目的作用，具有反封建的革命意义。斯密的第一个定义强调价值的生产，不从事生产而只是享受劳动果实的封建上层阶级是不符合这一标准的，因此，"君主以及他的官吏和海陆军，都是不生产的劳动者"⑥。在斯密的第二个定义中，那些上等阶级"和家仆的劳动一样，不生产价

---

① 马克思，恩格斯．马克思恩格斯全集：第30卷．2版．北京：人民出版社，1995：138-139．
② 马克思，恩格斯．马克思恩格斯全集：第33卷．2版．北京：人民出版社，2004：160．
③ 马克思，恩格斯．马克思恩格斯全集：第33卷．2版．北京：人民出版社，2004：19．
④ 马克思，恩格斯．马克思恩格斯全集：第30卷．2版．北京：人民出版社，1995：290．
⑤ 马克思，恩格斯．马克思恩格斯全集：第33卷．2版．北京：人民出版社，2004：160．
⑥ ［英］亚当·斯密．国富论．北京：商务印书馆，2015：313．

值,既不固定或实现在耐久物品或可卖商品上,亦不能侵藏起来供日后雇用等量劳动之用"①,因此,封建社会的上层阶级与家仆具有同等的经济地位。对此,马克思评价道:"这是还具有革命性的资产阶级说的话"②,因为"有一大批所谓'高级'劳动者,如国家官吏、军人、艺术家、医生、牧师、法官、律师等等,他们有一部分不仅不是生产的,而且实质上是破坏性的,但他们善于依靠出卖自己的'非物质'商品或把这些商品强加于人,而占有很大部分的'物质'财富。对于这一批人来说,在经济学上同丑角、家仆被列入同一类别,被说成是靠真正的生产者(更确切地说,靠生产当事人)养活的食客、寄生者,决不是一件愉快的事。"③ 可见,在分析所谓"有些社会上等阶级人士的劳动"④ 时,斯密生产劳动的两个定义的解释力同样有效。这充分彰显了斯密生产劳动理论的反封建性和历史进步意义是其真理性和革命性所在。这两个标准的现实诉求都是在为资本主义生产方式的历史合理性做辩护和论证。

4.2　生产关系再生产与马克思生产劳动理论的实质

在资本主义社会中何种劳动创造剩余价值的问题,构成了马克思生产劳动理论要解决的核心问题,也就是说,马克思生产劳动理论是马克思在探讨剩余价值来源时,关于资本主义生产性质的劳动形式的考察。对这一问题的探讨必须深入到资本的生产过程中。与斯密不同,马克思则基于劳动力价值维度,区分了生产劳动的形式规定和物质规定,将从事物质生产并带来剩余价值的劳动看作生产劳动。

4.2.1　货币转化为资本与剩余价值的生产

资本是由货币转化而来的这一逻辑,既是现实经济发展动态的写照,也符合客观社会历史进程。

不过,马克思在《资本论》第一卷中也指出,"为了认识货币是资本

---

① [英] 亚当·斯密. 国富论. 北京:商务印书馆,2015:313.
② 马克思,恩格斯. 马克思恩格斯全集:第33卷.2版. 北京:人民出版社,2004:363.
③ 马克思,恩格斯. 马克思恩格斯全集:第33卷.2版. 北京:人民出版社,2004:161.
④ [英] 亚当·斯密. 国富论. 北京:商务印书馆,2015:313.

的最初的表现形式，不必回顾资本产生的历史。这个历史每天都在我们眼前重演。"① 这里的"不必回顾资本产生的历史"，恰恰是马克思在《资本论》手稿中回顾了资本产生的历史的基础上做出的判断，之所以这里说"不必回顾"，是马克思基于《资本论》的篇章结构和论述目的，出于论述方便的需要，只从资本现实运动状况这一个维度就可以说明货币是资本的最初的表现形式。"这种情况是历史事实……这种历史事实与我们的阐述毫不矛盾，反而证实了我们的阐述。"② 在马克思政治经济学批判的理论大厦中，对资本产生历史的研究是其根基，没有对资本产生历史的分析则缺乏对资本现实分析的确证。因而为了论述货币转化为资本这一过程，就要将马克思在《资本论》第一卷第四章"货币转化为资本"中没有能够铺开来讲的背景内容完整具体地呈现出来，这一部分是马克思在《政治经济学批判（1857—1858年手稿）》中重点讨论的内容。

马克思在《政治经济学批判（1857—1858年手稿）》中，探讨资本概念的形成，回答了货币是如何转化为资本、货币在什么条件下转化为资本以及什么样的货币能够转化为资本等一系列问题。在"资本主义生产以前的各种形式"一节中，马克思探讨了资本产生的历史条件。只有当劳动的客观条件如土地和劳动工具同劳动本身相分离时，以货币形式存在的财富才可能用来交换劳动的客观条件，其中，一部分货币可以单纯通过等价物交换而积累起来，但这种资本积累的来源在历史上不值一提且微不足道，另一部分货币则是由高利贷和商人的利润所积累起来的动产，被称为货币财富，只有这一部分才转化为本来意义上的资本即产业资本。③ 因此，资本的形成不是来自土地财产，也不是来自行会，而是来自商人和高利贷者的财富。④ "可是，仅仅有了货币财富，甚至它取得某种统治地位，还不足以使它转化为资本。"⑤ 这是因为它还缺乏两大条件，即在旧的生产方式解体的历史过程中，一方面要能买到劳动的客观条件，另一方面也能用

---

① 马克思. 资本论：第1卷. 2版. 北京：人民出版社，2004：171-172.
② 马克思，恩格斯. 马克思恩格斯全集：第30卷. 2版. 北京：人民出版社，1995：215.
③④ 马克思，恩格斯. 马克思恩格斯全集：第30卷. 2版. 北京：人民出版社，1995：499.
⑤ 马克思，恩格斯. 马克思恩格斯全集：第30卷. 2版. 北京：人民出版社，1995：501.

货币购买自由的活劳动力。①

除上述的历史视角外,马克思在《政治经济学批判（1857—1858 年手稿）》和《资本论》第一卷中,也从资本现实运动维度说明货币是资本最初的表现形式。"要阐明资本的概念,就必须不是从劳动出发,而是从价值出发,并且从已经在流通运动中发展起来的交换价值出发。"② 这种"交换价值"就是"货币","货币"是一种特殊的商品,是在商品交换过程中发展起来的,"商品流通是资本的起点。……是资本产生的历史前提"③,16 世纪的世界贸易和世界市场的发展奠定了资本的现实基础,而在这一商品流通的过程中,就其经济形式而言,货币是最后产物,这也是资本最初的表现形式。④ 作为货币的货币和作为资本的货币,虽然在表现形式上都是货币,但是作为货币形态的资本只是众多资本形态中的一种,资本可以采取货币的形式,也可以采取普通商品的形式。当资本采取货币形式时,一是在生产过程开始前作为购买生产资料的货币出现的,二是在销售掉所生产的商品后得到的回流形式的货币。"一旦货币表现为不仅与流通相独立并且在流通中保存自己的交换价值,它就不再是货币,——因为货币作为货币不能超出消极的规定,——而是资本了。"⑤

"作为货币的货币和作为资本的货币的区别,首先只是在于它们具有不同的流通形式。"⑥ 商品流通的直接形式是 W—G—W,资本流通的形式是 G—W—G,两种形式的共同点是这两个循环都各自分成两个对立阶段,即买和卖,各自的两极都具有同样的经济形式,两种形式的差异在于两个循环的起点、终点和中介都是相反的。其中,货币在两种流通形式中的作用是不同的,在简单流通中的货币形式是商品价值的独立形式,只是商品交换的中介,随着运动过程的结束而消失,但在 G—W—G 流通中,"商品和货币这二者仅仅是价值本身的不同存在方式：货币是它的一般存

---

① 马克思,恩格斯.马克思恩格斯全集：第 30 卷.2 版.北京：人民出版社,1995：500.
② 马克思,恩格斯.马克思恩格斯全集：第 30 卷.2 版.北京：人民出版社,1995：215.
③④ 马克思.资本论：第 1 卷.2 版.北京：人民出版社,2004：171.
⑤ 马克思,恩格斯.马克思恩格斯全集：第 30 卷.2 版.北京：人民出版社,1995：215.
⑥ 马克思.资本论：第 1 卷.2 版.北京：人民出版社,2004：172.

在方式，商品是它的特殊的也可以说只是化了装的存在方式"①，价值成为一个自行运动的实体，在流通中保存和扩大自己，G 就变成了 G′，因而资本的总公式即 G—W—G′。

这一总公式中蕴含着矛盾，"商品流通就它只引起商品价值的形式变换来说，在现象纯粹地进行的情况下，就只引起等价物的交换。"② "商品交换就其纯粹形态来说是等价物的交换，因此，不是增大价值的手段。"③ "那些试图把商品流通说成是剩余价值的源泉的人，大多是把使用价值和交换价值弄混了、混淆了"④，也就是说，"流通或商品交换不创造价值。"⑤ 那么能不能从流通以外的地方产生呢？在流通以外，商品只同其所有者发生关系，商品的价值只是生产该商品的劳动时间的凝结，劳动的价值本身无法表现为一个比自身更大的价值，"因此，资本不能从流通中产生，又不能不从流通中产生。它必须既在流通中又不在流通中产生。"⑥ 这就需要找到那种"使用价值本身具有成为价值源泉的独特属性"⑦ 的劳动力商品，才能解释剩余价值的产生。

资本主义生产过程是劳动过程和价值增殖过程的统一。一方面，生产就其一般性来说是一般劳动过程，它撇开了每一种特定的社会形式，就劳动产品的角度来考察，"劳动本身则表现为生产劳动"⑧。另一方面，生产就其特殊形式来说，即资本主义生产方式下，生产劳动是创造剩余价值的劳动。因而，一种较普遍的观点是从两个方面理解马克思生产劳动概念，一是从单纯的一般劳动过程亦即价值形成过程出发，只要是实现在商品中的劳动都是生产劳动，二是从价值增殖过程出发，"生产劳动是直接增殖资本的劳动或直接生产剩余价值的劳动"⑨。基于此，有学者认为，在前一种含义上，维护和增加劳动力商品的价值的服务劳动，如医生和教师的

---

① 马克思．资本论：第1卷．2版．北京：人民出版社，2004：179．
② 马克思．资本论：第1卷．2版．北京：人民出版社，2004：184．
③④ 马克思．资本论：第1卷．2版．北京：人民出版社，2004：185．
⑤ 马克思．资本论：第1卷．2版．北京：人民出版社，2004：190．
⑥ 马克思．资本论：第1卷．2版．北京：人民出版社，2004：193．
⑦ 马克思．资本论：第1卷．2版．北京：人民出版社，2004：195．
⑧ 马克思．资本论：第1卷．2版．北京：人民出版社，2004：211．
⑨ 马克思，恩格斯．马克思恩格斯全集：第49卷．北京：人民出版社，1982：99．

劳动，被称为生产劳动。① 然而，这一结论与马克思本人的观点恰恰相反，马克思的生产劳动不是从一般劳动过程得出的生产价值的劳动，而是在特殊形式上的生产剩余价值的劳动，他指出"尽管他们②（指医生和教师）的劳动加入创造一切价值的那个基金的生产费用，即加入劳动能力的生产费用"，但是"不直接创造用来支付他们报酬的基金"，因而是非生产劳动。③ 所以，从一般劳动过程出发得到的生产劳动，没有抓住马克思生产劳动理论的本质。

马克思在《资本论》的手稿中也反复强调了这一点，即生产劳动概念特指在资本主义条件下的雇佣劳动。在《〈政治经济学批判〉导言》中，马克思就指出构成事物发展的不是共性，而是个性，对各个时代状况的把握，不是从物质生产的一般得出的，而恰恰是从生产特殊得出的，比如对资本的把握，不能像斯密等古典经济学家一样将资本看作与手相同的生产工具范畴，而要看到使"生产工具""积累的劳动"成为资本的那个特殊。④ 在马克思看来，资本的特殊性就在于它雇佣了劳动力，资本通过与从事商品生产的雇佣劳动相结合而无偿占有了剩余价值。从这一原则出发，对生产劳动性质的把握不应从劳动一般的角度，而应从劳动特殊的角度入手。具体来看，马克思在《政治经济学批判（1857—1858 年手稿）》的"资本章"中指出，在资本和劳动的关系下，"生产劳动只是生产资本的劳动"，"只有生产资本的劳动才是生产的"。⑤ 在《政治经济学批判（1861—1863 年手稿）》中指出，"从资本主义生产的意义上说，生产劳动是雇佣劳动，它同资本的可变部分（花在工资上的那部分资本）相交换，不仅把这部分资本（也就是自己劳动能力的价值）再生产出来，而且，除此之外，还为资本家生产剩余价值。仅仅由于这一点，商品或货币才转化为资本，才作为资本生产出来。只有生产资本的雇佣劳动才是生产劳动。"⑥

---

① 陈其人. 关于马克思两个生产劳动定义问题：兼论重农主义和斯密的生产劳动观. 当代经济研究，2002（3）：3-7.
② "他们"在这里指医生和教师。
③ 马克思，恩格斯. 马克思恩格斯全集：第33卷.2版. 北京　人民出版社，2004：153.
④ 马克思，恩格斯. 马克思恩格斯全集：第30卷.2版. 北京：人民出版社，1995：26.
⑤ 马克思，恩格斯. 马克思恩格斯全集：第30卷.2版. 北京：人民出版社，1995：264.
⑥ 马克思，恩格斯. 马克思恩格斯全集：第33卷.2版. 北京：人民出版社，2004：136.

"生产劳动不过是对劳动能力出现在资本主义生产过程中所具有的整个关系和方式的简称"①,将生产劳动同其他种类的劳动区分开来是十分重要的,因为这恰恰表现了那种"作为整个资本主义生产方式以及资本本身的基础的劳动的形式规定性"②。"因为资本主义生产的直接目的和真正产物是剩余价值,所以只有直接生产剩余价值的劳动是生产劳动,……只有直接在生产过程中为了资本的价值增殖而消费的劳动才是生产劳动。"③

综上,马克思认为生产劳动是资本主义商品生产过程中的雇佣劳动,物质规定性是商品生产的前提。

首先,物质规定性是商品之为商品的前提。商品作为经济范畴,是作为本质关系的私人劳动通过物质载体表现出来的形式规定④,这一物质载体就是商品的自然存在。商品是用来交换的劳动产品,是使用价值和价值的统一,其中物的有用性是劳动产品成为商品的必要前提,"直接是表现一定的经济关系即交换价值的物质基础"⑤,离开使用价值则不能称其为商品。商品的使用价值有质和量两种属性,一方面,商品使用价值的质的规定,是商品体的自然的物质存在本身,另一方面,商品使用价值的量的规定,是关于这一商品体的物质存在本身的"度量"。⑥ 可见,商品的使用价值离不开物质规定性,商品也就自然离不开物质规定性。

其次,剩余价值来源于资本主义商品生产中的雇佣劳动力。劳动力是一种特殊的商品,同样是使用价值和价值的统一,一方面,它的使用价值体现在它所实现的生产资料的物质变换及其产物上,另一方面,它的价值可以通过转化为劳动者的生活资料这一物质形态的价值来衡量,并通过生产出的商品使用价值来表现。劳动力商品与货币形态的资本相交换,符合商品流通的一般规律,但是资本家购买劳动力商品不是为了这种商品的使用价值,而是为了能够带来更多的交换价值,从而补偿资本家预付给工人

---

①② 马克思,恩格斯. 马克思恩格斯全集:第37卷.2版. 北京:人民出版社,2019:326.
③ 马克思,恩格斯. 马克思恩格斯全集:第38卷.2版. 北京:人民出版社,2019:123-124.
④ 王峰明. 经济范畴规定性的哲学辨析. 教学与研究,2006(07):35-40.
⑤ 马克思,恩格斯. 马克思恩格斯全集:第31卷.2版. 北京:人民出版社,1998:420.
⑥ 牛变秀,王峰明. 价值存在和运动的辩证法:马克思《资本论》及其手稿的核心命题研究. 北京:社会科学文献出版社,2011:28.

的生活基金，并为资本家带来剩余价值。因而，问题的关键就在于劳动力在生产过程中生产出超过自身价值的商品。

最后，一部分物质资料的生产不是生产劳动。对生产劳动物质规定性的强调，并不意味着所有物质资料的生产都是生产劳动。马克思将非生产劳动者分为两种类型，其中一种同生产劳动者一样，为资本家所雇佣，把自己的劳动固定在某物上，使这些物的价值增加，但由于这些物直接满足资本家的需要，因而只是从可能性上是商品，不是事实上的商品。具体说，就厨师生产食物这一劳动而言，如果是在饭店里，食物作为商品被消费者购买，从消费者那里交换来的货币形态的商品价值，不仅可以补偿厨师的生活资料部分，而且能够给资本家带来剩余价值，所以厨师的劳动是生产劳动；而如果厨师被人雇佣在家里生产食物，主人不是为了把这个劳动当作劳动一般来增殖，不是把这个劳动作为构成价值的要素，而是为了把它当作这种特定的具体劳动来享用、使用，这个厨师的劳动也不补偿其被雇佣的费用，因而虽然主人所消费的也是物质产品，但这时厨师的劳动也不是生产劳动。① 所以，物质规定性不是决定生产劳动的本质属性，只是从属于社会形式维度的第二属性。

4.2.2 形式规定与物质规定的区分

在马克思看来，任何经济范畴都是一种"形式规定"或具有"形式规定性"。形式规定由"物质规定"和"本质规定"耦合而成。其中，具有物质规定的事物构成形式规定的物质载体，它所承载的生产关系和经济关系则构成形式规定的本质规定。如果把具有形式规定的经济范畴看成是"生命体"，那么，物质存在和物质规定就是其"躯体"，而本质存在和本质关系则是其"灵魂"。② 同样，价值作为一种"形式规定"，也是由物质规定与本质规定耦合而成的。价值的"本质规定"是"私人劳动或劳动的私人性这种生产关系和经济关系"③，价值的"物质规定"可以是作为自

---

① 马克思，恩格斯. 马克思恩格斯全集：第33卷.2版. 北京：人民出版社，2004：151.
② 王峰明. 经济范畴与"形式规定"：马克思经济学本质观的哲学基础和当代价值. 天津社会科学，2014（02）：20-28.
③ 王峰明. 经济范畴规定性的哲学辨析. 教学与研究，2006（07）：35-40.

然物质产品的商品，也可以是作为一般等价物商品的货币，价值在不同的物质载体上获得了多样的存在方式，商品和货币作为价值的延伸，是对生产关系本质的进一步展开。

针对斯密的第一个定义，马克思认为，第一，它"不是从劳动的物质规定性……"得出来的，就是说，它"不是从劳动产品的性质，不是从劳动作为具体劳动的规定性"得出来的。① 可见，斯密的第一个定义与劳动的"物质规定"或"物质规定性"没有本质性联系，而所谓"物质规定（性）"，既是指劳动产品或使用价值的性质，也是指生产产品的具体劳动的性质。正因为如此，马克思说："劳动的物质规定性，从而劳动产品的物质规定性本身，同生产劳动和非生产劳动之间的这种区分毫无关系。"② 随后，他又强调指出："生产劳动和非生产劳动的这种区分本身，正如前面已经说过的，既同劳动独有的特殊形式毫无关系，也同劳动的这种特殊形式借以体现的特殊使用价值毫无关系。"③ 显然，斯密把生产劳动和非生产劳动区别开来的第一个定义，既与使用价值无关，也与创造使用价值的具体劳动无关，从而与劳动的"物质规定（性）"无关。与此相反，其第二个定义恰恰是从劳动的"物质规定（性）"，也即从使用价值和创造使用价值的具体劳动方面，把生产劳动与非生产劳动区别开来。

第二，斯密的第一个定义是如何把生产劳动和非生产劳动区别开来的呢？或者说它是如何得出来的呢？马克思说："我们在这里指的劳动的这种规定性，不是从劳动的内容或劳动的结果产生的，而是从劳动的一定的社会形式产生的。"④ 因此，第一个定义不是从作为"劳动内容"或"劳动结果"的劳动产品（即使用价值）得出来的，而是"从一定的社会形式"⑤ 得出来的。与此不同，斯密的第二个定义则"越出了形式规定的范围"⑥。可见，斯密把生产劳动和非生产劳动区分开来的标准，在第一个

---

① 马克思，恩格斯．马克思恩格斯全集：第33卷．2版．北京：人民出版社，2004：142.
② 马克思，恩格斯．马克思恩格斯全集：第33卷．2版．北京：人民出版社，2004：144.
③ 马克思，恩格斯．马克思恩格斯全集：第33卷．2版．北京：人民出版社，2004：145.
④ 马克思，恩格斯．马克思恩格斯全集：第33卷．2版．北京：人民出版社，2004：143.
⑤ 马克思，恩格斯．马克思恩格斯全集：第33卷．2版．北京：人民出版社，2004：142.
⑥ 马克思，恩格斯．马克思恩格斯全集：第33卷．2版．北京：人民出版社，2004：147、148.

定义中是劳动的"社会形式"或"形式规定（性）"，在第二个定义中则是劳动的"物质内容"或"物质规定（性）"。

第三，如何理解劳动的"社会形式"或"形式规定"？劳动的社会形式或形式规定又是由什么决定的呢？在马克思看来，斯密的第一个定义是"从这个劳动借以实现的社会生产关系得出来的"①。因为在这里，"劳动的这种物质规定性同劳动作为生产劳动的特性毫无关系，相反，劳动作为生产劳动的特性只表现一定的社会生产关系"②。与此相反，斯密的第二个定义则"越出了从资本主义生产的观点来给'生产劳动者'下定义的范围"，或者说，"越出了用劳动者对资本主义生产的关系来给生产劳动者和非生产劳动者下定义的范围"。③ 这就表明，如果说在斯密的第二个定义中，生产劳动和非生产劳动区别的标准是劳动的"物质规定（性）"，那么，在其第一个定义中，生产劳动和非生产劳动区别的标准则是劳动的"形式规定（性）"，这种形式规定（性）又是由生产关系决定的。

资本主义生产劳动作为一种经济范畴，也是一种"形式规定"，因而也是由物质规定与本质规定耦合而成的。在这里，生产商品和创造价值只是其物质存在和物质规定，反映和体现资本主义生产关系的剩余价值生产才是其本质存在和本质规定。以此来看，斯密的第二个定义既不理解物质规定和本质规定的区别，也不理解物质规定和形式规定的区别；他由于无视资本主义生产关系对资本主义生产劳动的决定性作用，所以，不仅无法把资本主义生产劳动的"物质规定"和"本质规定"区别开来，而且无法把这种"物质规定"和资本主义生产劳动的"形式规定"区别开来。在其第二个定义中，他所谓的"生产价值"和"不生产价值"这些术语与第一个定义中这些术语的含义完全不同，这里所谈论的，"已经不是本身就包含着为已消费的价值再生产出一个等价的剩余价值生产"，而是"一个劳动者，只要他用自己的劳动把他的工资所包含的那样多的价值量加到某种

---

① 马克思，恩格斯．马克思恩格斯全集：第33卷．2版．北京：人民出版社，2004：142．
② 马克思，恩格斯．马克思恩格斯全集：第33卷．2版．北京：人民出版社，2004：143．
③ 马克思，恩格斯．马克思恩格斯全集：第33卷．2版．北京：人民出版社，2004：148、147．

材料上,提供一个等价来代替已消费的价值,他的劳动就是生产劳动"。①如果说生产商品和创造价值只是为资本主义生产劳动提供了物质基础和物质载体,那么,只有生产出剩余价值从而实现价值增殖,一种劳动才会成为资本主义生产劳动。有鉴于此,马克思从形式规定和物质规定两个维度区分了斯密划分生产劳动和非生产劳动的两个标准,认为一个强调形式规定,一个强调物质规定,而物质规定不同于形式规定,所以二者是彼此矛盾和不一致的。

4.2.3 生产关系决定生产目的

生产劳动与非生产劳动的区别,实际上是对人的劳动的一种评价,评价是一种价值判断;在价值判断中,评价标准必须反映和体现生产目的,因而是由生产目的决定的。有什么样的生产目的,就会有什么样的评价标准;生产目的不同,评价生产劳动与非生产劳动的标准就不同。而生产目的又是由生产关系和经济关系决定的,生产目的必须反映和体现生产关系和经济关系。有什么样的生产关系和经济关系,就会有什么样的生产目的;人们所处其中的生产关系和经济关系不同,生产目的也就不同。

第一,从斯密的第二个定义来看,有一部分生产"物质产品"的劳动具有成为生产劳动的"可能性",这些劳动者从而具有成为生产劳动者的"可能性"。例如:"我叫到家里来缝制衬衣的女裁缝,或修理家具的工人,或清扫、收拾房子等等的仆人,或烹调肉食等等的女厨师,他们也完全和在工厂做工的女裁缝、修理机器的机械师、洗刷机器的工人以及作为资本家的雇佣工人在饭店干活的女厨师一样,把自己的劳动固定在某种物上,并且确实使这些物的价值提高了。这些使用价值,从可能性来讲,也是商品:衬衣可能拿到当铺去当掉,房子可能卖掉,家具可能拍卖等等。因此,上述人员从可能性来讲,也生产了商品,把价值加到了自己的劳动对象上。"② 在此,斯密的出发点是基于个体私有制的简单商品生产和流通。

---

① 马克思,恩格斯.马克思恩格斯全集:第33卷.2版.北京:人民出版社,2004:147.
② 马克思,恩格斯.马克思恩格斯全集:第33卷.2版.北京:人民出版社,2004:150.

而"简单商品流通——为买而卖——是达到流通以外的最终目的,占有使用价值,满足需要的手段"①。在以劳动者自己的劳动为基础的个体私有制中,商品交换和流通只是外在手段,获得满足生产生活需要的使用价值才是生产和交换的目的。由此决定,只要生产了劳动产品和使用价值,就有可能用于交换,从而成为生产劳动。

第二,从斯密的第一个定义来看,上述劳动即使实现了从"可能的"生产劳动向"现实的"生产劳动的转化,也不一定就是符合第一个定义的生产劳动。换言之,即使是生产商品和创造价值的劳动和劳动者,也仅仅具有成为资本主义生产劳动和生产劳动者的"可能性"。因为在资本主义生产关系中,获得剩余价值从而实现"资本的增殖是资本主义生产的惟一目的"②。与简单商品生产和流通不同,"作为资本的货币的流通本身就是目的,因为只是在这个不断更新的运动中才有价值的增殖"③。由此决定,只有生产剩余价值从而实现价值增殖的劳动才是生产劳动。在生产劳动(或者说在对劳动的评价)问题上,把生产关系和生产目的凸显出来,这是斯密的巨大科学功绩。因为按照斯密的第一个定义,"商品或货币之所以变为资本,是因为它们直接同劳动能力交换,而且这种交换的目的,只是为了有一个比它们本身包含的劳动更多的劳动来补偿它们。"④ 在这里,"他下了生产劳动是直接同资本交换的劳动这样一个定义,也就是说,他根据这样一种交换来给生产劳动下定义,只有通过这种交换,劳动的生产条件和一般价值即货币或商品,才转化为资本(而劳动则转化为科学意义上的雇佣劳动)。"⑤

第三,由于资本主义生产建立在商品生产基础上,所以,资本主义生产既具有一般商品生产的特征,也具有不同于简单商品生产的特征。如果说生产商品和创造价值是资本主义生产劳动的前提条件,是一切商品生产的"共性";那么,生产剩余价值从而实现价值增殖才是资本主义商品生产的"个性",才是资本主义生产劳动的本质特征。斯密由于不理解生产

---

① 马克思. 资本论:第1卷.2版. 北京:人民出版社,2004:178.
② 马克思. 资本论:第3卷.2版. 北京:人民出版社,2004:270.
③ 马克思. 资本论:第1卷.2版. 北京:人民出版社,2004:178.
④ 马克思,恩格斯. 马克思恩格斯全集:第33卷.2版. 北京:人民出版社,2004:140.
⑤ 马克思,恩格斯. 马克思恩格斯全集:第33卷.2版. 北京:人民出版社,2004:141.

关系对生产目的的决定作用，不理解生产目的对区分生产劳动和非生产劳动的标准的决定作用，所以，他既没有把商品生产的共性和个性区别开来，也没有把资本主义生产劳动的前提条件和本质特征区别开来。有鉴于此，马克思从商品生产的共性和个性、从生产劳动的前提条件和本质特征两个维度区分了斯密划分生产劳动和非生产劳动的两个标准，认为一个强调共性和前提条件，一个强调个性和本质特征，而前提条件和共性不同于个性和本质特征，所以二者是彼此矛盾和不一致的。

斯密的生产劳动理论尚有科学的一面，而古典政治经济学之后的庸俗经济学为论证资本主义的合理性和永恒性，彻底抛弃了斯密理论中的科学成分，放弃了从生产关系维度来判断生产劳动的标准，大搞折中主义，竭力调和社会矛盾，把一切劳动都看成是生产劳动。对此，马克思一方面对斯密生产劳动理论的科学成分和内容予以坚决维护，另一方面对庸俗经济学家对斯密生产劳动理论的攻击予以坚决回击。马克思指出："反对亚·斯密提出的关于生产劳动和非生产劳动的区分的论战，主要是由二流人物（其中施托尔希还算是最出名的人物）进行的"①，其代表人物有热尔门·加尔涅、沙尔·加尼尔、昂利·施托尔希、西尼耳等。加尔涅把同"资本"交换的劳动和同"收入"交换的劳动混为一谈，比重农学派后退一步，把非生产劳动者的消费看成生产的源泉。加尼尔把一切得到报酬的劳动都纳入生产劳动的概念，施托尔希错误地看待物质生产和精神生产的关系，把一切精神生产都看作是生产劳动，西尼耳则宣称对资产阶级有用的一切职能都是生产的。这些见解的一个共同特点，就是都没能领会斯密生产劳动第一个定义的科学性，更遑论对其意义的把握。

马克思还分析总结了围绕生产劳动问题展开论战的三个原因。第一，在资本主义社会中，"意识形态阶级等等是依附于资本家的"②。作为"意识形态阶级"，庸俗经济学家同样是服务于资本家阶级的，他们必然会在理论上极力抹杀生产劳动与非生产劳动的本质区别，以此为社会的上层阶级即"非生产劳动者"中纯粹寄生的部分恢复地位。③ 第二，不同经济学

---

① 马克思，恩格斯. 马克思恩格斯全集：第33卷.2版. 北京：人民出版社，2004：161.
②③ 马克思，恩格斯. 马克思恩格斯全集：第33卷.2版. 北京：人民出版社，2004：162.

家从不同的阶级立场出发，对生产劳动会有不同的判断标准；即使阶级立场相同，但由于身处历史发展的不同阶段和时期，对生产劳动也会有不同的判断标准。斯密置身资本主义工场手工业时期，而庸俗经济学家则身处资本主义机器大工业时期，必然会提出不同于斯密的生产劳动标准。第三，在资本掌握了全部物质生产的情况下，资本的普照光作用使得社会生产的一切领域都日益依附于资本，那些和创造物质财富没有直接关系的生产领域和非生产领域也被拉入资本的体系中，从而为庸俗经济学家提供了扩展生产劳动范围的理由。

恩格斯说，无产阶级政党的"全部理论来自对政治经济学的研究"，列宁把政治经济学视为马克思主义理论"最深刻、最全面、最详尽的证明和运用"。①

马克思生产劳动理论回答的是剩余价值的来源问题，这不仅是马克思政治经济学理论的核心，更是马克思全部理论的核心。自斯密明确提出生产劳动理论后，这一理论的庸俗化倾向也伴随着古典政治经济学的庸俗化而不断加剧，并在西方主流经济学中普遍存在甚至占据主导地位，而马克思对斯密生产劳动理论的科学认识反而被边缘化，这无疑不利于把握当今社会经济现象的本质，也不利于马克思主义政治经济学方法论的继承与发展。正如习近平总书记所说，"现在，各种经济学理论五花八门，但我们政治经济学的根本只能是马克思主义政治经济学，而不能是别的什么经济理论。""当代中国社会主义政治经济学要大讲特讲，不能被边缘化。"②这是发展中国特色社会主义政治经济学的应有之义，也是习近平新时代中国特色社会主义思想的内在要求。

一方面，马克思生产劳动理论提示我们要注意具体分析和看待现实中生产劳动标准的多样性和复杂性。

在现实社会中，不仅存在着占统治地位的生产关系，而且存在着此前旧的生产关系的残余，还存在着代表未来发展方向的新生产关系的萌芽，因而总是呈现出多种生产关系并存与竞争的格局。既然说生产劳动标准反

---

① 习近平. 正确认识和把握中长期经济社会发展重大问题. 求是，2021（02）：4 - 10.
② 习近平. 不断开拓当代中国马克思主义政治经济学新境界. 求是，2020（16）4 - 9.

映和体现着社会生产关系,是由生产关系决定的,那么,与多种生产关系并存局面相一致,必然存在着多种生产劳动标准的并存和竞争。例如:如果说榨取剩余价值从而实现资本的价值增殖,是与资本主义生产关系相一致的生产劳动标准;那么,奴隶和农民单向度地交付活的剩余劳动和死的地租,就是与奴隶制生产关系和封建制生产关系相一致的生产劳动标准。如果说在生产资料的个体私有制条件下,个体劳动者的生产劳动标准是生产商品和创造价值;那么,在社会主义和未来共产主义公有制条件下,其生产劳动标准是也只能是生产使用价值(即产品)从而最大限度地满足人民群众的物质和文化需要。对现实社会中的生产劳动,要充分重视和研究其多样性和复杂性,绝不能一概而论。

另一方面,马克思生产劳动理论提示我们要防止和杜绝新的历史条件下的各种庸俗化倾向。

例如:在当今学界,有学者以马克思的这段话——"如果可以在物质生产领域以外举一个例子,那么,一个教员只有当他不仅训练孩子的头脑,而且还为校董的发财致富劳碌时,他才是生产工人。"① ——作为论据提出像教师这样的"纯粹服务劳动是生产劳动"的论断②。其实,这明显是对马克思文本的误读误解。在此,马克思意在说明斯密生产劳动的第一个定义把资本主义生产关系和生产目的凸显出来,强调生产关系和生产目的在区别生产劳动和非生产劳动中的决定作用。但并不能由此就认为马克思把纯粹服务劳动也看成是生产劳动,因为资本主义生产建立在商品生产基础上,而一切商品生产都是物质生产,像教育这样的非物质生产怎么可能是生产劳动呢?

值得注意的是,支持这一错误观点、主张把生产劳动扩大到纯粹服务劳动领域的论者,还从现实需要和理论诉求两个方面进行论证。在现实层面,他们宣称扩大生产劳动概念的范围是生产力发展的现实要求,因为马克思在分析生产劳动问题时,服务劳动还不算发达,这种时代发展的局限性,使得马克思没能将生产劳动扩展到服务劳动领域。而当下应当回应第三产业蓬勃发展的趋势,与时俱进地扩展马克思的生产劳动概念。③ 在理

---

① 马克思,恩格斯. 马克思恩格斯全集:第42卷.2版.北京:人民出版社,2016:522.
②③ 谭华辙. 有关生产劳动与非生产劳动的几个问题. 中国社会科学,1996(03):15-27.

论层面，他们认为马克思关于生产劳动和非生产劳动的区分，只是为了凸显生产劳动的重要性和地位，非生产劳动不得不退居其次，甚至认为"在阶级社会，它（非生产劳动）只是供剥削阶级最大化享乐和腐化的代称"①。然而，这两点理由都经不住推敲。就第一点而言，虽然在19世纪的欧洲社会，服务劳动还不算发达，但也已经出现了大部分我们现今广泛存在的纯粹服务劳动，如马克思提到的侍者、教师、医生、演员、音乐家等。虽然这些服务劳动在国民经济中所占的比例在两个世纪后的今天有了大幅度的提高，但是世界所处的历史发展阶段没有变，资本主义社会攫取剩余价值的本性没有变，因而就资本主义而言，马克思关于服务劳动不是生产劳动的判断依然有效。就第二点而言，这是对马克思生产劳动理论目的的曲解。一方面，生产劳动理论是马克思探索剩余价值来源问题的理论成果。科学的剩余价值理论证明了，剩余价值来源于生产领域而不是流通领域，将一些或者处于流通领域之中或者处于流通领域之外的纯粹服务劳动划定在生产劳动的范围内，在本质上是对马克思剩余价值理论的颠覆。另一方面，虽然马克思强调生产劳动是社会生产力发展的基础，是剩余价值创造的源泉，但是在资本主义生产总过程中，剩余价值的生产既离不开剩余价值在流通领域的实现，也离不开商品使用价值在非流通领域的实现。也就是说，非流通领域的服务劳动对使用价值实现的作用，流通领域的服务劳动对剩余价值实现的作用，对于物质生产领域的剩余价值的生产也至关重要。而其剩余劳动被资本家无偿占有的雇佣工人，无论是不是直接生产剩余价值，无论是不是生产劳动者，都是无产阶级的一分子，都具有无产阶级的历史使命和革命性。怎么能说马克思的生产劳动理论否定了非生产劳动者的重要性和作用呢？

---

① 李锐. 马克思经济学—哲学视阈下的生产劳动和非生产劳动问题：基于《1861—1863年经济学手稿》文本研究的分析与探讨. 重庆理工大学学报（社会科学），2015（09）：68-74.

第 5 章　斯密与马克思关于价值分割和价值分配理论的比较

斯密与马克思关于价值分割和价值分配的理论，是斯密与马克思对近代市民社会内部矛盾的认识及其解决方案的哲学思考，是二者价值理论比较研究的落脚点。价值分割是指价值分割为利润、工资和地租，价值分配是指价值分配给资本家、工人和地主。斯密始终是在增加资本利润的逻辑下来看待资本家和工人之间的关系，他认为无须政府对经济的过多调节和干预，随着分工的发展和生产力的提高，生活资料的价格自然会降低，工人工资逐渐增加，同时购买力逐渐提高，从而工人的境遇得到改善和提高，最终实现社会各阶级的普遍富裕。而马克思是在劳动价值论的基础上揭示资本家对工人所创造的剩余价值的剥削，劳动者丧失了对生产资料的所有权，工人只拥有劳动力本身，只能通过出卖劳动力换取仅够维持其自身生存的生活资料，劳动日益从属于资本，伴随着工人被机器排挤，一方面工人工资相对下降，贫富差距不断拉大，另一方面资本平均利润率下降，周期性经济危机不断出现，二者共同导致工人与资本家的矛盾不断加深。

5.1　资本逻辑下斯密关于利润与工资之间关系的研究

斯密的价值分割和价值分配理论在斯密政治经济学体系中处于关键的位置。

从《国富论》第一篇的理论架构来看，斯密的分配学说被插在物价那一章中来讨论，坎南认为，斯密的分配学说只不过是他的物价学说的附属物。① 这一观点的依据在于：对斯密《国富论》创作史的研究证明，斯密未去法国以前就早已写好分工、货币、物价和各职业工资高低不同的原因等诸多部分，但分配计划还是个空白，而在接触到重农学派学说之后，斯密从重农主义者那里得到了必须补充一个分配计划的意见，斯密很可能认为他的物价学说连同工资理论、利润理论和地租理论恰好构成重农学派所谓的"分配"学说，因此他把自己所想的计划附在已写好的物价学说之内，最终把第一篇冠以"论劳动生产力增进的原因，并论劳动生产物自然而然地分配给各阶级人民的顺序"的标题。②

笔者认同上述关于斯密分配理论创作史的分析，但并不赞同坎南对斯密分配学说的理论定位，事实上，上述创作史的说明恰恰表明了分配问题在斯密理论中的关键地位，劳动生产物的分配问题在斯密那里转化为了生产过程中的分配问题，或者说斯密将生产和分配的关系颠倒过来了，这一颠倒性认识恰恰表明了其独特的理论特质和鲜明的理论倾向，即收入决定商品价值论。

5.1.1　对"经济人"的再阐释

价值分割和价值分配理论要回答的是价值如何分割、分配给谁的问题。斯密指出，"生产性劳动者、非生产性劳动者以及不劳动者，同样仰食于土地和劳动的年产物。"③ 其中，资本家和工人在斯密看来都属于生产性劳动者，而他们有一个共同的特质，即"经济人"。"经济人"不是仅仅追求个人利益的私人，而是扎根于伦理世界的人，实质上反映了斯密关于市民社会伦理性的观点。对"经济人"的认识是斯密价值分割和价值分配理论的前提性问题。

以往学界对斯密"经济人"的通常看法是：市场上的每个人都是追求

---

① ［英］坎南. 亚当·斯密关于法律、警察、岁入及军备的演讲. 北京：商务印书馆，1962：22 - 23.

② ［英］坎南. 亚当·斯密关于法律、警察、岁入及军备的演讲. 北京：商务印书馆，1962：23.

③ ［英］亚当·斯密. 国富论. 北京：商务印书馆，2015：313.

个人利益最大化的理性主体。"《国富论》的主要影响就在于，它为无限制地追求个人的自我利益奠定了有力的经济学证明。"① 个人的利益和社会的利益不是矛盾的，恰恰相反，"对自我利益的合理追求是一种完完全全的社会的善行"②，每个人在实现自身经济目的的同时，自然而然促进了社会整体福利的发展，市场"这只看不见的手"会促进社会资源的合理配置，而不需要政府过多干预，政府充当"守夜人"的角色就足够了。对"经济人"和《国富论》的这些解释构成当代经济和政治理论的哲学基础，尤其是由斯蒂格勒和弗里德曼为代表的芝加哥学派、理性选择理论和新古典主义等学派。③

而实际上，这些声称是从斯密那里获得的经济学词汇和原理其实是对斯密政治经济学的主观臆造和有意拆解，最终背离了斯密理论的真实含义和意图旨归。究其原因，有以下两个方面：

一方面，国际学界对《国富论》的实质内容采取了悬搁和忽视的态度。正如世界体系理论和新斯密马克思主义的代表人物乔万尼·阿里吉所言，在"以往的经济学大师"中，斯密可能是"其著作被引用最多而被阅读最少的一位"。④ 也就是说，虽然《国富论》被称为经济学的"圣经"，但人们对它的理论背景、真正主题以及与后来经济学发展之间的联系是不甚关心的，因而后人对斯密政治经济学理论的内在诉求、历史贡献和当代意义不可能准确把握，甚至存在不同程度的误解，"即使如米尔顿·弗里德曼那样杰出的经济学家，也承认不曾从头到尾认真读过一遍《国富论》"⑤，而《国富论》的这一研究现状直接影响到之后西方经济学的建构，乃至当今主流经济学的走向。

---

① [美]帕特里夏·沃哈恩. 亚当·斯密及其留给现代资本主义的遗产. 上海：上海译文出版社，2006：1.
② [美]帕特里夏·沃哈恩. 亚当·斯密及其留给现代资本主义的遗产. 上海：上海译文出版社，2006：4.
③ [美]帕特里夏·沃哈恩. 亚当·斯密及其留给现代资本主义的遗产. 上海：上海译文出版社，2006：5.
④ [意]乔万尼·阿里吉. 亚当·斯密在北京：21世纪的谱系. 北京：社会科学文献出版社，2009：34.
⑤ [匈]伊什特万·洪特，[加]米凯尔·伊格纳季耶夫. 财富与德性：苏格兰启蒙运动中政治经济学的发展. 杭州：浙江大学出版社，2013：译序第7页.

另一方面，国内学人对斯密的了解更是兴趣寡淡、知之甚少。"与国际上亚当·斯密研究日益兴旺的状况以及业已形成的斯密形象认知格局相比，中国人关于斯密的认识仍然十分粗陋甚至有一些误解。"① 相比于斯密作为经济学家和道德哲学家的双重身份，作为法理学教授乃至天文学家的斯密，对于学界众人以至普通民众是更为陌生的，甚至，作为斯密诸多身份中最为耀眼的经济学家这一角色，也被现代经济学家大大误解了。

因而，西方经济学无一不以亚当·斯密的"经济人假设""看不见的手"作为自由市场理论的基石，将这两个原则抽象化和原理化，将自由市场竞争和全面商品化、私有化作为现代商业社会发展的必由之路，并将这一道路普世化和模式化，以推广到其他国家，并对与之不同的社会发展道路予以理论攻击和现实干预，殊不知，他们对斯密经济理论的片面理解存在着根本的疏漏，因而以此建构的经济发展道路的唯一性也缺乏必然性和真理性，而这为其他道路的可行性提供了理论的可能性和现实性。正是基于此，对斯密"经济人"的实质和宗旨的把握具有至关重要的意义，而这必须建立在对斯密理论的完整准确的把握之上。

在斯密理论体系和学术视域中，其政治经济学研究与其道德哲学、自然法学研究是贯通的，"经济人"深深地扎根于伦理世界之中，斯密整个理论体系的最终旨归是实现市民社会中人的自由。

这一旨归也是启蒙思想家们的共同追求。与斯密不同，卢梭将人分为自然状态和社会状态，而斯密和弗格森都认为，根本不存在一个自然的人，人之所以成为人，是在与他人的社会交往中逐渐形成的，人的道德特性是从社会生活中得来的。② 所以，斯密将人理解为在商业社会中的人，他用这种形态的人来定义一切时代和一切状况下的人，其实也就是"经济人"，其面对资本主义生产方式初步确立的时代背景，面对资本积累和土地私有的状况。在这样的商业社会中，人与人之间的全面依赖关系，不仅

---

① [英]伊安·罗斯. 亚当·斯密传. 杭州：浙江大学出版社，2013：中文版序言.
② [英]亚历山大·布罗迪. 剑桥指南：苏格兰启蒙运动. 杭州：浙江大学出版社，2010：199-200.

靠看得见的货币使之具象化，还通过货币使之合理化、通约化、精细化，人与人之间的质的差异被换算为量的差异。①

斯密"经济人"的提出，所直接回应的就是国民财富的增进问题，他认为分工和交换是劳动生产力增进的原因，而这种分工和交换根源于人的本能，也就是说人的本性中就存在这种交换本能，这样的个人承担着分工劳动，正是后天的劳动分工才导致人与人在职业中的差异。由交换本能促进市场的形成，并进行自由、平等交换，因而成为支撑市民经济构造的根基。这种自立的能力、精神或者可能性是存在于每一个人自身中的，在商业社会中，这种自立自强的能力又进一步得到鼓励和完善，这是财富增进的原因，也是财富增进的结果，这样的具有市民伦理的人才是完善的。所以，从这种对人性的理解出发，斯密所说的"经济人"是一种有助于市场体制建构和国民财富增长的品质，不仅仅是一种利己心，也内含着利他心，其中，利己心是更为本原的，"每个人生来首先和主要关心自己"②，过分注重利他原理的人是"弱者"，这种不顺从天然的人性的人是妨害社会生活形成的重要因素。

需要注意的是，在斯密以前，自利心、自爱心与道德相去甚远，而在斯密这里，自利心和自爱心之所以能够上升为道德品质，是由于它们在社会中下阶层劳动者那里转化为每个人改善自己的生活状况的自然的努力，进而转化为劳动生产力，使资本不断地积累，提供了维持各社会阶层的劳动产品，特别是供养了非生产性劳动的阶层。新市民阶层即新兴的制造业者阶层和工资劳动者阶层，一方面，在劳动的过程中形成了正直、勤勉和节约的美德，因而受到尊敬，另一方面，在相互的竞争中考虑到他人道德情感的变化，如他人的嫉妒心，以平衡与他人之间的关系，因而他们在社会中进行行为选择的时候，对他人自觉采纳"公正的旁观者"的立场和"同情心"，采取谨慎、克制的情感表现和行为方式，如此才能缓和市民社会中利益的纷争。基于以上两点，自利心和自爱心便上升为谨慎的道德品

---

① [日]植村邦彦.何谓"市民社会"：基本概念的变迁史.南京：南京大学出版社，2014：132.
② [英]亚当·斯密.亚当·斯密全集（第1卷）：道德情操论.北京：商务印书馆，2014：102.

质。同时，斯密认为社会上对这一阶层所表现的市民道德的不公正评价，或者说出于非道德因素（如财富、权力、欺诈等）而对上流阶层所表现的尊重，则是道德情操败坏的原因。

可见，斯密将"经济人"同市民社会产生和发展时的特定社会阶层具体地结合起来，这种"经济人"不是指普遍意义上全部从事经济活动的人，而是指"中等和低等的阶层"。所谓的"中等和低等的阶层"是相对于"社会上等阶层"来说的，前者是指以中小资本家阶级（亦即新兴资产阶级）和工人阶级为代表的社会阶层，后者是指以大资本家阶级和封建上层阶级为代表的社会阶层，而且大资本家阶级往往与封建上层阶级有着千丝万缕的关系。斯密指出，"很幸运，在中等和低等的阶层中，取得美德的道路和取得财富（这种财富至少是这些阶层的人们能够合理地期望得到的）的道路在大多数情况下是极其相近的"①，因为"真正的、扎实的能力加上谨慎的、正直的、坚定而有节制的行为，大多会取得成功"②。所以，他们的这种自利心和自爱心往往与促进经济发展和社会福利的方向一致。但是，"通往美德的道路与通往财富的道路二者的方向有时截然相反"③，这就是斯密对"社会上等阶层"的判断。"社会上等阶层"是一些爱慕虚荣的人，他们为了追求财富放弃了通往美德的道路，这些充满野心的人真正追求的不是舒适和快乐，而是这种或那种荣誉，斯密说这种荣誉往往是一种已被极大地曲解的荣誉，因为他们对其所期待的幸福总是极为失望。④ 由此，他们的自利心和自爱心堵塞了通往美德的道路，因而，上等阶层不具有真正的"自利心"，不能上升为美德。

所以，斯密认为的"经济人"是理性的，而不是单纯的自私性，伦理性在经济内部而不是在经济外部，在利润面前难以抑制的利己性本能得到有效的规范，但在其后经济学的发展中，"经济人"逐渐变成单纯方法论

---

①② ［英］亚当·斯密. 亚当·斯密全集（第1卷）：道德情操论. 北京：商务印书馆，2014：74.

③ ［英］亚当·斯密. 亚当·斯密全集（第1卷）：道德情操论. 北京：商务印书馆，2014：76.

④ ［英］亚当·斯密. 亚当·斯密全集（第1卷）：道德情操论. 北京：商务印书馆，2014：76-77.

上的工具，其与经济伦理的关系被切断了。

5.1.2 资本家和工人之间的和谐关系

《道德情操论》和《国富论》在论述主题上是统一的，《道德情操论》中的道德心理学为《国富论》中制定的政治经济学制度打下了良好的基础。在《道德情操论》中，斯密批判了仅仅从自我利益出发，或仅仅从仁慈出发做出道德判断的思路，而主张只有立足于公正的旁观者视角，才能做出正确的道德判断。"与其说仁慈是社会存在的基础，还不如说正义是这种基础"，"正义犹如支撑整个大厦的主要支柱"。① 因而，如何实现正义，不仅是关乎道德的问题，而且是关乎社会基础的问题。基于此，《国富论》的主要目标就是提升对财富的正义且有效的追求。②

在经济思想史上，斯密第一次以收入来源的形式来划分社会阶级，以各阶级参与劳动过程的方式和程度来分配劳动产品。《国富论》从充分肯定人的自利心出发，正是出于对自身利益的追求，人自然生发出相互交换的本能，即交换倾向。工人、资本家和土地所有者通过参与到劳动过程中，分别将自己的劳动、预付资本和土地所有权参与到劳动生产过程中，因而从劳动生产物中分别获得工资、利润和地租。在斯密生产劳动的二重性定义中，这些社会阶级都从事生产劳动，而与不生产或非生产劳动的封建上层阶级截然不同。通过自由出卖劳动力获得相应报酬，是正义的行为，而且在劳动过程中形成的品格也是积极有益的。

（1）劳动工资的增加是社会财富增进的表现。

"劳动生产物构成劳动的自然报酬或自然工资。"③ 在土地私有和资本积累之前的原始社会状态下，劳动的全部生产物属于劳动者，这种状态如果持续下去，劳动工资将随着分工所引起的劳动生产力的增大而增加，而生产一切物品所需的劳动量却在变小，所以，购买各种商品所需要的劳动

---

① ［英］亚当·斯密. 亚当·斯密全集（第1卷）：道德情操论. 北京：商务印书馆，2014：107.

② ［美］查尔斯·格瑞斯沃德. 亚当·斯密与启蒙德性. 北京：生活·读书·新知三联书店，2021：311.

③ ［英］亚当·斯密. 国富论. 北京：商务印书馆，2015：59.

生产物也更少，一切物品尽管实际上变得低廉，但其中的有些商品却可以比以前交换更多数量的其他货物。①

但问题在于，这种状态不可能持续下去，因为这种状态在劳动生产力尚未有显著改善以前就早已经不复存在了，而劳动力的显著改善是在土地私有和资本积累的条件下实现的，"亚·斯密在这里非常确切地指出，劳动生产力真正大规模的发展，只是从劳动变为雇佣劳动，而劳动条件一方面作为土地所有权，和另一方面作为资本同劳动相对立的时刻才开始的。"②而在土地私有和资本积累已经发生的社会状态下，劳动者不能独享全部劳动生产物，而要与土地所有者和资本家共享，其中，土地所有者要求在劳动生产物中占有一定份额，这就成为付给地主的地租收入，而由于耕作劳动者需要农业家的资本来垫付他们的生活资料，以保障劳动者们能够有生活费以维持到庄稼收割的时候，所以农业资本家们也要求得到相当的利润以补偿他们所预付的资本，这是从劳动的生产物中扣除的第二个项目，在扣除掉利润和地租之后，劳动者获得了自己的工资收入。③

"劳动者的普通工资，到处都取决于劳资两方所订的契约。"④ 在这种契约关系中，劳资双方的势力是不对等的，劳动者们为多得工资而相互联合，资本家们为少给工资而相互结合。劳动者们的联合和资本家们的结合有着完全相反的特点：第一，雇主人数少，易团结，而劳动者人数多，不易团结；第二，雇主的结合为法律所允许，而劳动者的联合却为法律所禁止；第三，在争议过程中，雇主能坚持的时间更长，而失业劳动者却无法坚持较长时间；第四，就长时期来说，雇主需要劳动者的程度没有劳动者需要雇主的程度迫切；第五，雇主的结合对外界是保密的，"随时随地都有一种秘而不宣的团结一致的结合"⑤，这种秘密结合使得雇主占据着主动和先机，而工人们的防御或进攻往往以公开的方式进行，甚至采取暴力，这就给了雇主向官厅请求援助的理由，最终在官厅的干涉下，大多数

---

① [英] 亚当·斯密. 国富论. 北京：商务印书馆，2015：59.
② 马克思,恩格斯. 马克思恩格斯全集：第 33 卷 . 2 版 . 北京：人民出版社，2004：46.
③ [英] 亚当·斯密. 国富论. 北京：商务印书馆，2015：60.
④⑤ [英] 亚当·斯密. 国富论. 北京：商务印书馆，2015：61.

劳动者也无法持续反抗下去，因而只能屈服。① 所以雇主在与劳动者的争议中占据着有利地位。但劳动工资也不会无限降低，而是要在最低工资标准以上，使得劳动者可以赡养家室、传宗接代，斯密称为"一般人道标准的最低工资"②。

　　劳动工资在什么情况下增加呢？斯密认为，劳动工资的增加不是在庞大的现有国民财富的条件下出现的，而是在不断增长的国民财富的条件下实现的，即在最快变得富裕的国家中实现的。③ "进步状态实是社会各阶级快乐旺盛的状态。"④ 劳动报酬优厚，是国民财富增进的必然结果，也是国民财富增进的象征，而贫穷劳动者生活维持费的不足，是社会停滞不前的表现，劳动者若处于饥饿状态，则是社会极速退步的反映。⑤ 斯密认为，很明显，下层阶级生活状况的改善对社会更有利，因为这一群体在任何社会中都占据了最大部分，这部分人群如果陷入贫困悲惨的境况，那么这个社会不能称为繁荣幸福的社会，而只有他们能够从自身劳动生产物中获得相应的衣食住条件的社会才是公正的。⑥

　　丰厚的劳动报酬能够产生积极的影响。其一，这使劳动者能够养大自己的孩子，能够不断增加人口，来供给不断增加的劳动需求，这样可以防止由于人口的减少而导致劳动报酬被抬高，使劳动报酬保持在合理的范围内。⑦ 其二，充足的劳动报酬鼓励人们勤勉，使得他们更加努力。⑧ 其三，"丰富的生活资料，使得劳动者体力增进，而生活改善和晚景优裕的愉快希望，使他们益加努力"⑨。

　　斯密对劳动工人处境的同情和对劳动工资增长的支持，是具有显著的历史进步性的。这是因为，在重商主义时期，劳动者理所当然地被视为贫

---

① ［英］亚当·斯密. 国富论. 北京：商务印书馆，2015：61-63.
② ［英］亚当·斯密. 国富论. 北京：商务印书馆，2015：63.
③ ［英］亚当·斯密. 国富论. 北京：商务印书馆，2015：64.
④ ［英］亚当·斯密. 国富论. 北京：商务印书馆，2015：75.
⑤ ［英］亚当·斯密. 国富论. 北京：商务印书馆，2015：67.
⑥ ［英］亚当·斯密. 国富论. 北京：商务印书馆，2015：72-73.
⑦ ［英］亚当·斯密. 国富论. 北京：商务印书馆，2015：74.
⑧⑨ ［英］亚当·斯密. 国富论. 北京：商务印书馆，2015：75.

民,"占主导地位的几乎完全不受怀疑的观点是,穷人应该继续贫穷"①。在重商主义时代,劳动者生产的产品主要面向海外市场,工资被纳入生产成本中,剥削阶级倾向于压低工资并将劳动者看作是怠惰的,劳动者一般不作为独立的社会阶级存在,而作为从属的、低等的贫困阶层而受到轻视和厌恶。此外,在将劳动者看作人力时,劳动者虽然曾作为国家财富的源泉、贸易顺差的有利因素而受到认可,但这是以低工资劳动者和大量劳动者为条件的,因而劳动者就始终必然是过剩而工资低廉的"贫民",工资也就不是与独立的社会阶级相对立的独立的收入范畴,而是在济贫法中被看作对"贫民"的救助金或生活赡养费,结果就是国家或所有者阶级感到工资是经济上的负担,而不考虑它在国内市场发挥的国民经济机能。

"18世纪见证了对待穷人态度的巨大变化"②。在18世纪的初期和中期,传统的基督教社会等级观念仍然占主导地位,穷人永远生活在社会底层,到了18世纪末,康德说,人人都应该能够通过"智慧、勤奋和幸运"获得相应的社会地位。③ 而发生这一变革的根本原因,在于社会生产力的变化。到了18世纪下半叶,分工协作的组织化、机械化,以及由此带来的劳动生产率的提高,催生了遵守纪律、劳动意愿旺盛的劳动者,剩余价值量的扩大也不仅仅依赖于劳动时间的延长,而是技能型工人的主体性地位逐渐凸显。在此背景下,斯密一方面将工资看作生产成本,看作产品的价格组成部分,工人的工资是工人将自己的劳动投入到产品上所得到的回报或补偿,因而工资部分必然要体现在所出售的商品中;另一方面,与重商主义不同,斯密将工资理解为消费能力,主张增加劳动者的工资。因而,劳动者具有生产者和消费者双重角色。"工资论中属于斯密的东西是,他将工资现象理解为正常的、发展的国民经济现象的一部分。"④ 斯密发现,在把生产能力当作一种商品的商业环境中,劳动者获得了独立性,这使他们可以进行竞争,用自己的生产能力进行讨价还价,因而可以改善自己的境况。在完全竞争的条件下,有产者之间的竞争限制了有产者之间的

---

① [美]塞缪尔·弗莱施哈克尔. 分配正义简史. 南京:译林出版社,2010:74.
②③ [美]塞缪尔·弗莱施哈克尔. 分配正义简史. 南京:译林出版社,2010:75.
④ [日]大河内一男. 过渡时期的经济思想:亚当·斯密与弗·李斯特. 北京:中国人民大学出版社,2000:178.

权力，同时为劳动创造了充分就业和竞争的环境，因此，虽然经济平等永远无法达到，但自由竞争的市场却能够把权力"拉平"，从而会强化劳动者的自由和经济待遇。①

（2）资本的增加导致利润的下降。

"在古典学派意义上的资本利润，作为一个新范畴的阶级收入而出现，就不仅是概念问题，而且是历史现象。"② 在商人这个特殊阶级出现之后，资本逐渐区分为两种，一种是消极加以利用的资本，如"农场里的土地"或"生息的货币"，一种是积极加以利用的资本，如"贸易中的货物"，前者得到的往往是普通收益，而后者得到的是高于普通利率的纯收益即"利润"。③ 在18世纪以后，利润才变成与使用资本雇佣工资劳动者相联系的一种特殊收入，到这时才将利润同货币利息、地租区分开。

"斯密在政治经济学理论发展上的功绩之一，就是他不仅提出了利润这个范畴，而且在劳动价值论的基础上指出了剩余劳动是包括利润和地租在内的剩余价值的源泉。"④ 通过之前的分析，我们知道，重商主义只是从交换价值的层面去看待价值，重农主义也是从农业劳动中去看待价值和剩余价值的创造，他们所得到的只是劳动的使用价值，而斯密一开始就是从劳动一般维度来看价值的来源，从劳动时间的角度来看剩余价值的创造。"剩余价值……不过是劳动的物的条件的所有者在同活劳动的交换中占有的这种劳动的一部分。"⑤

斯密通过"资本相互间竞争"来说明利润率下降规律。由于资本积累引起财富增大，各资本就要围绕销路展开竞争，商品出售的价格就会降低，那么工资的实际购买力提升，工人的工资得以提高，社会各个阶层的生活水平得以改善，虽然利润率由此有可能逐渐下降，但利润量还在增加，资本家如果按照农业、工业、国内商业这个自然顺序进行投资，那么

---

① ［美］帕特里夏·沃哈恩. 亚当·斯密及其留给现代资本主义的遗产. 上海：上海译文出版社，2006：19-20.
② ［英］米克. 劳动价值学说的研究. 北京：商务印书馆，2020：80.
③ ［英］米克. 劳动价值学说的研究. 北京：商务印书馆，2020：81.
④ 陈岱孙. 陈岱孙文集（下）. 北京：北京大学出版社，1989：610.
⑤ 马克思，恩格斯. 马克思恩格斯全集：第33卷.2版. 北京：人民出版社，2004：62.

资本积累仍然在发挥着作用，而雇佣工人只有努力劳动，才能在这个限度内改善生活。

所以，斯密是按照资本积累—劳动需要量增大—工资提高—利润率下降这个顺序，但是他又认为，劳动人口是按照需要增加的，利润率下降的原因只不过是一时的作用而已，它迟早要被消灭。或者说应该这样去看：由于资本积累所提高的只是工业的生产力，而生产雇佣工人的主要生活资料谷物的农业生产力是追赶不上工业生产力的，因此应当这样发展：资本积累—劳动需要量增大—谷物需要量增大—耕地有限—谷物价格提高—名义工资提高—地主的级差地租增加—利润率下降，因而，在斯密看来，耕地产量递减规律引起级差地租的增加，才是造成利润率下降的真正原因。①

相比起封建侍从、家臣对领主的依赖，商业自身通过改善贫穷劳动者的命运，使之较少依赖富人，从而提供了另一条对抗劳动者非人化的道路。② 这是对封建阶级以血缘关系占有劳动产物的特权的根本否定，这在理论上充分肯定了资本家（包括农业资本家阶级即地主）和工人在新的社会形态中的积极作用，因而具有反封建的划时代意义，从而一举将新兴资产阶级推上历史舞台的中央，宣告了资本家阶级取代封建特权阶级的必然性。而具有反讽意味的是，斯密的这些表述同样可以用于揭示资本家阶级和工人阶级之间的矛盾，对此，斯密是早就注意到的。一方面，劳动生产力的提高无疑离不开工人阶级的劳动过程；另一方面，劳动过程的展开又离不开资财的蓄积。在斯密那里，国民财富的来源从劳动转变为节约，这凸显了斯密逻辑内的转变和矛盾。但总体上，斯密认为：虽然社会存在不平等，财富还是在向社会的方方面面分布，社会生活会比过去有所改善，这是文明社会的基本状态。③

---

① 黄晓武. 马克思主义研究资料（第5卷）：《1857—1858年经济学手稿》研究. 北京：中央编译出版社，2014：389-390.

② [美] 查尔斯·格瑞斯沃德. 亚当·斯密与启蒙德性. 北京：生活·读书·新知三联书店，2021：352.

③ [日] 内田弘. 新版《政治经济学批判大纲》的研究. 北京：北京师范大学出版社，2011：19.

5.1.3 斯密市民社会理论的破产

市民社会这一概念的内涵经历了历史性变化，在古希腊是指伦理共同体，在中世纪是指政治共同体，文艺复兴之后是指世俗国家，在霍布斯、洛克那里是指与未开化的社会相对立的阶段，在弗格森和斯密那里是指商业社会、文明社会，在黑格尔那里是与国家相对立的概念，彻底实现了国家与市民社会的分离。这一概念的具体变化如下：

市民社会最初在亚里士多德《政治学》中指"国家共同体""最高共同体"，是以最高级别的善为目标的共同体，亦即"城邦"。① 到中世纪，《政治学》的拉丁文译本中，"最高共同体"被译为"政治共同体"，在基督教神学家看来就是被置于神性共同体的教会之下的"世俗性"共同体。② 文艺复兴时期，从亚里士多德的用语翻译过来的拉丁语"societas civilis"，作为表示世俗国家的概念被广为使用。③ 到17世纪，在霍布斯和洛克的著作中，作为亚里士多德词汇的"civil society"被"Commonwealth"取代，融入了与"未开化民族"形成对照的、近代欧洲各国国民的"生活方式"之含义，这不仅意味着"凭借共同权利而实施统治"，而且还意味着形成"人口众多、长寿，享受到通过和平以及与社会的结合而能创造出和获得的、具有生活的舒适和高品质"的"社会"。④ 到18世纪，卢梭仍然遵从亚里士多德式或者洛克式的遣词法，将"societas civilis"作为与"政治社会"相置换的概念继续使用。⑤

弗格森反对卢梭原始人孤立说和霍布斯的战争状态论，而认为"社会"就是人类存在的本质形式，所谓"市民社会的历史"就是"形成国家

---

① [日]植村邦彦. 何谓"市民社会"：基本概念的变迁史. 南京：南京大学出版社，2014：11-12.
② [日]植村邦彦. 何谓"市民社会"：基本概念的变迁史. 南京：南京大学出版社，2014：14-16.
③ [日]植村邦彦. 何谓"市民社会"：基本概念的变迁史. 南京：南京大学出版社，2014：17-19.
④ [日]植村邦彦. 何谓"市民社会"：基本概念的变迁史. 南京：南京大学出版社，2014：35.
⑤ [日]植村邦彦. 何谓"市民社会"：基本概念的变迁史. 南京：南京大学出版社，2014：42.

的各民族的历史","有教养的社会"与"国家—市民社会"为同义语,即"商业"的社会。① 休谟和斯密的"文明化社会"取代了弗格森带有双重含义的"有教养的社会",因此,不是《市民社会史论》而是《国富论》,不是"公共之善(public good)而是普遍富裕(universal opulence)",成为此后欧洲思想史的基础框架。②

加尔夫所翻译的《国富论》德文版与席勒译本相比的最大特点是将"社会"全部翻译为"市民社会",即"商业社会"③,而黑格尔在写1817—1818年海德堡讲义时很可能重读了加尔夫版《国富论》,从而受到了加尔夫译词的影响④。黑格尔最初读过《国富论》后,他面临的一个课题就是如何厘清斯密所描述的商业社会和国家之间的关系,黑格尔为了将"布尔乔亚(bourgeois)=市民"的生活领域与"市民(citoyen)=国家市民"的公共领域作为两个不同概念区分开来,在1805年、1806年到1817年、1818年之间,翻阅了加尔夫译的《国富论》,把斯密"文明化的商业社会"的用语,作为指代"(作为布尔乔亚的)市民"社会关系领域最为合适的用语接受下来,完全脱离了传统政治学,崭新的"市民社会"概念由此成立。⑤ 黑格尔市民社会概念的实质内涵是通过社会分工和商品交换作为介质形成相互依赖的"需求体系"。⑥ 在《法哲学原理》的"国家"章中,黑格尔指出"市民社会是个人私利的战场,是一切人反对一切人的战场,同样,市民社会也是私人利益跟特殊公共事务冲突的舞台,并且是它们二者共同跟国家的最高观点和制度冲突的舞台"⑦。

---

① [日]植村邦彦. 何谓"市民社会":基本概念的变迁史. 南京:南京大学出版社,2014:43-45.
② [日]植村邦彦. 何谓"市民社会":基本概念的变迁史. 南京:南京大学出版社,2014:62.
③ [日]植村邦彦. 何谓"市民社会":基本概念的变迁史. 南京:南京大学出版社,2014:70-71.
④ [日]植村邦彦. 何谓"市民社会":基本概念的变迁史. 南京:南京大学出版社,2014:80-81.
⑤ [日]植村邦彦. 何谓"市民社会":基本概念的变迁史. 南京:南京大学出版社,2014:80-83.
⑥ [日]植村邦彦. 何谓"市民社会":基本概念的变迁史. 南京:南京大学出版社,2014:96.
⑦ [德]黑格尔. 法哲学原理. 北京:商务印书馆,1961:309.

对斯密来说，尽管存在阶级所得差异，但"普遍性富裕"的扩大，才是"文明化的商业社会"值得推崇的长处。这种普遍富裕是以财产权的普遍确立为标志的，而政府是为了保障财产权和实现普遍富裕而建立起来的，"在财产权还没建立以前，不可能有什么政府"①，"财产权的保护和财产的不平均是最初建立政府的原因"②，因而，政府的功能"实际就是保护富者来抵抗贫者，或者说，保护有产者来抵抗无产者"③。然而，"有大财产的所在，就是有大不平等的所在"④，这是因为"少数人的富裕，是以多数人的贫乏为前提的"⑤。所以政府的产生，一方面是为了要保护有产者的财产，另一方面又是为了维护无产者和有产者之间的一定范围内的公正。

斯密的这种矛盾性在《国富论》中随处可见。例如，他在讨论社会分工问题时指出，一方面，它可以促进社会生产力的增进，鼓励劳动分工的进一步发展，另一方面，过度的分工会损害劳动者的身体健康，使工人局限于少数极单纯的操作上，影响工人的智力发展，"而变成最愚钝最无知的人"⑥，其结果是对私人日常生活和国家利益不能做出适当的判断，因而要对劳动分工的弊端予以警惕，推动工人阶级生存处境的改善。⑦ 再如，一方面，"他们⑧从一开始就把分工看作资本的生产力，因为他们所强调和看到的几乎只是这样一种情况，即由于分工，商品变得更便宜了，生产某个商品所需的必要劳动时间减少了，或者说，在同样的必要劳动时间内能生产出更多的商品，因而单个商品的交换价值降低了"⑨，这意味着，工人生活资料的成本下降而工资在增加，因而工人的生活境况是越来越好的；但另一方面，他又承认现实中的工人总是处于一种与资本家相比

---

① ［英］坎南. 亚当·斯密关于法律、警察、岁入及军备的演讲. 北京：商务印书馆，1962：41.
② ［英］坎南. 亚当·斯密关于法律、警察、岁入及军备的演讲. 北京：商务印书馆，1962：35.
③ ［英］亚当·斯密. 国富论. 北京：商务印书馆，2015：684.
④⑤ ［英］亚当·斯密. 国富论. 北京：商务印书馆，2015：679.
⑥ ［英］亚当·斯密. 国富论. 北京：商务印书馆，2015：746.
⑦ ［英］亚当·斯密. 国富论. 北京：商务印书馆，2015：745-746.
⑧ "他们"在这里指斯密和他的先驱者。
⑨ 马克思，恩格斯. 马克思恩格斯全集：第32卷.2版. 北京：人民出版社，1998：309.

很不利的经济地位上，因为资本家们总是联合起来对抗无产者，迫使无产者的工资降低并始终保持在最低工资水平上。

面对商业社会中存在的不公正现象，斯密在法律和伦理道德层面提出了积极的应对方案。在法律层面，斯密设想建立一个严正的司法行政机构以保护人民不受他人的欺侮或压迫。① 在伦理道德层面，斯密极力给予富人以训诫，斯密指出，穷人对富人所表现的顺从和尊敬，是出于对富人的优越境遇的羡慕，实际上是对一种完美和幸福状态的抽象的想象，这种想象甚至变成穷人一切欲望的终结目标，斯密认为这实质上是一种虚荣，真正使人获得钦佩的不应该是财富和地位，而应该是智慧和美德，否则就会引起道德情操的败坏。② 此外，斯密也提出了很多帮助穷人摆脱贫困的建议，比如对富人征收更高的税，用这些税收进行公共建设，以改善穷人的生活境况。③ 其中，最重要的是青年教育设施的费用，使得穷人能够接受教育，去抵抗劳动分工对他们精神上的破坏，以培养他们的道德和政治判断能力。④ 在斯密所处的时代中，社会主流意识形态将穷人与懒惰、服从相勾连，而斯密"几乎是单枪匹马地改变了限制性的、歧视性的政策所体现出来的穷人应该永远穷下去的态度"⑤，而仅这就已经产生了划时代的意义，与此同时，不难发现这些举措也只是消极建议，目标在于消除限制穷人自由出卖劳动力的障碍，而不是为他们提供物质财富。所以，斯密实际上并没有能够解决工人阶级和资本家阶级之间的矛盾，也没能解决工人阶级的贫困问题。

黑格尔就是从这一点入手的。黑格尔认为斯密没能解决"市民社会"中工人阶级的贫困问题，而正是这一问题最终导致"劳动贫民"从"市民社会"中坠落，成为反社会存在的"贱民"，最终对整个市民社会的建构起到根本消解的作用。黑格尔指出，市民社会的发展意味着人口增多和工

---

① ［英］亚当·斯密. 国富论. 北京：商务印书馆，2015：678.
② ［英］亚当·斯密. 亚当·斯密全集（第1卷）：道德情操论. 北京：商务印书馆，2014：72－78.
③ ［英］亚当·斯密. 国富论. 北京：商务印书馆，2015：814－832.
④ ［英］亚当·斯密. 国富论. 北京：商务印书馆，2015：726－752.
⑤ ［美］塞缪尔·弗莱施哈克尔. 分配正义简史. 南京：译林出版社，2010：88.

业进步，于是产生了双重普遍性，一是人们通过他们的需要而形成的联系变得普遍化，二是为准备和提供满足需要之手段的方式也变得普遍化。这两重普遍化产生了两个结果，一方面是利润的增长带来的财富积累，另一方面是劳动的细分和限制，使得劳动阶级的依附性和贫困化加剧，从而导致他们失去更广泛的自由，特别是失去了感受市民社会所带来的精神上的益处的可能性。① 当贫困进一步发展，广大群众的生活下降到某种生存水平，从而丧失了通过自食其力的劳动所获得的这种正当、正直和自尊的感情时，产生对富人、对社会、对政府等等的内在愤怒时，就会产生贱民。② 贱民问题并不随着斯密所说的"普遍富裕"的出现而得到解决，如何防止贱民的出现是黑格尔市民社会理论中的一个重要问题。

对黑格尔的贱民概念需要做进一步的分析。首先，"贫困自身并不使人就成为贱民，贱民只是决定于跟贫困相结合的情绪，即决定于对富人、对社会、对政府等等的内心反抗。此外，与这种情绪相联系的是，由于依赖偶然性，人也变得轻佻放浪，害怕劳动……这样一来，在贱民中就产生了恶习，它不以自食其力为荣，而以恳扰求乞为生并作为它的权利。"③ 其次，贱民在黑格尔那里是指"人格减等"的"肉体生命"，之所以人格是减等的，是因为人格的确认首先要依靠财产权，财产被规定为自由最初的定在，是人的自由意志活动的场域，而贱民虽然在政治上被赋予了公民权，却陷入了无法将抽象权利现实化的境地，在经济领域并未被赋予实质上的财产权。最后，虽然贱民在黑格尔那里更多的是"自贱"而不是"人贱"，但"自贱"是建立在"人贱"的基础上的，所谓"人贱"是"这个社会基于财富占有差别而形成的不同阶层之间的巨大精神、心理、情绪拒斥与对抗，是在上富有者对在下贫困者的一种心理鄙视"④，所谓"自贱"是"贫困者自身基于物质贫困而进一步形成的精神贫困，是贫困者一系列恶习陋俗的形成"⑤，"而无论在上述何种意义上出现的贱民，对于市民社会本身而言，却是一种病症与不幸，它有可能引起社会自

---

①② ［德］黑格尔. 法哲学原理. 北京：商务印书馆，1961：244.
③ ［德］黑格尔. 法哲学原理. 北京：商务印书馆，1961：244-245.
④⑤ 高兆明. 黑格尔《法哲学原理》导读. 北京：商务印书馆，2010：498.

身的分裂、动荡"①。

　　贱民出现的前提是贫困问题,"怎样解决贫困,是推动现代社会并使它感到苦恼的一个重要问题"②。黑格尔认为,在救济穷人、消除贫困的方案上,无论是富人阶级的捐赠,还是通过给予穷人工作机会而导致生产量的大增乃至过剩,都不能阻止这种贱民的产生,"这里就显露出,尽管财富过剩,市民社会总是不够富足的,这就是说,市民社会所占有而属于它所有的财产,如果用来防止过分贫困和贱民的产生,总是不够的"③。

　　因而,借由黑格尔对斯密的批判,能够发现斯密的市民社会理论无法解决贱民问题,因而斯密的市民社会理论在很大可能上趋于破产。

5.2　劳动逻辑下马克思关于利润与工资之间关系的研究

　　马克思的价值分割和价值分配理论在其经济哲学体系中的位置与斯密不同,这是由于马克思与斯密对于价值生产和价值分配之间关系的认识不同。斯密虽然也肯定了生产的意义,即肯定了劳动生产力在价值创造中的作用,但是他又认为"分配先于生产,成为生产的前提"④,没有作为分配形式的利润,就没有作为生产要素的资本,那么生产就无从展开;马克思对此指出"生产实际上有它的条件和前提,这些条件和前提构成生产的要素"⑤,这些要素最开始表现为自然的存在,这些自然的存在通过生产过程变成历史的东西,"对于这一个时期表现为生产的自然前提,对于前一个时期就是生产的历史结果"⑥,所以,表现为新的生产过程的前提条件的分配形式也是生产的结果,分配是由生产决定的。⑦

　　马克思进一步指出,"如果看看普通的经济学著作,首先令人注目的是,在这些著作里什么都被提出两次。"⑧ 在斯密理论中,在分配上出现的是地租、工资、利息和利润,而在生产上作为生产要素出现的是土地、劳动和资本。以资本为例,"说到资本,一开始就清楚,它被提出了

---

①　高兆明.黑格尔《法哲学原理》导读.北京:商务印书馆,2010:498.
②③　[德]黑格尔.法哲学原理.北京:商务印书馆,1961:245.
④⑤⑥⑦　马克思,恩格斯.马克思恩格斯全集:第30卷.2版.北京:人民出版社,1995:38.
⑧　马克思,恩格斯.马克思恩格斯全集:第30卷.2版.北京:人民出版社,1995:36.

两次：(1) 作为生产要素；(2) 作为收入源泉，作为决定一定的分配形式的东西。"① 利息和利润一方面作为资本，用以购买劳动资料、劳动力，以不变资本和可变资本的形式投入到商品生产的环节中，另一方面又是劳动生产物的分配形式。以工资为例，工资既以雇佣劳动的形式为前提，又是劳动参与产品分配的方式，个人以雇佣劳动的形式参与生产，并以工资形式参与产品、生产成果的分配。②

"所以，分配关系和分配方式只是表现为生产要素的背面"③，"分配的结构完全决定于生产的结构"④，那么照这样来看，分配形式是一定社会中的生产各要素借以得到确定的最确切的表现⑤，所以，马克思认为，在分配是产品的分配之前，它是(1) 生产工具的分配，(2) 社会成员在各类生产之间的分配⑥，在考察生产时不能撇开这些分配，否则生产只是一个空洞的抽象，但这不意味着这些分配方式先于生产而成为生产的前提，实际上这些分配方式只能看作再生产的前提，而生产本身有其自身的条件和自然前提，所以要首先深入到生产的内部进行讨论。

5.2.1 人的社会性本质：劳动力价值的历史性确证

马克思所谈论的不是某种抽象的人，不是某种想象的或被赋予的存在，而是以社会关系为本质的存在。

一方面，在资产阶级社会的表象层面，工人的工资表示的是劳动的价格和价值；另一方面，根据商品价值规律，生产商品的劳动量决定该商品的价值量。从以上两方面可推出，资本家付给工人的工资与商品的价值相等，而若果真如此，剩余价值将无从产生，资本家无法获得利润。显然，资本家对利润来源的理解不是这样的，他们认为利润是从低于价值购买生产资料和高于价值出售商品这一市场交易过程中产生的。实际上，在商品市场上同货币占有者直接对立的不是劳动，而是工人，确切地说，是工人的劳动力，在工人被迫出卖了劳动力之后，工人的劳动也就不再属于工人

---

①②③④ 马克思，恩格斯. 马克思恩格斯全集：第 30 卷. 2 版. 北京：人民出版社，1995：36.

⑤⑥ 马克思，恩格斯. 马克思恩格斯全集：第 30 卷. 2 版. 北京：人民出版社，1995：37.

自身，因而也就不能再被工人出卖了。"劳动是价值的实体和内在尺度，但是它本身没有价值"①，"劳动价值"这一用语是生产关系本质的表现，但却是颠倒的表现。

劳动力的价值是怎样表现为工资的呢？工资按其本意和概念来说，是表现劳动本身的价值和价格的形式。但工资的形式既掩盖了工作日关于必要劳动和剩余劳动的区别，也掩盖了有酬劳动和无酬劳动相区别的一切痕迹，这样全部劳动都表现为有酬劳动。② 与之相对应的是，奴隶劳动全部表现为无酬劳动，"在奴隶劳动下，所有权关系掩盖了奴隶为自己的劳动，而在雇佣劳动下，货币关系掩盖了雇佣工人的无代价劳动。"③ 两种劳动的本质都是剥削阶级对剩余劳动的无偿占有。工资的形式使得劳动力价值转化为劳动的价值，并产生了重要意义，"工人和资本家的一切法的观念，资本主义生产方式的一切神秘性，这一生产方式所产生的一切自由幻觉，庸俗经济学的一切辩护遁词，都是以这个表现形式为依据的。"④

无论是资本家用一定量的货币来购买劳动力，还是商品的出售，遵循的都是等价交换，符合商品价值规律。问题在于，马克思认为，这种等价交换是形式上的平等，这种所谓的平等是资本家强加给工人的，这种强加表现在相辅相成的两个方面。一方面是资本家在历史上通过各种血腥和残暴的手段所积累的物质财富，这些物质财富以法律的形式明确宣称其归属于资本家阶级，并被宣扬为资本家们勤劳节俭的结果，而依此标准将穷人视为懒惰享乐的群体，进而在意识形态领域为资本家辩护；另一方面是工人们被剥夺了生产资料，因而他们只能被迫出卖劳动力，而又由于资本的集中和产业后备军的壮大，工人阶级内部也存在着激烈竞争，因而劳动力价值的定价优先权和主动权并不掌握在工人阶级一方，资产阶级所秉持的一直是最低工资标准，即以最低标准满足工人阶级及其子女的物质生活需要。

另外，劳动力和劳动力的职能即有用劳动是两个不同的概念，资本家所购买的是工人的劳动力，而工人给资本家提供的"使用价值"是具体的

---

① 马克思. 资本论：第1卷.2版. 北京：人民出版社，2004：615.
②③④ 马克思. 资本论：第1卷.2版. 北京：人民出版社，2004：619.

有用劳动，这种劳动同时也是形成价值的一般要素，由此使得劳动力商品与其他一切商品区别开来。"资本家不是作为这种或那种个人属性的体现者来统治工人，而只是在他是'资本'的范围内来统治工人；他的统治只不过是对象化劳动对活劳动的统治，工人的产品对工人本身的统治。"① 同样，劳动力和劳动对应于工人的劳动时间中的必要劳动和剩余劳动，必要劳动是指再生产劳动力价值的部分，这种劳动不以劳动的社会形式为转移，对工人来说是必要的，这为资本家弥补了他们付给工人工资的部分，补偿了预付的可变资本的价值，而剩余劳动是工人超过必要劳动的界限，不对工人形成价值，而为资本家创造了剩余价值。②

工资虽然在现象层面表示的是劳动的价格③，但实际上却是劳动力的价值，即由资本家购买来的劳动力商品的价值，所以工资的确定实际上是由劳动力价值来衡量的，而不是由资本家宣称的由工人劳动产物的价值来衡量。那么劳动力价值是如何被决定的呢？与任何其他商品的价值一样，劳动力商品的价值是由生产和再生产这一商品所必要的劳动时间决定的。"就劳动力代表价值来说，它本身只代表在它身上对象化的一定量的社会平均劳动。"④ 劳动力所代表的是活的个人的能力，因此，活的个人的存在是劳动力生产的前提，也就是说，劳动力的生产必须建立在人本身的再生产或维持基础上，而这就需要生活资料。可以得出，生产劳动力所必要的劳动时间，可以归结为生产这些生活资料所必要的劳动时间，"劳动力价值是由平均工人通常必要的生活资料的价值决定的"⑤。劳动力只有表现出来即在劳动的过程中才能发挥出来，而这必然消耗人的一定的体力和脑力，这些消耗只有重新得到补偿才能使劳动力持续运转下去，而这种能够维持劳动者个人正常生活的生产资料的量和方式，是在具体的历史条件下形成的，除了工人自身生活资料的补充外，还要提供工人子女的生活资

---

① 马克思，恩格斯. 马克思恩格斯全集：第 37 卷. 2 版. 北京：人民出版社，2019：316.
② 马克思. 资本论：第 1 卷. 2 版. 北京：人民出版社，2004：249-251.
③ 马克思. 资本论：第 1 卷. 2 版. 北京：人民出版社，2004：613.
④ 马克思. 资本论：第 1 卷. 2 版. 北京：人民出版社，2004：198.
⑤ 马克思. 资本论：第 1 卷. 2 版. 北京：人民出版社，2004：593.

料，以及一定的教育或训练费用。①

　　劳动能力的特殊性在于，劳动能力只有卖出去，对工人才是有用的，劳动能力在卖出去之前已经消耗了一定的生活资料，而劳动能力的再生产又不断需要新的生活资料。② 由于劳动能力在进入流通以前已经耗费了一定量的社会劳动，因而和其他商品的价值一样，劳动能力的价值是已经确定的，而它的使用价值只是在以后才能实现。③ 因此，卖者在形式上的使用价值的让渡和实际上的使用价值的转让，在时间上不是同时完成的，而是分开的。④ 在工资的支付形式上，更容易表现出两个过程在时间上的差异和对资本家的利好，在资本主义生产方式下，工人是把劳动力的使用价值预付给资本家，并供资本家使用和消费后，才获得报酬的，所以实际上是工人给资本家以信贷，劳动力的购买是在商品市场的交换中实现的，而劳动力的使用是在市场以外、流通领域以外的地方进行的，即生产的地方进行的。⑤

5.2.2　近代市民社会的阶级属性：资本家和工人之间的对抗性关系

　　马克思对斯密价值理论的批判不是完全的否定，尽管马克思并不赞同斯密把资本家和工人之间的关系看作是总体上的和谐合作关系，但马克思也没有全然否定两大阶级之间的"技术—合作"关系，并在其基础上强调了两大主体间的"权力—支配"关系。这是因为，资本主义生产过程具有二重性，既是生产产品的劳动过程，又是价值增殖过程。⑥ 但从资本主义生产关系的实质出发，马克思认为资本家和工人之间存在着根本对抗性的权利关系，分工带来社会生产力的提高，进而导致社会财富的增加，并不意味着工人阶级生存状况的必然改善和贫困问题的自行消失，更不意味工人阶级和资产阶级之间的矛盾趋于消失，工人阶级自身权益的维护和保障是工人阶级与资产阶级斗争的结果。

　　马克思所说的资本家和工人，"只是经济范畴的人格化，是一定的阶

---

① 马克思. 资本论：第1卷. 2版. 北京：人民出版社，2004：198-200.
②③④ 马克思. 资本论：第1卷. 2版. 北京：人民出版社，2004：202.
⑤ 马克思. 资本论：第1卷. 2版. 北京：人民出版社，2004：202-204.
⑥ 马克思. 资本论：第1卷. 2版. 北京：人民出版社，2004：229-230.

级关系和利益的承担者"①,"……不过是经济关系的人格化"②,其中,资本家"作为人格化的、有意志和意识的资本执行职能"③,其活动的唯一动机是越来越多地占有抽象财富,而"工人不过是人格化的劳动时间"④。可见,对资本家和工人之间的关系的研究离不开对二者所处的经济关系的考察,亦即对资本主义生产方式的解读。资本家和工人的对抗性关系具体体现在资本主义劳动分工体系中。"亚·斯密没有把分工看作是资本主义生产方式所特有的东西,他没有看到分工同机器和简单协作一起不仅仅在形式上改变了劳动,而且由于把劳动从属于资本而在实际上使劳动发生了变化。"⑤马克思则从资本主义劳动分工中看到分工改变了资本与劳动之间的关系,实现了资本对劳动的联合,劳动对资本从形式上的隶属转变为实质上的隶属,劳动的生产力表现为资本的生产力,资本取代劳动成为社会生产能力的主体,工人逐渐丧失了在劳动过程中的主导地位。这样的历史过程具体分为以下三个阶段,即初期工场手工业、工场手工业和机器大工业,它们分别代表着三种物质生产方式,并分别对应着劳动过程隶属于资本的三个变化。

(1) 简单协作下的初期工场手工业:劳动的社会生产力表现为资本的生产力。

首先,"资本主义生产实际上是在同一个资本同时雇用人数较多的工人,因而劳动过程扩大了自己的规模并提供了较大量的产品的时候才开始的。"⑥ "人数较多的工人在同一时间、同一空间(或者说同一劳动场所),为了生产同种商品,在同一资本家的指挥下工作,这在历史上和概念上都是资本主义生产的起点。"⑦ 从起点的标准来看,初期的工场手工业和封建行会手工业没有本质的区别而只有量的区别,质上尚未产生区别是因为它们都是同一个资本同时雇佣一些人在同一时空中生产同种商品,量上的

---

① 马克思. 资本论:第1卷.2版. 北京:人民出版社,2004:10.
② 马克思. 资本论:第1卷.2版. 北京:人民出版社,2004:104.
③ 马克思. 资本论:第1卷.2版. 北京:人民出版社,2004:178.
④ 马克思. 资本论:第1卷.2版. 北京:人民出版社,2004:281.
⑤ 马克思,恩格斯. 马克思恩格斯全集:第32卷.2版. 北京:人民出版社,1998:309.
⑥⑦ 马克思. 资本论:第1卷.2版. 北京:人民出版社,2004:374.

区别在于前者比后者所雇佣的工人人数更多，而二者工人人数的差别维持在一定的限度内，所以并不会改变剩余价值率或劳动力的剥削程度。①而随着被雇佣人数超过一定的限度，剩余价值率就会发生变化，协作劳动就具有了资本主义生产的性质。

其次，协作创造了一种生产力。协作的形式有助于缩短生产某商品的社会必要劳动时间，从而生产更多的使用价值，但是协作所需要的较多的雇佣工人和较大规模的生产资料，都取决于单个资本家所能支出的用于购买劳动力和生产资料的资本量。②不仅如此，随着协作规模的扩大，生产过程客观上需要一个能够协调工人劳动并指挥总体运动的角色，资本就扮演着这样的角色，资本通过协作劳动执行管理、监督和调节的职能，使得资本的指挥成为劳动过程中的必要条件，甚至成为实际的生产条件。③

再次，从资本的管理职能看工人和资本家之间的对抗性关系。资本主义生产过程的动机和目的始终是获取剩余价值。一方面，资本家的管理职能由社会劳动过程产生并从属于社会劳动过程，随着生产资料规模的扩大，资本家监督工人合理使用生产资料的必要性也在增加；另一方面，资本家的管理职能从共同劳动过程的资本主义的对抗性质中产生，是剥削社会劳动过程的职能，随着雇佣人数的增加以及相应的反抗的增加，管理难度也相应提高，资本对这种反抗的压制也在加剧。④雇佣工人的协作只是资本同时使用他们的结果，无法由他们自身来掌控，而只能完全依赖于资本。雇佣工人在被雇佣之前与资本家所交换的只是单个的劳动力价值，而他们一进入劳动过程，作为协作的人便成为工作有机体的肢体，发挥出劳动的社会生产力，而这并不费资本分毫。⑤协作的人便变成资本的一种特殊存在方式，他们作为社会工人所发挥的生产力就是资本的生产力，成为资本似乎天然具有的能力。⑥

最后，协作是资本主义生产方式的基本形式。资本主义生产的起点是

---

① 马克思. 资本论：第1卷.2版. 北京：人民出版社，2004：374.
② 马克思. 资本论：第1卷.2版. 北京：人民出版社，2004：383.
③④ 马克思. 资本论：第1卷.2版. 北京：人民出版社，2004：384-386.
⑤ 马克思. 资本论：第1卷.2版. 北京：人民出版社，2004：386-387.
⑥ 马克思. 资本论：第1卷.2版. 北京：人民出版社，2004：387.

和资本本身的存在结合在一起的,作为资本主义生产起点的简单形态的协作是同规模较大的生产结合在一起的,但这并不是资本主义生产方式的典型形态,而至多只是在初期工场手工业中存在,但协作的简单形态所揭示的资本主义生产方式的特征,使得协作这种形式成为资本主义生产方式的基本形式,并与简单协作基础上进一步发展的形式并存。①

(2) 分工协作下的工场手工业:劳动在形式上从属于资本。

"以分工为基础的协作,在工场手工业上取得了自己的典型形态。"②"分工协作"是以劳动力为起点的生产方式的变革,标志着一种新的生产方式的产生。在简单协作的基础上,工场手工业使得工人的劳动进一步从属于资本。

首先,工场手工业使工人变成局部工人。手工业仍然是工场手工业生产过程的基础,"每一个工人都只适合于从事一种局部职能,他的劳动力就转化为终身从事这种局部职能的器官。"③ 当工人经常重复做同一种有限的动作时,劳动者的技艺和劳动的效率会提高,特别是当把一个极复杂的劳动分解为具体职能上的简单劳动时,效果的提升会更加明显,如此也带来了劳动工具的分化和专门化,促进着劳动工具的改良,这为机器的创造做了物质上的准备。④

其次,工场手工业使工人的劳动方式彻底改变。每个工人只能机械地从事某一种类型的工作,运用其身体上的某一部分的力量,使工人变成畸形的和片面的人,压抑了工人的其他潜力,使得工人只具备某种专业技巧,最终只能依靠着这种技巧,依靠着出卖劳动力,依靠着被资本家雇佣,才能作为人生存下去,"起初,工人因为没有生产商品的物质资料,把劳动力卖给资本,现在,他个人的劳动力不卖给资本,就得不到利用。"⑤ 所以,工场手工业工人只能作为资本家工场的附属物才能生存,完全服从于资本

---

① 马克思. 资本论: 第1卷. 2版. 北京: 人民出版社, 2004: 389.
② 马克思. 资本论: 第1卷. 2版. 北京: 人民出版社, 2004: 390.
③ 马克思. 资本论: 第1卷. 2版. 北京: 人民出版社, 2004: 393.
④ 马克思. 资本论: 第1卷. 2版. 北京: 人民出版社, 2004: 393-396.
⑤ 马克思. 资本论: 第1卷. 2版. 北京: 人民出版社, 2004: 417.

的指挥，此外，"……还在工人自己中间造成了等级的划分"①。这是因为工场手工业是由许多局部工人组成的总体工人，总体工人的各种职能差别较大，复杂的高级的职能对劳动力的受教育程度要求较高，也就具有较高的价值，而简单的较低水平的职能则相反，基于此，工场手工业发展出一种劳动力的等级制度，以及与之相适应的工资等级制度。②

最后，工场手工业使物质劳动和精神劳动相互分离得到发展。这种分离过程从简单协作时开始，在工场手工业中得到发展，"工场手工业分工的一个产物，就是物质生产过程的智力作为他人的财产和统治工人的力量同工人相对立。"③ 对于整个工场来说，智力在扩大它的规模，但这是以剥夺局部工人的智力为前提的，当工人终身都在从事简单操作时，他们就没有机会运用自己的智力，他们也无法运用自己的智力，这就加剧了他们的无知和迟钝，"事实上，在18世纪中叶，某些手工工场宁愿使用半白痴来从事某些简单的、然而构成工厂秘密的操作。"④ 如此，资本家就越发被看作智慧的人群，而工人则被看作是怠惰的代表。

（3）以机器为基础的大工业：劳动在实质上从属于资本。

"生产方式的变革，在工场手工业中以劳动力为起点，在大工业中以劳动资料为起点。"⑤ 从初期手工业到工场手工业，是以劳动力的协作方式为变革标志，由一种简单协作转变为一种分工协作，而在大工业中则是以劳动资料的变革为标志。劳动资料是劳动者把自己的活劳动作用于劳动对象上所借助的物或物的综合体，这是劳动者所直接掌握的东西，比如土地虽然一方面是劳动对象，但也是劳动者的原始的劳动资料库，因为劳动者所借助的一些工具都是从土地中获得的。用什么劳动资料生产也就意味着怎样生产，进而决定了各种经济时代的区别。⑥ "劳动资料不仅是人类劳动力发展的测量器，而且是劳动借以进行的社会关系的指示器。"⑦ 因

---

① 马克思.资本论：第1卷.2版.北京：人民出版社，2004：417.
② 马克思.资本论：第1卷.2版.北京：人民出版社，2004：405.
③ 马克思.资本论：第1卷.2版.北京：人民出版社，2004：418.
④ 马克思.资本论：第1卷.2版.北京：人民出版社，2004：419.
⑤ 马克思.资本论：第1卷.2版.北京：人民出版社，2004：427.
⑥ 马克思.资本论：第1卷.2版.北京：人民出版社，2004：209-210.
⑦ 马克思.资本论：第1卷.2版.北京：人民出版社，2004：210.

而，以机器生产为特点的大工业，之所以成为资本主义生产方式的最典型代表，与机器这一劳动资料的特性直接相关。

工场手工业的劳动资料是手工业工具，而大工业的劳动资料则是机器，那么，第一个问题就是，何为机器？手工业工具与机器有什么样的本质区别呢？劳动资料又为何会发生这样的转化呢？对此，马克思指出很难划出抽象的严格界限，而只能谈一些显著的一般的特征。① 手工业工具与机器的区别，既不是以简单或复杂程度来划分，也不是以动力是人力或自然力来划分。② 机器并不是机器大工业的特有产物，很多工具在工场手工业时期已经是机器的，同样机器大工业时期仍然离不开工具，因为机器本身就是由工具组成的。③ 机器在生产中的巨大潜力，是工场手工业时期集大成的政治经济学家斯密所没能自觉意识到的，因为斯密特别强调分工，而认为机器只起到从属作用。④ "亚·斯密还把工具的分化同机器的发明混为一谈。"⑤ 为了进一步回答手工业工具和机器的区别，马克思接下来就分析了机器的构成。

马克思指出，所有发达的机器都是由发动机、传动机构、工具机或工作机这三个本质上不同的部分组成的。⑥ 发动机是整个机构的动力，它或者产生自己的动力，如蒸汽机、电磁机，或接受外部某种现成的自然力的推动；传动机构由飞轮、转轴等附件组成，调节运动的形式，以把运动分配并传送到工具机上；发动机和传动机构的作用是为了将运动传给工具机，并使工具机抓住劳动对象并加以改变。⑦ 其中，最为关键的是，机器中的工具机是手工业或工场手工业过渡到机器生产时的起点，也是18世纪工业革命的起点。⑧ 而机器中的工具机区别于手工业工具的地方在于，它们不是人的工具，而是一个机构的工具或机械工具。⑨ 这就意味着工具机的使用不再受到人天生的生产工具数量即身体器官数量的限制，当然，

---

① 马克思.资本论：第1卷.2版.北京：人民出版社，2004：427-428.
② 马克思.资本论：第1卷.2版.北京：人民出版社，2004：428.
③ 马克思.资本论：第1卷.2版.北京：人民出版社，2004：429-430.
④⑤ 马克思.资本论：第1卷.2版.北京：人民出版社，2004：404.
⑥⑦⑧ 马克思.资本论：第1卷.2版.北京：人民出版社，2004：429.
⑨ 马克思.资本论：第1卷.2版.北京：人民出版社，2004：429-430.

对这些工具的操作还是需要人的，但这与作为单纯动力的人是明显不同的。① 作为工业革命起点的机器，是用工具机的协同工作的机构形式代替只使用一个工具的工人，并由单一的动力来推动，而以往的工具机是分散的，或者一个动力只提供给一种工具机。② 与工具机的这一结构相适应，需要一种较大的发动机构，这种发动机由于其需要的能量更大，也就自然摆脱了人力的限制，而取得一种独立的能量来源，如电力、蒸汽等，一直发展到自动的机器体系。这样一台发动机可以同时推动多个工具机，单个的工具机就将成为机器生产的一个简单要素，而传动机构也随之扩展为一个庞大的装置。③ 同时，一个工业部门生产方式的变革会引起其他部门生产方式的变革，例如交通运输业，这就形成了用机器制造机器的方式。④

第二个问题是，机器大生产给工人，进而给资本家和工人之间的关系带来了什么样的影响呢？

首先，机器大生产扩大了雇佣劳动者的群体。机器生产的重要起点是由多种动力支撑的工具机构，因而对工人体力的要求降低，这就使得资本家将妇女和儿童也纳入生产体系中，让她们也充当成年劳动力在生产上的角色，使得工人家庭全体成员不分男女老少都受到资本的直接统治，从而扩大了产业后备军。⑤ 其后果是不仅剥夺了儿童游戏的时间，并且夺去了工人在家庭中从事家务劳动亦即自由劳动的时间。⑥ 从这一点可以看出，当今女性主义的马克思主义关于家庭妇女获得劳动报酬的呼声并不符合马克思劳动价值理论，不过这一呼声也从另一个侧面反映出雇佣劳动形式对家庭关系的侵入和剥夺，也反映出机器化大生产试图将每一个人都纳入资本剥削的范围内。

在只有成年男性工人而没有其他家庭成员被纳入劳动力市场时，成年工人的劳动力价值中包含了维持其工人家庭成员所必需的生活资料，但

---

① 马克思. 资本论：第1卷.2版. 北京：人民出版社，2004：430.
② 马克思. 资本论：第1卷.2版. 北京：人民出版社，2004：432.
③ 马克思. 资本论：第1卷.2版. 北京：人民出版社，2004：434.
④ 马克思. 资本论：第1卷.2版. 北京：人民出版社，2004：440-441.
⑤ 马克思. 资本论：第1卷.2版. 北京：人民出版社，2004：453-454.
⑥ 马克思. 资本论：第1卷.2版. 北京：人民出版社，2004：454.

是，当所有家庭成员都卷入机器化大生产的环节中去的时候，家庭成员的生活资料就部分地依靠其自身来满足，而不是主要依靠成年男性工人来供给，这样男性劳动力的价值就降低了。① 机器还扩大了资本固有的剥削领域，比如对家务劳动的剥削，这是因为当所有家庭成员都被卷入机器生产过程中时，家庭中的事务就无法被照看，比如抚育孩子、家务劳动等就需要更多额外的家庭开支，所以工人家庭的生产费用增加了，这也抵消了收入的增加，而且，相比于剥削一个劳动力而言，剥削更多劳动力也带来了更多的剩余价值，提高了剥削程度。②

其次，机器大生产使工作日延长。"时间实际上是人的积极存在，它不仅是人的生命的尺度，而且是人的发展的空间。随着资本侵入这里，剩余劳动时间成了对工人精神生活和肉体生活的侵占。"③ 机器本来是提高劳动生产率即缩短生产商品的社会必要劳动时间的最有力的手段，但是它作为资本的承担者，却有力地将工作日延长到超过一切的自然界限，甚至机器为资本剥削他人劳动创造了新条件和新动机。④ 新条件是指机器这种劳动资料能够离开工人而独立地运作，新动机是指机器作为资本，获得了资本内在的生产动力，力图将工人在自然界限范围内的反抗进一步压到最低限度。⑤ 由于所购买的机器的价值是一定的，所以，机器的生产效率越高，生产的商品就越多，机器所加到单个商品上的价值就越少。⑥ 机器是有寿命的，机器的寿命取决于其工作的时间长度，机器以两种形式在减少寿命，一是有形损耗，二是无形损耗，有形损耗既发生在使用过程中，也发生在不使用的时候，无形损耗是指机器的更新换代率。⑦

随着工作日的延长，机器所生产的商品数量增加，单个商品价值量降低，也就意味着劳动力再生产所必需的商品价值量降低，从而劳动力价值降低，并且在机器最初被偶然使用的时候，还能获得超额剩余价值。⑧ 而

---

①② 马克思. 资本论：第 1 卷 . 2 版 . 北京：人民出版社，2004：454 - 455.
③ 马克思，恩格斯. 马克思恩格斯全集：第 37 卷 . 2 版 . 北京：人民出版社，2019：161.
④ 马克思. 资本论：第 1 卷 . 2 版 . 北京：人民出版社，2004：463.
⑤ 马克思. 资本论：第 1 卷 . 2 版 . 北京：人民出版社，2004：463 - 464.
⑥ 马克思. 资本论：第 1 卷 . 2 版 . 北京：人民出版社，2004：464.
⑦ 马克思. 资本论：第 1 卷 . 2 版 . 北京：人民出版社，2004：464 - 466.
⑧ 马克思. 资本论：第 1 卷 . 2 版 . 北京：人民出版社，2004：467 - 468.

随着机器在同一个生产部门内的普遍应用，利用机器生产剩余价值所包含的一个内在的矛盾就出现了，即机器要提高剩余价值率，就要减少工人数量，而剩余价值量又直接来自同时使用的工人数量，因而，为了解决这个矛盾，资本必须拼命延长劳动时间，以便不仅增加相对剩余劳动，还能增加绝对剩余劳动，来弥补被剥削的工人人数的相对减少。①

再次，机器大生产使劳动强度增加。毫无疑问，机器的采用会增加劳动的效率进而提高劳动的强度，但是，工作日的延长和劳动强度的提高从某一个点开始就出现相互排斥的关系，因为人的生理限度毕竟是有限的。工人的反抗也首先是从工作日的延长开始的，这迫使国家开始立法缩短劳动时间，强行规定正常工作日。但这并不意味着剥削程度的降低和工人境遇的改善，因为资本开始全力加快发展机器体系来生产相对剩余价值，而且相对剩余价值的性质也发生了变化。② 一般来说，当劳动时间一定的时候，通过提高劳动生产力，工人所生产的商品更多，相应的，单个商品的价值量就会降低，从而生产了相对剩余价值。但是，一旦强制缩短劳动时长，就大大推动了生产力的发展和生产条件的节约，同时迫使工人在同样的时间内增加劳动消耗，提高劳动力的紧张程度，更紧密地填满劳动时间的空隙。③ 具体的方法有两种：一是改进机器的结构，提高机器的速度，作为动力装置的蒸汽机的改良能够推动更大的机构，传动机构的改良可以减少摩擦，工作机的改进也有同样的效果；二是扩大同一个工人看管的机器数量，即扩大他的劳动范围。④

最后，机器大生产使工人和机器之间的斗争更加激烈。工人和机器之间的斗争是工人和资本家之间的斗争在大机器生产方式上的具体表现。这时，工人开始反抗劳动资料本身，反对资本的这一物质存在方式、这种一定形式的生产资料。⑤ 工场手工业时期以来发展的分工协作的生产方式，已经使得每个无产者局限在某种分工位置上，使得工人成为局部工人，只

---

① 马克思. 资本论：第1卷. 2版. 北京：人民出版社，2004：468-469.
② 马克思. 资本论：第1卷. 2版. 北京：人民出版社，2004：471.
③ 马克思. 资本论：第1卷. 2版. 北京：人民出版社，2004：471-472.
④ 马克思. 资本论：第1卷. 2版. 北京：人民出版社，2004：474-475.
⑤ 马克思. 资本论：第1卷. 2版. 北京：人民出版社，2004：492.

掌握某些工具的使用技巧，而机器的出现代替了手工工具的这一形式，而转变为工具机的方式，因而直接排挤了掌握某一技能的工人，这样他们就被机器排挤出了社会分工体系，而不再被资本的自行增殖所直接需要，进而转变为过剩人口。马克思称之为"劳动资料扼杀工人"①。

从上述三种协作形式中，可以更加具体地看到劳动过程逐渐隶属于资本的三个阶段，清晰呈现出劳动者和资本家阶级之间的深层对抗性关系。

5.2.3 马克思对斯密市民社会理论的超越

马克思对斯密市民社会理论的真正超越，是建立在马克思对黑格尔市民社会理论的超越之上的，可以说，黑格尔市民社会理论是对斯密市民社会理论的哲学化表达，是以斯密市民社会理论为中介的产物，因为黑格尔是在斯密所开启的商业社会图景之上进行其市民社会理论的建构的。黑格尔"在哲学上就像除他之外只有马克思做到的那样，认真地对待新生的国民经济学"②，黑格尔在 1803—1804 年在耶拿大学的演讲中曾引用过斯密的著作，他在《法哲学原理》中指出，"政治经济学就是从上述需要和劳动的观点出发、然后按照群众关系和群众运动的质和量的规定性以及它们的复杂性来阐明这些关系和运动的一门科学"③。斯密与黑格尔市民社会理论的旨归都是要实现近代社会中人的自由，但不同的是，在斯密那里，劳动是实现自由的有效方式，劳动和自由之间是统一的，而黑格尔指出了劳动和自由之间的悖论，劳动带来的不是物质的富裕和人的自由，而是贫困问题，特别是贱民问题。

首先，黑格尔如何看待贫困问题？他认为这一问题是如何产生的呢？

一方面，贫困产生的原因是先天差异。黑格尔认为市民社会所遵循的是等价交换和劳动所有权原则，"市民社会的一个恰当的功能就是要提供

---

① 马克思. 资本论：第 1 卷. 2 版. 北京：人民出版社，2004：497.
② [德] 卡尔·洛维特. 从黑格尔到尼采. 北京：生活·读书·新知三联书店，2014：365.
③ [德] 黑格尔. 法哲学原理. 北京：商务印书馆，1961：204.

一个场所，来表现人们在天赋、技能与努力上的差异"①，这给予了每个人充分发展的机会和自由，但是由于每个人先天具有差异，这些自然差异在社会劳动中不断外化，必然导致现实中的贫富差距和阶级分化，"表现出这些不平等，其实也正是每个人表现个体性的一个基本方式"②，所以工人阶级陷入物质贫困是一种必然现象，也无须他人负责。另一方面，贫困产生的原因是社会分工。这一点是与斯密不同的，斯密是从社会分工角度来论述财富的产生和积累，而黑格尔却从中看到了社会贫困产生的原因。黑格尔指出，在市民社会中，人们只能处在社会分工的某一位置上，并通过交换来满足自身的需要，而随着人对分工的愈加依赖以及社会分工的更加细化，"特殊劳动的细分和局限性，从而束缚于这种劳动的阶级的依赖性和匮乏，也愈益增长"③，人逐渐局限在日益抽象的劳动中，逐渐丧失了其他劳动技能，难以逃脱社会分工所设定的经济角色和经济地位，进而陷入贫困。

但是，黑格尔认为，一部分工人无视他们之间的先天差异，无法接受自身贫困的状况，而又不自食其力，反而对富人产生愤恨心理，对市民社会原则予以反抗，这就堕落成了贱民，形成了精神上的贫困。在此心理的作用下，他们离现代社会的经济运行体制就更远，逐渐脱离了现代社会分工体系，最终陷入了物质更加贫困的生存状态，这就使得市民社会原则遭到动摇。"在黑格尔看来，现代社会的组织方式不仅剥夺了群氓的物质生活必需品，把他们排除在有效的社会参与之外，同时也使他们在伦理上变得极为堕落。"④ 这对市民社会乃至整个"伦理"阶段的打击是毁灭性的。但这些问题的出现是市民社会的固有特征，其中一个原因是"市民社会具有零和博弈的性质，因此，富人变富就要以穷人变穷为代价"⑤。在黑格尔理论体系中，市民社会是个体和国家之间的中介，是特殊个体获得普遍性的途径，然而贱民问题的出现使得黑格尔市民社会理论的建构合理性遭

---

①② ［美］米歇尔·哈德蒙. 黑格尔的社会哲学：和解方案. 北京：北京师范大学出版社，2020：255.

③ ［德］黑格尔. 法哲学原理. 北京：商务印书馆，1961：244.

④⑤ ［美］米歇尔·哈德蒙. 黑格尔的社会哲学：和解方案. 北京：北京师范大学出版社，2020：258.

到了质疑。

其次，黑格尔是如何解决贫困问题和贱民问题的呢？

市民社会保护个人免于贫困主要有两种基本路径：一方面，引导个人养成负责任的生活态度，另一方面，建立起客观的社会福利保障制度。① 黑格尔在《法哲学原理》中探讨了多种通过解决贫困问题进而解决贱民问题的方式，如私人慈善、直接救济、提供就业、对外出口、海外殖民和对外战争等等。

其一，私人慈善和直接救济。慈善本身也是上帝之爱的现实体现，是宗教所赞许的行为。对于社会生活中的贫困现象，社会成员个人基于同情心、关爱心的慈善行为是重要的，因为这既是市民社会这个伦理性实体中道德情感的定在，亦是这个伦理性实体中普遍善的基础。② "这里尽管有着一切普遍的设施，道德仍然大有用场。"③ 对于处于物质贫困中的贱民来说，"直接运用其他公共财产中的资金"④，有利于提升其物质生活水平。但是，黑格尔明白这种方法无法在根本上解决问题，一是因为"私人慈善事业是私人性的，它违背了公共行为的条件"⑤，"它既取决于援助者的主观好恶及物质财富状况，亦取决于需要援助者获得援助信息的能力以及其本身信息被周知的状况"⑥，"违背了有效性条件"⑦，不能保证所有需要得到援助的人在必要时都能得到有效援助，这也意味着私人慈善行为是偶然的和不可靠的；二是因为穷人在没有付出劳动的情况下就可以得到生活资料，恰恰是违背市民社会的劳动所有权原则的，使得被救助者以为"用不着以劳动为中介就可保证得到生活资料"⑧，这不利于底层穷人塑造

---

① 高兆明. 黑格尔《法哲学原理》导读. 北京：商务印书馆，2010：498.
② 高兆明. 黑格尔《法哲学原理》导读. 北京：商务印书馆，2010：499.
③ [德] 黑格尔. 法哲学原理. 北京：商务印书馆，1961：243.
④ [德] 黑格尔. 法哲学原理. 北京：商务印书馆，1961：245.
⑤ [美] 米歇尔·哈德蒙. 黑格尔的社会哲学：和解方案. 北京：北京师范大学出版社，2020：261.
⑥ 高兆明. 黑格尔《法哲学原理》导读. 北京：商务印书馆，2010：499.
⑦ [美] 米歇尔·哈德蒙. 黑格尔的社会哲学：和解方案. 北京：北京师范大学出版社，2020：261.
⑧ [德] 黑格尔. 法哲学原理. 北京：商务印书馆，1961：245.

独立自尊的感情进而摆脱贱民精神；三是因为救济的范围总是有限的，"它①所占有而属于它所有的财产，如果用来防止过分贫困和贱民的产生，总是不够的。"②

其二，提供就业。黑格尔非常重视"劳动所包含的解放的环节"③，核心思路是通过保障"工作权"或"劳动权"来把"贱民"整合到劳动等级中④，从而使之脱离贫困的客观处境。"生活资料通过劳动（通过给与劳动机会）而获得，生产量就会因之增长。"⑤ 这一方法的思路是通过给予底层穷人以工作机会，贱民重新回到社会分工体系中，进而增加其收入。但他们实际上也没法享受到更多的与付出同等比例的社会财富，正如黑格尔所说，"祸害又恰恰在于生产过多，而同时缺乏相应比数的消费者——他们本身是生产者"⑥。

其三，对外出口、海外殖民和对外战争。当穷人生产的诸多财富无法被消费的时候应该怎么办呢？黑格尔提出"向外方的其他民族去寻求消费者，从而寻求必需的生活资料"⑦，这样就反向刺激了国内生产，推动国内生产的继续，使得穷人能够在所生产的商品上得到回报，进而继续得到工作机会，得到更多的生活资料，改善自身生活环境，更加积极地融入社会分工体系中，从而逐渐摆脱贱民精神。⑧ 为此，市民社会必须去扩大对外联系，"市民社会被驱使建立殖民地"⑨，积极进行海外殖民。⑩ "这种解释从市民社会内部对物质财富的贪婪角度，说明现代资本主义经济发展中殖民化的必然性。"⑪ 不过，黑格尔也看到了殖民地解放的历史必然性，"殖民地的解放本身经证明对本国有莫大利益，这正同奴隶解放对主人有

---

① "它"具体指市民社会。
② ［德］黑格尔. 法哲学原理. 北京：商务印书馆，1961：245.
③ ［德］黑格尔. 法哲学原理. 北京：商务印书馆，1961：208.
④ 任劭婷. 从黑格尔"贱民"到马克思"无产阶级"的逻辑变革. 社会科学文摘，2017(05)：90-92.
⑤⑥ ［德］黑格尔. 法哲学原理. 北京：商务印书馆，1961：245.
⑦ ［德］黑格尔. 法哲学原理. 北京：商务印书馆，1961：246.
⑧ ［德］黑格尔. 法哲学原理. 北京：商务印书馆，1961：246-247.
⑨⑩ ［德］黑格尔. 法哲学原理. 北京：商务印书馆，1961：247.
⑪ 高兆明. 黑格尔《法哲学原理》导读. 北京：商务印书馆，2010：501.

莫大利益一样"①。在市民社会的扩张过程中，世界逐渐成为普遍交往的世界，人们亦逐渐进入普遍交往的时代，这个普遍交往的世界是人类自身通过自由意志的活动所创造出来的一个新的伦理实体，即超越民族国家之上的全人类的伦理实体。②

由上可知，黑格尔自身清晰地认识到每个对策背后的问题，贱民问题只依靠市民社会本身是无法解决的。只有在市民社会之中和市民社会之上引入限制偶然性和特殊性的普遍性因素，才能解决或避免市民社会内部的矛盾和冲突。③ 基于此，黑格尔在"需要的体系"这一斯密式市民社会规定之中又增加了"福利行政"和"同业公会"两个环节，希望通过这些带有普遍性的组织去统合个人的私人利益，防止"贱民"的出现，培养"同业公会的精神"。④ 但这还不是彻底解决问题的方法，要想彻底解决问题，还必须在市民社会之上设定一个超越性的理性国家，依靠国家的力量来消除市民社会的盲目性和无政府主义，以实现整个社会的福利。⑤

最后，马克思是如何看待黑格尔所说的贱民问题及其解决方案的呢？在此基础上，马克思提出了自己的市民社会问题解决方案。

其一，贱民在先天条件上的某些不足，不是他们与富人形成差距的主要原因。工人所表现出来的与富人阶级的某种天然差距，并不是天生决定的，而主要是后天的产物。这一点甚至在斯密那里就已经表达得很清楚了，"人们天赋才能的差异，实际上并不像我们所感觉的那么大。人们壮年时在不同职业上表现出来的极不相同的才能，在多数场合，与其说是分工的原因，倒不如说是分工的结果。"⑥ 斯密是从分工的角度来回答的，但并没有切入问题的本质。问题的实质在于穷人和富人所立足的基础不同，前者只拥有活劳动，后者却拥有从剥削活劳动那里积累起来的死劳动作为基础，如此，贫富差距愈发加剧，大部分穷人由于其所接受的教育资

---

① ［德］黑格尔. 法哲学原理. 北京：商务印书馆，1961：247-248.
② 高兆明. 黑格尔《法哲学原理》导读. 北京：商务印书馆，2010：501.
③④⑤ 韩立新.《巴黎手稿》研究：马克思思想的转折点. 北京：北京师范大学出版社，2014：40.
⑥ ［英］亚当·斯密. 国富论. 北京：商务印书馆，2015：13. 斯密在早年就有了这一说法："与其说分工是才能的结果，不如说才能是分工的结果"。［英］坎南. 亚当·斯密关于法律、警察、岁入及军备的演讲. 北京：商务印书馆，1962：189.

源不及富人，才表现出所谓的自然条件上的差异。

其二，贱民精神是资产阶级统治下的产物。穷人所遭受的物质贫困和精神困境是资本主义生产方式下的必然产物，是市民社会中资产阶级和无产阶级相互对立的必然表现，黑格尔对这一问题的解决方案也必然流于空洞和形式，而无法起到实质作用。

其三，马克思否定了黑格尔关于贱民问题解决的方案，并提出了市民社会问题的解决路径。这集中体现在对国家和市民社会关系的认识上。黑格尔体系中存在着一对矛盾，一方面，国家和市民社会具有相互分离的异质性，另一方面，他又努力地使市民社会统一于国家中，而最终的结果是市民社会没法真正融于国家。这一点为马克思所吸收，在此基础上，马克思彻底颠倒了黑格尔关于市民社会和国家之间的关系，将市民社会看作更为基础的存在，马克思指出，"黑格尔想使'自在自为的普遍东西'——政治国家——不由市民社会决定，而是相反，使它决定市民社会。"① 马克思认为市民社会决定政治国家。在对市民社会性质的认识上，黑格尔超越斯密的地方在于，黑格尔揭示了市民社会的反伦理倾向，而斯密试图将市民社会放在伦理中来理解，将经济运行限制在伦理原则之内，马克思吸取了黑格尔的这一理论倾向，也秉持市民社会的非伦理性观点并进行了彻底的说明。② 马克思在《论犹太人问题》中，对市民社会的原则进行了明确的界定，"实际需要、利己主义是市民社会的原则；只要市民社会完全从自身产生出政治国家，这个原则就赤裸裸地显现出来。"③ 在黑格尔所说的贱民问题上，马克思指出，"市民社会的等级既不以需要即自然因素为其原则，也不以政治为其原则。这里是划分开来的群众，他们是仓促形成的，他们的形成本身是任意的而且不是组织的。""这里的特点只是，丧失财产的人们和直接劳动的即具体劳动的等级，与其说是市民社会中的一个等级，还不如说是市民社会各集团赖以安身和活动的基础。"④ 马克思

---

① 马克思，恩格斯．马克思恩格斯全集：第3卷．2版．北京：人民出版社，2002：113.
② 张双利．重思马克思的市民社会理论．学术月刊，2020（09）：15-27.
③ 马克思，恩格斯．马克思恩格斯全集：第3卷．2版．北京：人民出版社，2002：194.
④ 马克思，恩格斯．马克思恩格斯全集：第3卷．2版．北京：人民出版社，2002：100-101.

将贱民概念进一步改造为无产阶级概念，他们都是丧失了财产权的劳动群众，这是"一个并非市民社会阶级的市民社会阶级"①。在此基础上，马克思由对市民社会本身进行分析，开始转向对斯密理论的研究和政治经济学批判，在对资本主义生产过程的具体分析中，充分肯定了劳动者作为生产劳动的社会阶级在经济社会运行中的主体地位和积极意义，根本上否定了黑格尔对贱民所持的消极态度，而主张通过无产阶级建立自由人联合体，以实现市民社会的自由与解放。

---

① 马克思，恩格斯. 马克思恩格斯全集：第 3 卷．2 版．北京：人民出版社，2002：213.

第 6 章　马克思价值理论变革的当代启示

斯密价值理论是马克思价值理论批判和超越的重要对象，也是马克思价值理论变革的重要对象。对这一理论变革意义的当代考察，既要重新挖掘和重点阐述这一理论变革在马克思自身思想变化上和在经济思想史上的双重意义，又要充分认识和有力回应当今时代面临的国际交往和国内发展的重大议题，为新时代中国特色社会主义的理论与实践提供智慧和力量。

6.1　马克思价值理论变革的理论意义

马克思价值理论变革，一方面，从马克思自身思想发展变化的环节上看，既是马克思在历史唯物主义创立之后开展政治经济学批判的理论成果，也反过来丰富和深化了历史唯物主义的具体内涵；另一方面，从经济思想史上看，不仅是马克思对在他之前的经济学说的继承与批判，而且成为辨别马克思之后的经济学发展路向的理论指南。

6.1.1　马克思思想发展中的关键性环节

马克思价值理论是马克思经济哲学的核心，是在批判和超越斯密价值理论的基础上形成的，因而马克思价值理论的变革也是马克思思想发展进程中的核心环节。其中，除了在传统意义上理解的马克思对斯密劳动价值论的变革之外，斯密的交换价值理论也对马克思关于交换、交往等概念和理论产生了不可忽视的影响，这是目前学界所忽视的部分。

马克思思想的历史生成路径呈现出从宗教批判、政治批判、异化劳动批判到政治经济学批判的转变过程。马克思初次提到斯密是在异化劳动批判环节,马克思在《巴黎笔记》中摘录了斯密《国富论》的前几章内容但并未作出评价,此时马克思对斯密价值理论的理解受到斯密理论体系化代表萨伊的影响,因而未能看到斯密价值理论中的多种价值决定论,也未能辨别出萨伊等人持有的价值理论的问题所在,这是因为这一时期马克思的经济学基础还较为薄弱。相反,恩格斯比马克思更早地接触到国民经济学,并在《国民经济学批判大纲》中分析了诸多经济学流派,这也影响到了马克思,因而马克思在《1844年经济学哲学手稿》中采用了恩格斯在《国民经济学批判大纲》中对斯密的评价,也称斯密为"国民经济学的路德"①,这充分肯定了经济思想史上斯密在私有财产创造源泉认识上的积极意义。斯密对财富源泉的认识既不同于货币主义的货币财富论,也不同于重商主义的流通价值论,正如马克思所指出的,后两种理论都是将人的劳动所创造的对象物神秘化,没有能够揭示出私有财产的本质,因而拥护这两种理论的人被马克思称为"拜物教徒、天主教徒"②,而斯密将劳动视为私有财产的产生来源,因而破除了私有财产的拜物教现象,就如同路德将宗教信仰的原则从"因行称义"转变为"因信称义"而对人所起到的思想解放作用一样,因而斯密被马克思恩格斯称为"经济学的路德"③。

后来在《政治经济学批判(1857—1858年经济学手稿)》和1859年的《政治经济学批判(第一分册)》中,马克思仍然没有抽象出价值概念,还没有明确区分开交换价值和价值。如他在《政治经济学批判(1857—1858年经济学手稿)》的"货币章"中讨论"货币的产生和本质"时,指出"商品仅仅在交换(实际的或想象的)中才是价值(交换价值)"④,这里可以看出马克思对价值和交换价值存在着一个混用的状况。再如他对商品的定义是"每个商品表现出使用价值和交换价值两个方面"⑤。但这时他很接近价值概念的正确含义了,例如他说:"作为交换价值,它们代表

---

①② 马克思,恩格斯. 马克思恩格斯文集:第1卷. 北京:人民出版社,2009:178.
③ 马克思,恩格斯. 马克思恩格斯文集:第1卷. 北京:人民出版社,2009:61.
④ 马克思,恩格斯. 马克思恩格斯全集:第30卷.2版. 北京:人民出版社,1995:89.
⑤ 马克思,恩格斯. 马克思恩格斯全集:第31卷.2版. 北京:人民出版社,1998:419.

相同的、无差别的劳动，也就是没有劳动者个性的劳动。因此，生产交换价值的劳动是抽象一般的劳动。"① 再如，"要按商品所包含的劳动时间来计量商品的交换价值，就必须把不同的劳动本身化为无差别的、同样的、简单的劳动，简言之，即化为质上相同因而只有量的差别的劳动。"② 可以看出，1859 年的马克思在这里所说的"交换价值"就是其在 1867 年《资本论》第一卷中所说的"价值"概念。

在《政治经济学批判（1861—1863 年经济学手稿）》中，马克思对重商学派、重农学派、古典政治经济学和庸俗政治经济学的剩余价值理论做了全面的梳理和研究，其中，对斯密的研究占了最大篇幅，可谓是马克思批判对象的重中之重，这也是马克思从事政治经济学研究以来首次系统剖析斯密的价值理论。马克思给了斯密以高度的评价，也充分肯定了斯密在经济学史上的重要地位，"在亚·斯密那里，政治经济学已发展为某种整体，它所包括的范围在一定程度上已经形成"③，"亚·斯密的矛盾的重要意义在于：这些矛盾包含的问题，他固然没有解决，但是，他由于自相矛盾便提出了这些问题。后来的经济学家们互相争论时，时而接受斯密的这一解释，时而接受斯密的那一解释，这种情况最好不过地证明斯密在这方面的正确本能。"④ 正如著名哲学家怀特海在其代表作《过程与实在》中曾指出，两千年的西方哲学史不过是给柏拉图做注脚，可以说，斯密在经济学界也有着这样的地位。马克思在这一时期对斯密的全面剖析为《资本论》中价值概念的正确提出做好了充分的准备。

马克思价值理论的成熟和完成是在《资本论》中。在从使用价值、交换价值中抽象出价值概念后，价值作为抽象人类劳动的单纯凝结的社会实体的概念正式形成，从抽象的价值概念出发，到具体的商品、货币、资本等价值形式，马克思充分运用了黑格尔辩证法的合理内核，演绎出了价值形式的运动与变幻，破除了商品拜物教、货币拜物教和资本拜物教，揭示

---

① 马克思，恩格斯. 马克思恩格斯全集：第 31 卷. 2 版. 北京：人民出版社，1998：421.
② 马克思，恩格斯. 马克思恩格斯全集：第 31 卷. 2 版. 北京：人民出版社，1998：422 - 423.
③ 马克思，恩格斯. 马克思恩格斯全集：第 34 卷. 2 版. 北京：人民出版社，2008：182.
④ 马克思，恩格斯. 马克思恩格斯全集：第 33 卷. 2 版. 北京：人民出版社，2004：135.

了劳动和资本的结合过程,以及资本剥削的秘密。如同思维规定在黑格尔哲学体系中的地位一样,价值理论为马克思的政治经济学批判理论提供了中心线索,价值概念构成了马克思政治经济学的逻辑主线。

马克思价值理论的变革是建立在其自身哲学观变革的基础上的,既完成了马克思自身对国民经济学和庸俗经济学的批判,也使历史唯物主义的内涵更加丰富。《关于费尔巴哈的提纲》中的"感性的人的活动""实践"① 以及《德意志意识形态》中所揭示的物质生活资料的生产在人类社会历史发展中的基础作用,需要放在具体的资本主义生产过程中才能获得更加生动的理解,当进入到资本和劳动结合的具体历史进程中时,历史唯物主义得以发挥出现实的革命性力量,这也凸显了马克思理论的经济哲学特色。在此基础上,马克思对未来社会的发展形态和共产主义社会的认识也更加科学,在《哥达纲领批判》中,马克思指出,在共产主义社会第一阶段,人的劳动产物不再采取价值的形式迂回表现出来,而直接采取劳动产品本身的形式表现,但由于这一阶段刚刚脱离资本主义社会,仍然带有资本主义社会的痕迹,在生活资料的分配形式上还是按劳分配,而这种分配方式按其原则来说,仍然是商品交换的形式,因而在第一阶段上的分配方式仍然是资产阶级形式,而到了共产主义社会高级阶段,按需分配将取代按劳分配,达到更加满意的分配形态。② 从中可以看到,马克思价值理论不仅是马克思哲学观变革的现实化和具体化,也是马克思科学社会主义理论的基本指导原则,在马克思思想体系大厦中占据着核心位置。

6.1.2 经济思想史中的"哥白尼式的革命"

纵观整个人类经济思想史,思想家们所探讨的核心问题就是财富从何而来、如何创造财富的问题,这一问题伴随着日常的生产实践活动早已在数千年前就引起了思想家们的积极思考。然而,对这一问题的正确认识是近代的产物。其中,威廉·配第作出了初步正确的回答,即劳动是财富之

---

① 马克思,恩格斯. 马克思恩格斯文集:第1卷. 北京:人民出版社,2009:499.
② 马克思,恩格斯. 马克思恩格斯全集:第25卷.2版. 北京:人民出版社,2001:18-20.

父、土地是财富之母,明确了自然界在财富供给上的优先性和劳动在财富创造上的特殊性,马克思对此也表达了认可。① 然而在何种劳动创造财富的问题上,思想家们由于所扮演的经济角色不同和阶级立场不同而有不同的回答,难以达到统一的认识,直到马克思区分了生产商品的劳动二重性即具体劳动形成使用价值,抽象劳动形成价值,这一问题才得到科学的解答。作为使用价值的财富既离不开自然界也离不开具体劳动,但是自然界不形成商品的价值,只有作为社会实体的抽象人类劳动才形成商品价值,从而创立了科学的劳动价值论,实现了经济思想史中的"哥白尼式的革命"。

经济(economy)这个词来源于希腊语 oikonomos,它的意思是"管理一个家庭的人"②,这是由古希腊哲学家色诺芬在《经济论》中首次提出的,它适应了古希腊奴隶制以家庭为生产单位的组织形式。③ 在古代思想家中,亚里士多德曾经非常接近地提出了商品价值的"质"的规定性④,亚里士多德明确指出了这样一些等式,即"5 张床=1 间屋"无异于"5 张床=若干货币",然后他意识到了等式两头的物品只有基于本质上的等同性,才能在量的维度上互相发生关系,但是他并没有进一步分析这种等同性的东西究竟是什么。⑤ 马克思指出,这是因为"希腊社会是建立在奴隶劳动的基础上的,因而是以人们之间以及他们的劳动力之间的不平等为自然基础的"⑥。到了中世纪,经济一词指封建庄园管理,"庄园主依靠农奴的劳动而生存,农奴耕种庄园主的土地并依据庄园惯例缴纳实物或货币租金"⑦。

伴随着地理大发现,对外贸易、资本主义原始积累与加强封建王权的

---

① 马克思. 资本论:第 1 卷.2 版. 北京:人民出版社,2004:56-57.
② [美]曼昆. 经济学原理(第 6 版):微观经济学分册. 北京:北京大学出版社,2012:3.
③ 马涛. 经济思想史教程.2 版. 上海:复旦大学出版社,2018:18.
④ 王峰明. 商品"价值"问题的"元"考察:以威廉·配第为个案并与亚里士多德作比较. 学术界,2008(04):150-159.
⑤ 马克思. 资本论:第 1 卷.2 版. 北京:人民出版社,2004:74-75.
⑥ 马克思. 资本论:第 1 卷.2 版. 北京:人民出版社,2004:75.
⑦ [美]亨特. 经济思想史:一种批判性的视角(第二版). 上海:上海财经大学出版社,2007:6.

政治诉求紧密结合，以商业资本和货币积累为特征的早期资本主义发展阶段由此形成，孕育了重商主义的经济流派。重商主义认为金银是社会财富的代表，流通领域是财富的主要来源，他们并非没有看到劳动在价值创造中的作用，但仅仅局限在金银开采的劳动形式上。其后的重农主义将价值的来源从流通领域拉回到生产领域，但认为只有农业劳动才是创造财富的劳动形式。

"价值表现的秘密，即一切劳动由于而且只是由于都是一般人类劳动而具有的等同性和同等意义，只有在人类平等概念已经成为国民的牢固的成见的时候，才能揭示出来。"[1] 这样的"时候"就是指人们作为商品占有者的关系成为社会上占统治地位的社会关系的发展阶段，即以资本主义生产方式为主导的社会形态。当这样的社会条件具备了的时候，却并不意味着一定能揭示出价值表现的秘密，但无疑是距离真相最为接近的时刻，这就是以亚当·斯密为代表的古典政治经济学诞生的时代。斯密在这一创造价值的劳动形式上的认识，是大大超越前人的，他把所有特殊形式的劳动都抽象为一般劳动，他也探讨了劳动时间在衡量商品价值量上的作用，但是他并没能得出作为抽象劳动的社会实体——价值。最为关键的是，斯密价值理论具有二重性，他最终放弃了耗费劳动决定商品价值的观点，而选择了购买的劳动决定商品价值的观点，因而为庸俗经济学开辟了道路。

因而，基于《国富论》的两副面孔，斯密之后的西方经济学发展出两条不同的路径，逐渐呈现出截然相反的路径。一条路径是李嘉图开辟的，他坚持和发展了斯密价值理论中的劳动价值论，把国民生产总值在三个阶级之间的分配当作政治经济学的研究主题，同时揭示了工资和利润、地租和利润之间的对立性，揭示了利润率下降的趋势，继承和发展了斯密的耗费劳动决定商品价值的理论，始终一贯地坚持生产中耗费的劳动决定商品价值的原理。另一条路径是萨伊发展了斯密价值理论中的庸俗部分，萨伊在斯密三种收入构成价值的理论基础上，宣称工资、利润和地租有其各自的来源，三者间和谐一致，不存在利益上的对立。萨伊理论的特点是，他依据古典经济学把货币仅仅理解为交换媒介，把资本主义的商品交换还原

---

[1] 马克思. 资本论：第1卷. 2版. 北京：人民出版社，2004：75.

为买卖同时的物物交换，得出了供给本身创造需求的结论，这个结论不仅为资本主义的自由贸易作了进一步的论证，还为资本积累是经济增长的基本源泉这一命题提供了理论前提。

1820—1830 年，英国展开了一场拥护和反对李嘉图学说的理论斗争，反对派抓住李嘉图不能在价值规律的基础上说明资本和雇佣劳动的交换和等量资本获得等量利润的规律的两大理论漏洞，力图推翻李嘉图的劳动价值学说，而李嘉图理论的拥护者（李嘉图学派）则竭力为李嘉图体系辩解，结果却比反对者更严重地破坏了李嘉图理论的基础。例如，在回答反对者提出的旧葡萄酒为何比新葡萄酒更贵这个问题上，李嘉图学派的成员就从空气、场地投入等要素方面来解释新旧葡萄酒价格不一样的原因，这就将自然因素、资本因素也作为决定商品价值的因素，无疑偏离了劳动价值论，反而导致了李嘉图学派的解体。詹姆斯·穆勒和约翰·麦克库洛赫的经济学说形成是李嘉图学派解体的标志。[①] 自 1830 年以后，古典经济学家已不再坚持劳动价值论了。[②] 由此可见，马克思价值理论的成熟是在劳动价值论式微并即将完全被庸俗经济学所代替的时候。19 世纪 60—70 年代，主流经济学已经转向供求价值论和生产成本构成论，而马克思基于对经济学史中关于剩余价值理论的深入研究和细致分析，指出他们理论内部的发展变化和局限性，并在此基础上，坚持了耗费劳动决定商品价值的观点，区分了价值和价格，在价值规律的基础上说明资本和雇佣劳动的交换以及等量资本获得等量利润的规律，揭示了社会阶级矛盾的对抗性，实现了古典政治经济学的创新与发展，维护了工人阶级的利益诉求。

但是在资本主义发展的大背景下，庸俗经济学始终占据着经济学界的主导地位。当代西方主流经济学普遍认为，斯密的价值理论不是劳动价值论，而只是生产费用理论。他们从斯密价值理论中得出，在资本积累和土地私有之前，生活资料的获取主要依赖于人的劳动，所以各种物品相互交换的唯一标准就是获取各种物品所需要的劳动量之间的比例，换句话说，商品交换以耗费劳动这个单一要素为基础；而在资本积累和土地私有之

---

① 马涛. 经济思想史教程. 2 版. 上海：复旦大学出版社，2018：157.
② 马涛. 经济思想史教程. 2 版. 上海：复旦大学出版社，2018：156.

后,参与商品生产的要素还有资本家所预付的资本和土地所有者的土地,因而商品交换就以资本、土地和劳动三要素为基础,商品价格归根到底都分解成为劳动者的工资、资本家的利润和土地所有者的地租三个部分或其中之一。因而,他们认为,斯密价值理论可统称为生产费用论或生产要素论,这一理论是自恰的而不是矛盾的。① 不过应当指出,斯密价值理论的绝大部分内容讨论的是交换价值问题,只不过,他在探讨交换价值的时候触及价值问题,而这一点被马克思敏锐地抓住并准确地提取了出来,这也是马克思经济哲学重大变革的理论基石。但是庸俗经济学家们就没法做到这一点,最初他们还能意识到斯密价值理论中的矛盾性,试图加以掩盖和遮蔽,但是后来他们直接将这部分矛盾阉割掉,采取了置若罔闻的态度,而只是在斯密所呈现的交换价值的现象层面展开价格理论的分析,最终导致了经济学研究中的"价格论转向"。这一转向的实质是将价值归结为交换价值,进而将交换价值归结为价格,以价格论取代价值论。②

"价格论转向"从根本上否定了生产关系维度的价值概念,而转向研究如何使资本家发财致富的价格理论,完全抛弃了斯密理论中的科学性与革命性维度,而将其庸俗方面发挥到极致。一方面,这一转向忽略了生产资料私有制这种生产关系和经济关系,忽视了作为社会经济现象的本质层面的"权力—支配"关系,掩盖了资本主义生产关系的剥削性,遮蔽了人与人的现实经济关系和利益关系。另一方面,这一转向强化了货币拜物教和资本拜物教对人的奴役和压迫,资本万能的意识形态神话影响着年轻一代的价值取向,强化了以追逐资本为导向的价值选择,妨害了社会主义公平正义价值观的有力贯彻,不利于无产阶级的意识觉醒和人的自由全面发展。

回望过去,马克思在庸俗经济学日益占据主流思想地位的重要历史节点上,通过劳动价值论揭示出价格背后的生产关系即价值问题,实现了对古典经济学价值理论的首要改造。立足现在,马克思的价值理论仍然给予了我们区分科学与庸俗的经济学思想的理论武器,特别是习近平经济思

---

① 持这一观点的代表性学者有熊彼特、罗宾逊夫人等,其二人的详细观点见前文中的国外研究现状部分。

② 王峰明. 西方主流经济学"价格论转向"的哲学悖谬:一种立足于马克思劳动价值论的审视. 哲学研究,2005(01):82-87.

想，作为马克思主义政治经济学的最新成果，始终坚持站在人民立场上，为广大人民群众的切身利益发声，不愧为当代中国的马克思主义政治经济学。

6.2 马克思价值理论变革的实践意义①

"学习马克思主义政治经济学基本原理和方法论，有利于我们掌握科学的经济分析方法。"② 学习马克思价值理论的原理和方法，有助于我们更好地把握世界经济发展的深层格局，更好地研究我国经济社会发展面临的新情况、新问题、新要求，是不断开拓当代中国马克思主义政治经济学新境界的应有之义，也是习近平新时代中国特色社会主义思想的内在要求。

6.2.1 对国际不平等交换实质的揭示

当今世界正处于百年未有之大变局，保护主义、单边主义上升，世界经济低迷，全球产业链供应链面临冲击，国际经济、科技、文化、安全、政治等格局都在发生深刻调整，世界进入动荡变革期，今后一个时期，我们将面对更多逆风逆水的外部环境，必须做好应对一系列新的风险挑战的准备。③ 马克思关于现象与本质的区分、透过现象看本质的现象学方法，是我们应对这一系列风险挑战的重要理论准备，马克思价值理论作为这一方法的具体运用和生动体现，对于揭示国际贸易发展格局和认识中国在国际贸易体系中的地位具有重大现实意义。其中，不平等交换理论是运用马克思劳动价值论分析国际贸易的具体体现。

第二次世界大战以来，落后国家与发达资本主义国家之间的差距呈现出不断扩大的趋势，在 20 世纪 60 年代，不平等交换理论被提出后，受到了广泛关注，获得了持续发展。该理论认为，在国际贸易中，由于各国生产力水平的差距和国际生产价格的形成，各国商品的价格与价值发生明显偏离，进而导致了不发达国家创造的商品价值系统性地向发达国家转移，

---

① 本节部分内容笔者曾以《经济哲学视域中马克思对斯密价值决定论的超越》为题发表于《首都经济贸易大学学报》2022 年第 3 期，在此作了进一步的修改、扩充与完善。
② 习近平. 不断开拓当代中国马克思主义政治经济学新境界. 求是，2020 (16)：4-9.
③ 习近平. 在经济社会领域专家座谈会上的讲话. 人民日报，2020-08-25.

进而造成不发达国家的持续性落后。① 不平等交换的本质是劳动的不平等交换，是发达国家利用少量劳动交换不发达国家多量劳动的过程，是发达国家对不发达国家劳动的控制。

"对现代资本主义而言，吞占行为已经做得很巧妙、间接和隐蔽。"② 20世纪80年代以来，世界上经济最发达的美国能够在巨额经常项目逆差和消费远远高于生产的条件下，保持着经济的长期低速增长，这离不开美元霸权在背后所起到的作用，美国通过发行国际本位货币，获取了国际铸币税收益，攫取了国际通货膨胀税收益，获取了外汇风险规避的成本节约，由此掠夺了他国大量财富，这进一步加剧了各国间经济的不平等。③ 更进一步的原因是，发达国家长期占据着世界市场的垄断性地位，通过以下两种途径控制着产品的国际价格，一方面，它们控制着买方市场，控制着产品的运输和销售；另一方面，它们控制着卖方市场，使生产中心多元化，以削弱这些生产中心对供应来源的控制，增强发达国家自身对这些供应的控制。④ 另外，发达国家向欠发达国家索要服务费用，如所谓的"技术援助"、商标和专利，通过资本输出直接剥削国际劳动力，等等。⑤ 近年来，由于中国在全球供应网络中逐渐占据了战略性地位，美国政府以美国对中国的巨额贸易逆差为开端，拉开了中美经贸摩擦的序幕，控诉中方采取不公正竞争手段，指责中国从美国获利甚多进而导致美国产业遭受到中国商品的排挤，导致美方利益受损，但是，事实并非如此，有学者通过对两国劳动时间的测算比较，发现美国依靠着价值转移占据着优势地位，美方一直是中美贸易的受益者，而中方却一直遭受着美方的不平等对待。⑥

---

① [希腊] A. 伊曼纽尔. 不平等交换. 北京：中国对外经济贸易出版社，1988.
② [巴西] 特奥托尼奥·多斯桑托斯. 帝国主义与依附（修订版）. 北京：社会科学文献出版社，2016：273.
③ 程恩富，夏晖. 美元霸权：美国掠夺他国财富的重要手段. 马克思主义研究，2007 (12)：28-34.
④ [巴西] 特奥托尼奥·多斯桑托斯. 帝国主义与依附（修订版）. 北京：社会科学文献出版社，2016：274.
⑤ [巴西] 特奥托尼奥·多斯桑托斯. 帝国主义与依附（修订版）. 北京：社会科学文献出版社，2016：275-279.
⑥ Long, Zhiming et al. "U.S.-China Trade War: Has the Real 'Thief' Finally Been Unmasked?" *Monthly Review*, 2020, pp. 6-14.

因而，只有立足于马克思价值理论，才能真正把握国际国内发展大势，增强我国自身话语权和能动性，真正揭示国际交换的不平等实质，为共同富裕目标的确立及其实现提供深层理论支援，为实现中华民族伟大复兴积蓄有益力量。

6.2.2 对共同富裕本质的有力论证

马克思价值理论告诉我们，商品价值的唯一来源只能是劳动，在资本主义生产方式中，剩余价值只能来源于生产领域中的雇佣劳动，但剩余价值被资本家无偿占有，这导致了近代社会中资产阶级和无产阶级两大阶级的对立，使得近代社会中两大阶级间的贫富差距拉大，贫富分化成为资本主义社会中的必然现象，而仅仅依靠资本主义社会自身的运行逻辑是无法解决贫富分化问题的。我国是社会主义国家，在经历了社会主义建设时期的艰难探索后，"我们党深刻总结正反两方面历史经验，认识到贫穷不是社会主义"①，做出了改革开放的伟大决策，明确了我国处于社会主义社会初级阶段这一特殊历史时期，"允许一部分人、一部分地区先富起来，推动解放和发展社会生产力。"② 经过长期努力，中国特色社会主义进入新时代，这是我国发展的全新历史方位。我国社会的主要矛盾已经由人民日益增长的物质文化需要同落后的社会生产之间的矛盾，转化为人民日益增长的美好生活需要和不平衡不充分的发展之间的矛盾。③ 因而，逐步实现全体人民共同富裕，成为我国社会主义现代化建设前进方向上需要解决的问题，而这离不开对劳动所创造的价值的重新分配。习近平指出，共同富裕是社会主义的本质要求，是中国式现代化的重要特征，共同富裕是全体人民的富裕，是人民群众物质生活和精神生活都富裕，不是少数人的富裕，也不是整齐划一的平均主义，要分阶段促进共同富裕。④

对共同富裕问题的探讨首先需要澄清一个理论核心即劳动所有权问题。资产阶级经济学家对利润合法性来源的论证，不是建立在对劳动所有

---

①② 习近平．扎实推进共同富裕．求是，2021（20）．

③ 习近平．决胜全面建成小康社会 夺取新时代中国特色社会主义伟大胜利：在中国共产党第十九次全国代表大会上的报告．北京：人民出版社，2017：11．

④ 习近平．扎实推进共同富裕．求是，2021（20）．

权理论的反驳之上,而恰恰是建立在对劳动所有权理论的认同之上。洛克对此进行了最早的阐述,他首先指出,在劳动这一因素未参与到生产实践之前,"土地上所有自然生产的果实和它所养活的兽类,既是自然自发地生产的,就都归人类所共有,而没有人对于这种处在自然状态中的东西原来就具有排斥其余人类的私人所有权。"① 然后,洛克论证了劳动所有权原则的前提和基础,即自我所有原则,他指出,"土地和一切低等动物为一切人所共有,但是每人对他自己的人身享有一种所有权,除他以外任何人都没有这种权利"②,人对他自身享有的所有权就是自我所有原则。最后,在自我所有原则的基础上论证了劳动所有权原则。"他的身体所从事的劳动和他的双手所进行的工作,我们可以说,是正当地属于他的。所以只要他使任何东西脱离自然所提供的和那个东西所处的状态,他就已经掺进他的劳动……从而排斥了其他人的共同权利。"③ 可见,洛克认为,劳动者之所以能够对劳动产物具有所有权,首先是因为"劳动是劳动者的无可争议的所有物"④,即人是自身人格的所有者,而劳动产物为自身人格所有,因而人就对劳动产物具有所有权,这一原则也构成了资产阶级经济学关于所有权理论的哲学前提。

无论是洛克、斯密还是马克思,他们都认为在资本因素未参与之前,商品之间的交换比例按照生产该商品所耗费的劳动量来衡量,也就是遵守着劳动所有权原则,即劳动产物归劳动者自身所有,但在资本因素参与之后,斯密果断放弃了劳动所有权原则,而洛克试图继续贯彻劳动所有权,他在自我所有原则之上,分析了私有财产的来源,指出,虽然人的人格是不能被他人所有的,却是能够被人格所有者转让的,当劳动者将这种人格以公平交易的形式转让给资本家的时候,从人格中产生的劳动产品及其对这一产物的所有权也同样被转让给资本家了,因而资本家获得的利润是合法合理的。而马克思并不认同这种自我所有原则。在马克思看来,洛克的人格其实就是劳动力,劳动者对自身劳动力的占有和使用看似是自由的,而实际上却是不自由的,因为劳动者是由于被剥夺了生产资料才不得已出

---

① [英]洛克. 政府论:下篇. 北京:商务印书馆,1982:18.
②③④ [英]洛克. 政府论:下篇. 北京:商务印书馆,1982:19.

卖自身劳动力，或者说劳动者必须出卖其劳动力。劳动力只有和生产资料相结合才能发挥作用，无论是劳动力还是生产资料的生产和再生产都离不开自然界的创造，劳动者所能实现的只能是对生产资料的占有和改造，而不是所有，所谓所有权原则是资产阶级编造出来的意识形态神话。因而，从这一点出发，马克思价值理论所指向的就是对某种所有权的观念破除，所有权只是一种幻象而不是事实，劳动产物理应是归全体所有的，正如马克思在《哥达纲领批判》中对未来共产主义社会第一阶段的生活资料分配方式所描述的那样，每一个生产者从社会中领回的，是从社会全体的劳动生产物中做出了各种扣除之后的部分，所扣除的很大一部分是公共基金。① 因而，实现社会全体成员的共同富裕是马克思价值理论的现实旨归。

共同富裕不仅仅是一种社会理想的存在，而且是一个可以通过实践而达到的目标，这在很多思想家的理论中都有体现。例如，斯密也设想过，在一个政治修明的社会里，各行各业的产量由于分工而大增，从而造成普及到最下层人民的那种普遍富裕的情况。② 但是，斯密由于时代和阶级立场的双重局限性，没能充分认识到生产力发展与社会各阶级普遍富裕之间的悖论性关系，而马克思立足于市民社会的成熟形态，敏锐地意识到了共同富裕的实现所面临的现实难题，提出了关于社会解放的具体路径，以及未来社会经济发展的重要原则。

党的十八大以来，党中央把逐步实现全体人民共同富裕摆在了更加突出的位置，打赢了脱贫攻坚战，实现了全面建成小康社会的奋斗目标，为实现共同富裕奠定了扎实的基础。当下，我们正处在全面建设社会主义现代化国家、向第二个百年奋斗目标进军的新发展阶段，要实现中华民族伟大复兴历史进程的大跨越，必须要面对和解决我国社会的主要矛盾，更好地满足人民群众日益增长的美好生活需要，充分贯彻社会主义的公平正义，这就需要把实现全体人民共同富裕作为为人民谋幸福的着力点，这就必须依据我国发展阶段、环境、条件变化，构建以国内大循环为主体、国

---

① 马克思，恩格斯. 马克思恩格斯全集：第 25 卷. 2 版. 北京：人民出版社，2001：18.
② ［英］亚当·斯密. 国富论. 北京：商务印书馆，2015：9.

内国际双循环相互促进的新发展格局,贯彻创新、协调、绿色、开放、共享的新发展理念。实践的进程离不开理论的指导。习近平新时代中国特色社会主义思想是马克思主义中国化的最新理论成果,继承和发展了马克思关于共同富裕的理论内容和方法,为共同富裕的实现提供坚实的理论基础。

第 7 章　结语

在近代社会，人的劳动以价值的形式迂回表现出来，对价值问题的探讨是关于人的自由实现的重要议题，也是关乎资本主义生产关系的本质范畴。因而，价值成为马克思经济哲学的核心概念，也是批判和超越古典政治经济学的立足点。

深入比较马克思与斯密价值理论，无疑具有重要意义。

其一，斯密不仅在经济思想史上首次从劳动一般维度来定义价值，也首次提出了多种价值规定，这为西方经济学的发展提供了两大路径，而马克思沿着斯密-李嘉图这一路径创立了马克思劳动价值论，西方主流经济学则沿着另一路径开启了价格论转向。马克思的政治经济学理论也是在继承斯密理论并与其他庸俗学派斗争的基础上建立的，因而对作为源头形态的斯密价值理论的研究，不仅对马克思价值理论的形成和发展提供了思想史前提和基础，也为我们理解当下多种经济学思潮，以及建构中国特色社会主义政治经济学提供基础。

其二，斯密价值理论的多重性表达了他对资本主义社会的历史性判断，虽然他自身对此是不自觉的，但被马克思所敏锐地发现并予以吸收、发展。斯密价值理论的矛盾性中蕴含着他对劳动和所有权分离的历史敏感性，蕴含着他对资本主义社会形态历史性的宝贵火花，而这一点在李嘉图和庸俗经济学那里是被忽视或放弃的，而这给予了马克思关于资本主义社会历史发展的宝贵启示，马克思沿着这一思路揭示了资本主义社会的原始积累过程，破除了资本主义自由平等的意识形态神话。

马克思与斯密价值理论的比较研究深化了对二者价值生产和价值规定理论的认识,具体表现在:一是斯密有多种价值规定,不仅有耗费的劳动决定商品价值的理论,也有购买的劳动决定商品价值的理论,还有三种收入构成商品价值的理论,而马克思只有耗费劳动决定商品价值的理论一个维度;二是斯密在耗费劳动决定商品价值的维度,将劳动从各种形式的劳动中抽离为一般劳动,并在一般劳动的向度上找到劳动时间作为商品价值的"量"的规定,但是他没能得出抽象劳动,没有发现价值的"质"的规定,而这一点是由马克思完成的。

马克思与斯密价值理论的比较研究深化了对二者价值再生产理论的认识,具体表现在:斯密的生产劳动理论具有二重性,一方面认为带来利润的劳动就是生产劳动,另一方面认为固定或物化在一个特定对象上的劳动是生产劳动,前一个定义将资本家纳入生产劳动者的范围,后一个定义将家仆劳动排除在生产劳动者的范围之外,而且这两个定义共同地将封建上层阶级排除在生产劳动者的范围之外,可见这一定义具有反封建的资产阶级诉求。马克思则将斯密的第二个定义作为第一个定义的前提,加以吸收改造后提出,从事物质生产并带来剩余价值的劳动才是生产劳动。

马克思与斯密价值理论的比较研究深化了对二者价值分割和价值分配理论的认识,具体表现在:斯密认为利润和工资是资本家和工人投入在商品生产上的相应回报,在"看不见的手"的自由法则支配下,商业社会通过不断增加社会财富,最终可以实现社会各阶级的普遍富裕;马克思则揭示了资本主义社会中工资的秘密,指出资本家和工人的对抗性关系,近代社会具有不可调和的阶级矛盾,指出只有消灭私有制才能真正实现人的自由。

马克思与斯密价值理论的比较研究,是关于现代资本主义社会经济运行规律的两种认识,代表着资本和劳动的交锋和较量。这两种声音在改革开放之后的中国此起彼伏,未曾消逝,它们或隐或现地存在于普通民众的日常生活中,甚至影响着大众的价值判断。新时代中国特色社会主义的发展道路是曲折的,也会受到不良思潮的干扰,因而坚持马克思价值理论的指引就显得尤为重要。

参考文献

（一）经典著作

［1］马克思，恩格斯．马克思恩格斯文集：第 1～10 卷．北京：人民出版社，2009．

［2］马克思．资本论：第 1～3 卷．2 版．北京：人民出版社，2004．

［3］马克思，恩格斯．马克思恩格斯全集：第 3 卷．2 版．北京：人民出版社，2002．

［4］马克思，恩格斯．马克思恩格斯全集：第 19 卷．2 版．北京：人民出版社，2006．

［5］马克思，恩格斯．马克思恩格斯全集：第 25 卷．2 版．北京：人民出版社，2001．

［6］马克思，恩格斯．马克思恩格斯全集：第 26 卷．2 版．北京：人民出版社，2014．

［7］马克思，恩格斯．马克思恩格斯全集：第 29 卷．2 版．北京：人民出版社，2020．

［8］马克思，恩格斯．马克思恩格斯全集：第 30 卷．2 版．北京：人民出版社，1995．

［9］马克思，恩格斯．马克思恩格斯全集：第 31 卷．2 版．北京：人民出版社，1998．

［10］马克思，恩格斯．马克思恩格斯全集：第 32 卷．2 版．北京：人民出版社，1998．

[11] 马克思，恩格斯．马克思恩格斯全集：第 33 卷．2 版．北京：人民出版社，2004．

[12] 马克思，恩格斯．马克思恩格斯全集：第 34 卷．2 版．北京：人民出版社，2008．

[13] 马克思，恩格斯．马克思恩格斯全集：第 35 卷．2 版．北京：人民出版社，2013．

[14] 马克思，恩格斯．马克思恩格斯全集：第 37 卷．2 版．北京：人民出版社，2019．

[15] 马克思，恩格斯．马克思恩格斯全集：第 38 卷．2 版．北京：人民出版社，2019．

[16] 马克思，恩格斯．马克思恩格斯全集：第 42 卷．2 版．北京：人民出版社，2016．

[17] 马克思，恩格斯．马克思恩格斯全集：第 46 卷．2 版．北京：人民出版社，2003．

[18] 马克思，恩格斯．马克思恩格斯全集：第 47 卷．2 版．北京：人民出版社，2004．

[19] 马克思，恩格斯．马克思恩格斯全集：第 49 卷．2 版．北京：人民出版社，2016．

[20] 胡锦涛．坚定不移沿着中国特色社会主义道路前进 为全面建成小康社会而奋斗：在中国共产党第十八次全国代表大会上的报告．北京：人民出版社，2012．

[21] 习近平．决胜全面建成小康社会 夺取新时代中国特色社会主义伟大胜利：在中国共产党第十九次全国代表大会上的报告．北京：人民出版社，2017．

[22] 习近平．高举中国特色社会主义伟大旗帜 为全面建设社会主义现代化国家而团结奋斗：在中国共产党第二十次全国代表大会上的报告．北京：人民出版社，2022．

（二）国外学者著作

[23] ［希腊］A．伊曼纽尔．不平等交换．北京：中国对外经济贸易出版社，1988．

[24][美]阿瑟·赫尔曼.苏格兰:现代世界文明的起点.上海:上海社会科学院出版社,2016.

[25][法]奥古斯特·科尔纽.马克思恩格斯传:第1卷.北京:生活·读书·新知三联书店,1963.

[26][法]奥古斯特·科尔纽.马克思恩格斯传:第2卷.北京:生活·读书·新知三联书店,1965.

[27][法]奥古斯特·科尔纽.马克思恩格斯传:第3卷.北京:生活·读书·新知三联书店,1980.

[28][英]埃蒙·巴特勒.解读亚当·斯密.西安:陕西人民出版社,2009.

[29][日]安倍能成.康德实践哲学.福州:福建人民出版社,1984.

[30][美]保罗·斯威齐.资本主义发展论:马克思主义政治经济学原理.北京:商务印书馆,1997.

[31][英]伯尔基.马克思主义的起源.上海:华东师范大学出版社,2007.

[32][德]伯恩哈德·迈尔.苏格兰史.上海:上海三联书店,2019.

[33][日]柄谷行人.跨越性批判.北京:中央编译出版社,2011.

[34][美]查尔斯·格瑞斯沃德.亚当·斯密与启蒙德性.北京:生活·读书·新知三联书店,2021.

[35][日]大河内一男.过渡时期的经济思想:亚当·斯密与弗·李斯特.北京:中国人民大学出版社,2000.

[36][英]戴维·麦克莱伦.马克思传(第4版).北京:中国人民大学出版社,2016.

[37][意]登特列夫.自然法:法律哲学导论.北京:新星出版社,2008.

[38][英]杜格尔德·斯图尔特.亚当·斯密的生平与著作.北京:商务印书馆,1983.

[39][德]费尔巴哈.费尔巴哈哲学著作选集:上卷.北京:商务印书馆,1959.

[40][德]费尔巴哈.费尔巴哈哲学著作选集:下卷.北京:商务印

书馆，1962.

[41]［德］费尔巴哈．基督教的本质．北京：商务印书馆，1984.

[42]［德］弗·梅林．马克思传．北京：人民出版社，1965.

[43]［日］广松涉．唯物史观的原像．南京：南京大学出版社，2009.

[44]［日］广松涉．资本论的哲学．南京：南京大学出版社，2013.

[45]［德］黑格尔．哲学史讲演录．上海：上海人民出版社，1959（2013重印）．

[46]［德］黑格尔．法哲学原理．北京：商务印书馆，1961.

[47]［德］黑格尔．哲学全书·第一部分·逻辑学．北京：人民出版社，2017.

[48]［澳］亨利·洛瑞．民族发展中的苏格兰哲学．杭州：浙江大学出版社，2014.

[49]［英］J. 米尔斯．一种批判的经济学史．北京：商务印书馆，2005.

[50]［德］卡尔·洛维特：从黑格尔到尼采．2版．北京：生活·读书·新知三联书店，2014.

[51]［英］卡尔·波兰尼．大转型：我们时代的政治与经济起源．杭州：浙江人民出版社，2007.

[52]［英］坎南．亚当·斯密关于法律、警察、岁入及军备的演讲．北京：商务印书馆，1962.

[53]［英］克里斯托弗·贝里．苏格兰启蒙运动中的商业社会观念．杭州：浙江大学出版社，2017.

[54]［英］克里斯托弗·J. 贝瑞．苏格兰启蒙运动的社会理论．杭州：浙江大学出版社，2012.

[55]［英］李嘉图．政治经济学及赋税原理．北京：商务印书馆，1962.

[56]［匈］卢卡奇．青年黑格尔．北京：商务印书馆，1963.

[57]［匈］卢卡奇．关于社会存在的本体论：上卷．重庆：重庆出版社，1993.

[58]［匈］卢卡奇．历史与阶级意识．北京：商务印书馆，2017.

[59]［苏］卢森贝．政治经济学史：第1卷．北京：生活·读书·新

知三联书店，1959.

[60]［英］洛克. 政府论：下篇. 北京：商务印书馆，1982.

[61]［美］列奥·施特劳斯，［美］约瑟夫·克罗波西. 政治哲学史（第三版）. 北京：法律出版社，2009.

[62]［英］马尔萨斯. 人口原理. 北京：商务印书馆，1992.

[63]［英］马克·布劳格. 经济学方法论. 北京：商务印书馆，1992.

[64]［英］马克·布劳格，等. 经济学方法论的新趋势. 北京：经济科学出版社，2000.

[65]［英］马克·布劳格. 经济理论的回顾. 北京：中国人民大学出版社，2009.

[66]［美］麦克·希尔，［美］沃伦·蒙塔格. 另一个亚当·斯密. 北京：中国社会科学文献出版社，2018.

[67]［英］米克. 劳动价值学说的研究. 北京：商务印书馆，2020.

[68]［法］米歇尔·福柯. 安全、领土与人口. 上海：上海人民出版社，2010.

[69]［美］米歇尔·哈德蒙. 黑格尔的社会哲学：和解方案. 北京：北京师范大学出版社，2020.

[70]［日］内田弘. 新版《政治经济学批判大纲》的研究. 北京：北京师范大学出版社，2011.

[71]［英］努德·哈孔森. 立法者的科学：大卫·休谟与亚当·斯密的自然法理学. 杭州：浙江大学出版社，2010.

[72]［英］努德·哈孔森. 自然法与道德哲学：从格老秀斯到苏格兰启蒙运动. 杭州：浙江大学出版社，2010.

[73]［美］帕特里夏·沃哈恩. 亚当·斯密及其留给现代资本主义的遗产. 上海：上海译文出版社，2006.

[74]［南斯拉夫］普雷德拉格·弗兰尼茨基. 马克思主义史：第1卷. 哈尔滨：黑龙江大学出版社，2015.

[75]［意］乔万尼·阿里吉. 亚当·斯密在北京：21世纪的谱系. 北京：社会科学文献出版社，2009.

[76]［美］乔治·麦卡锡. 马克思与古人. 上海：华东师范大学出版

社，2011.

[77] [英] 琼·罗宾逊. 经济哲学. 北京：商务印书馆，2015.

[78] [法] 萨伊. 政治经济学概论：财富的生产、分配和消费. 北京：商务印书馆，2020.

[79] [美] 塞缪尔·弗莱施哈克尔. 分配正义简史. 南京：译林出版社，2010.

[80] [英] 唐纳德·温奇. 亚当·斯密的政治学. 南京：译林出版社，2010.

[81] [日] 堂目卓生. 解读亚当·斯密之《道德情操论》与《国富论》. 北京：求真出版社，2012.

[82] [巴西] 特奥托尼奥·多斯桑托斯. 帝国主义与依附（修订版）. 北京：社会科学文献出版社，2016.

[83] [美] 托马斯·库恩. 科学革命的结构（第四版）. 北京：北京大学出版社，2012.

[84] [德] 瓦·图赫舍雷尔. 马克思经济理论的形成和发展：1843—1858. 北京：人民出版社，1981.

[85] [日] 望月清司. 马克思历史理论的研究. 北京：北京师范大学出版社，2009.

[86] [英] 亚当·弗格森. 文明社会史论. 杭州：浙江大学出版社，2010.

[87] [英] 亚当·斯密. 亚当·斯密全集（第1卷）：道德情操论. 北京：商务印书馆，2014.

[88] [英] 亚当·斯密. 亚当·斯密全集（第4卷）：哲学文集. 北京：商务印书馆，2014.

[89] [英] 亚当·斯密. 国富论. 北京：商务印书馆，2015.

[90] [英] 亚当·斯密. 法理学讲义. 北京：中国人民大学出版社，2017.

[91] [英] 亚历山大·布罗迪. 剑桥指南：苏格兰启蒙运动. 杭州：浙江大学出版社，2010.

[92] [英] 伊安·罗斯. 亚当·斯密传. 杭州：浙江大学出版社，2013.

[93] [英] 伊恩·斯蒂德曼等. 价值问题的论战. 北京：商务印书馆，2020.

[94] [匈] 伊什特万·洪特，[加] 米凯尔·伊格纳季耶夫. 财富与德性：苏格兰启蒙运动中政治经济学的发展. 杭州：浙江大学出版社，2013.

[95] [英] 约翰·雷. 亚当·斯密传. 北京：商务印书馆，2014.

[96] [美] 约瑟夫·熊彼特. 经济分析史：第1卷. 北京：商务印书馆，1991.

[97] [美] 约瑟夫·熊彼特. 经济分析史：第2卷. 北京：商务印书馆，1992.

[98] [美] 约瑟夫·熊彼特. 经济分析史：第3卷. 北京：商务印书馆，1994.

[99] [美] 约瑟夫·熊彼特. 资本主义、社会主义与民主. 北京：商务印书馆，2002.

[100] [美] 约瑟夫·克罗普西. 国体与经体：对亚当·斯密原理的进一步思考. 上海：上海人民出版社，2005.

[101] [英] 詹姆斯·博纳. 哲学与政治经济学. 北京：商务印书馆，2021.

[102] [日] 植村邦彦. 何谓"市民社会"：基本概念的变迁史. 南京：南京大学出版社，2014.

[103] [日] 作藤金三郎，[日] 冈崎荣松，等. 《资本论》百题论争. 济南：山东人民出版社，1992.

（三）国内学者著作

[104] 白刚. 瓦解资本的逻辑：马克思辩证法的批判本质. 北京：中国社会科学出版社，2009.

[105] 白刚. 回到《资本论》：21世纪的"政治经济学批判". 北京：人民出版社，2018.

[106] 白刚. 马克思政治哲学的兴起. 北京：中国社会科学出版社，2018.

[107] 陈岱孙. 政治经济学史. 长春：吉林人民出版社，1981.

[108] 陈岱孙．陈岱孙文集（上、下）．北京：北京大学出版社，1989.

[109] 陈岱孙．从古典经济学派到马克思：若干主要学说发展论略．北京：商务印书馆，2014.

[110] 陈其人．亚当·斯密经济理论研究．上海：上海人民出版社，2014.

[111] 高兆明．黑格尔《法哲学原理》导读．北京：商务印书馆，2010.

[112] 宫敬才．经济个人主义的哲学研究．北京：中国社会科学出版社，2004.

[113] 宫敬才．马克思经济哲学研究．北京：人民出版社，2014.

[114] 宫敬才．重建马克思经济哲学传统．北京：人民出版社，2018.

[115] 韩立新．《巴黎手稿》研究：马克思思想的转折点．北京：北京师范大学出版社，2014.

[116] 何炼成．价值学说史．北京：商务印书馆，2006.

[117] 黄小武．马克思主义研究资料（第5卷）：《1857—1858年经济学手稿》研究．北京：中央编译出版社，2014.

[118] 李成旺．马克思哲学革命的文本学解读．北京：中国社会科学出版社，2011.

[119] 李成旺．历史唯物主义生成路径研究．北京：人民出版社，2017.

[120] 李成旺．实践·历史·自由：马克思哲学本真精神的当代追寻．北京：人民出版社，2018.

[121] 刘敬东．理性、自由与实践批判：两个世界的内在张力与历史理念的动力结构．北京：北京师范大学出版社，2015.

[122] 刘永佶．马克思政治经济学方法论史．北京：北京大学出版社，1987.

[123] 鲁品越．鲜活的资本论．上海：上海人民出版社，2016.

[124] 马涛．经济思想史教程．2版．上海：复旦大学出版社，2018.

[125] 马泽民. 马克思主义哲学前史. 重庆：重庆出版社，1994.

[126] 牛变秀，王峰明. 价值存在和运动的辩证法：马克思《资本论》及其手稿的核心命题研究. 北京：社会科学文献出版社，2011.

[127] 孙伯鍨. 探索者道路的探索：青年马克思恩格斯哲学思想研究. 北京：北京师范大学出版社，2017.

[128] 孙乐强. 马克思再生产理论及其哲学效应研究. 南京：江苏人民出版社，2016.

[129] 唐正东. 从斯密到马克思：经济哲学方法的历史性诠释. 南京：江苏人民出版社，2009.

[130] 王代月. 回归历史：基于马克思市民社会批判视角. 北京：中国社会科学出版社，2016.

[131] 王峰明. 马克思劳动价值理论与当代社会发展. 北京：社会科学文献出版社，2008.

[132] 王峰明. 历史唯物主义：一种微观透视. 北京：社会科学文献出版社，2014.

[133] 王峰明.《资本论》第1卷导读. 北京：中国民主法制出版社，2018.

[134] 王树人，李凤鸣. 西方著名哲学家评传：第6卷. 济南：山东人民出版社，1984.

[135] 吴瑾菁. 古典经济学派经济伦理思想研究. 北京：中国社会科学出版社，2015.

[136] 吴易风. 英国古典经济理论. 北京：商务印书馆，1988.

[137] 徐禾. 政治经济学概论. 4版. 北京：中国人民大学出版社，2017.

[138] 叶秀山. 哲学要义. 北京：北京联合出版公司，2015.

[139] 苑洁. 马克思主义研究资料（第10卷）：《资本论》基本理论问题研究. 北京：中央编译出版社，2014.

[140] 张世英. 哲学导论. 北京：北京师范大学出版社，2014.

[141] 张一兵. 回到马克思：经济学语境中的哲学话语. 3版. 南京：江苏人民出版社，2014.

[142] 邹柏松. 亚当·斯密经济思想研究. 广州：广东高等教育出版社，1991.

（四）学位论文

[143] 丁瑞媛. 平田清明的市民社会理论研究：以《市民社会与社会主义》的文本学解读为中心. 江苏：南京大学，2014.

[144] 冯溪屏. 劳动范畴在马克思哲学中的核心地位. 黑龙江：黑龙江大学，2009.

[145] 高红雨. 马克思的劳动思想. 北京：中共中央党校，2019.

[146] 韩璐. 基于文本的马克思恩格斯历史唯物主义劳动观研究. 甘肃：兰州大学，2019.

[147] 洪燕妮. 正义思想研究：马克思与苏格兰启蒙学派. 上海：华东师范大学，2016.

[148] 李亿. 思想史视域中的马克思共同体理论研究. 北京：清华大学，2021.

[149] 刘恩至. 自由理念的批判与实现：马克思的国家学说研究. 北京：清华大学，2020.

[150] 刘泓颉. 马克思劳动概念解析. 吉林：吉林大学，2018.

[151] 刘瓅珑. 见物不见"人"：马克思对古典政治经济学的哲学批判. 吉林：吉林大学，2006.

[152] 刘礼. 资本逻辑与当代社会危机：基于《资本论》及其手稿. 北京：清华大学，2017.

[153] 刘钊. 李嘉图经济学理论与马克思哲学思想的发展. 江苏：南京大学，2012.

[154] 曲达. 政治经济学批判. 吉林：吉林大学，2017.

[155] 田书为. 马克思对黑格尔贫困思想的超越路径研究. 北京：清华大学，2021.

[156] 王代月. 黑格尔和马克思市民社会问题解决路径比较研究. 北京：清华大学，2008.

[157] 吴韬. 马克思的劳动论题研究. 上海：复旦大学，2014.

[158] 项荣建. 资本与生产力：基于《资本论》及其手稿的研究. 北

京：清华大学，2018.

[159] 殷逸枫.马克思早期哲学中的黑格尔批判研究.北京：清华大学，2021.

[160] 袁立国.马克思与古典政治经济学的理论渊源关系研究.吉林：吉林大学，2014.

[161] 张翔霞.马克思是如何超越古典政治经济学的?：以《1861—1863年经济学手稿》"亚当·斯密"部分为中心.北京：北京大学，2012.

[162] 种项谭.马克思劳动价值论：争论及启示.北京：中共中央党校，2018.

[163] 庄忠正.政治经济学的存在论批判.吉林：吉林大学，2014.

(五) 中文期刊论文

[164] 白刚.黑格尔、马克思与古典政治经济学.现代哲学，2015 (05)：9-16.

[165] 白刚.资本：马克思资本主义社会中"物"的概念.南京社会科学，2015 (05)：40-47.

[166] 白刚.自由的历险：从"德国观念论"到《资本论》.吉林大学社会科学学报，2016 (02)：107-113.

[167] 白刚.自由个性的实现：《资本论》的自由观.江海学刊，2017 (03)：40-46.

[168] 白刚.《资本论》"政治经济学批判"的逻辑转换.学术月刊，2017，49 (12)：60-68+77.

[169] 白刚.劳动的张力：从斯密、黑格尔到马克思.哲学研究，2018 (07)：34-40.

[170] 陈其人.关于马克思两个生产劳动定义问题：兼论重农主义和斯密的生产劳动观.当代经济研究，2002 (03)：3-7.

[171] 陈永志.马克思对斯密的生产劳动定义的评价.赣江经济，1983 (05)：24-26.

[172] 陈永志.马克思只批判地肯定斯密的第一个生产劳动定义.中国经济问题，1983 (05)：53-56.

[173] 陈振羽. 从马克思批判庸俗经济学反对斯密生产劳动理论的评述中吸取教益. 厦门大学学报（哲学社会科学版），1987（04）：90-97.

[174] 陈振羽. 斯密生产劳动定义若干问题的探讨. 当代财经，1994（06）：44-48.

[175] 陈振羽. 不要否定马克思对"斯密教条"的批判："社会劳动价值论"质疑之八. 经济评论，2004（01）：3-8.

[176] 程恩富，夏晖. 美元霸权：美国掠夺他国财富的重要手段. 马克思主义研究，2007（12）：28-34.

[177] 戴玉林. 斯密关于生产劳动的见解是一贯的和统一的吗？. 中国社会科学，1984（03）：51-52.

[178] 丁忠锋，张正萍. 亚当·斯密与卡尔·马克思：劳动分工学说之比较. 浙江社会科学，2016（05）：146-152.

[179] 方敏. 对《资本论》中劳动价值论的几点认识与澄清. 当代经济研究，2020（06）：5-14.

[180] 高朝虎. 马克思生产力概念研究. 马克思主义哲学研究，2019（01）：58-65.

[181] 高广旭. 财产权批判与正义：马克思对黑格尔正义观的批判与超越. 哲学研究，2019（09）：19-27.

[182] 宫敬才. 论黑格尔经济哲学及其对马克思经济哲学的影响. 马克思主义与现实，2016（03）：20-28.

[183] 宫敬才. 论马克思的劳动历史唯物主义理论. 北京师范大学学报（社会科学版），2018（03）：9-27.

[184] 郭冠清. 回到马克思：对生产力—生产方式—生产关系原理再解读. 当代经济研究，2020（03）：5-13.

[185] 何云峰，王绍梁. 马克思劳动概念的两重维度及其辩证关系：兼析《资本论》中劳动辩证法的革命意义. 马克思主义与现实，2019（02）：54-61.

[186] 胡怀国. 亚当·斯密的思想渊源：一种被忽略的学术传统：兼论现代市场经济的内在逻辑. 经济学动态，2011（09）：110-120.

[187] 黄裕生. 德国古典哲学的主题及其与马克思主义的多重关系.

江苏科技大学学报(社会科学版),2012(04):1-9.

[188] 黄裕生."理性神学"的原则与"美德伦理学"的困境:从"神话神学"的责任危机谈起.道德与文明,2016(06):9-16.

[189] 蒋伏心.亚当·斯密价值理论不足处探析.南京师大学报(社会科学版),1990(03):12-16+32.

[190] 凯瑟琳·韦尔森,臧峰宇.关于历史科学与启蒙运动的思想遗产的对话.社会科学辑刊,2013(06):5-9.

[191] 康子兴.社会的自然史:亚当·斯密论文明社会的起源.清华法学,2011,5(06):44-58.

[192] 孔小红,管德华.斯密价值理论辨析.当代经济研究,2010(01):49-54.

[193] 李井奎.亚当·斯密与"看不见的手":一场经济思想史的知识考古.社会科学战线,2011(02):44-52.

[194] 李强.亚当·斯密的"立法者科学".读书,2017(08):96-100.

[195] 李松龄.使用价值理论的辩证认识及其现实意义.山东社会科学,2017(02):123-128.

[196] 鲁品越.从人性结构到市场权力结构:市场机制深层结构的再发现.哲学研究,2011(04):3-10.

[197] 祁晓玲,曾令秋.论马克思对斯密生产劳动理论的批判、继承和发展.社会科学研究,2002(05):64-66.

[198] 钱津.关于亚当·斯密生产劳动理论的研究.经济思想史评论,2006(01):127-137.

[199] 任劭婷.从"自然秩序"到"资本逻辑":论斯密与马克思的劳动分工思想及其当代意义.山东社会科学,2016(02):70-77.

[200] 任劭婷.从黑格尔"贱民"到马克思"无产阶级"的逻辑变革.社会科学文摘,2017(05):90-92.

[201] 孙凤君.对重商主义、重农学派和亚·斯密的生产劳动观的分析.马克思主义研究,1999(04):94-96.

[202] 孙赫.马克思《1861—1863年经济学手稿》对唯物史观的运

用与发展：以对斯密生产劳动理论的批判为视角．世界哲学，2020（01）：14-21．

［203］孙乐强．马克思机器大生产理论的形成过程及其哲学效应．哲学研究，2014（03）：32-38．

［204］孙乐强．劳动与自由的辩证法：马克思历史观的哲学革命：兼论《资本论》对《政治经济学批判大纲》的超越与发展．哲学研究，2016（09）：11-18．

［205］孙乐强．超越"机器论片断"：《资本论》哲学意义的再审视．学术月刊，2017，49（05）：5-18．

［206］孙乐强．马克思的使用价值理论及其哲学意义的再思考．理论探讨，2017（05）：69-74．

［207］孙宗伟．效用价值论还是劳动价值论？：评经济思想史上关于价值源泉的争论．马克思主义理论学科研究，2016（03）：28-38．

［208］孙宗伟．斯密价值决定论的矛盾及其争论研究．政治经济学评论，2018（01）：209-224．

［209］唐爱军．如何理解"黑格尔站在现代国民经济学家的立场上"：兼论马克思对黑格尔哲学的双重批判．兰州学刊，2010（09）：5-8．

［210］王代月．抽象具体关系视野中的马克思市民社会理论．现代哲学，2011（06）：29-34．

［211］王代月．市民社会批判：马克思理论研究的新视阈．兰州学刊，2011（09）：13-17．

［212］王代月．哲学经济学视域中的劳动论题：马克思对黑格尔劳动观的继承与超越．北京航空航天大学学报（社会科学版），2013（04）：58-62．

［213］王代月．市民社会批判：马克思主义基本原理的发生学研究．山东社会科学，2014（12）：20-28．

［214］王代月．斯密的市民社会理论：马克思借以回到现实的经济学环节．哲学研究，2015（12）：12-17．

［215］王代月．劳动辩证法：从黑格尔到马克思．哲学动态，2018（04）：46-51．

[216] 王峰明,牛变秀. 哲学方法论视域中马克思的劳动价值论:兼评劳动价值论争论中的一些观点. 哲学研究,2004(02):29-33.

[217] 王峰明,牛变秀. 思维抽象、思维具体与马克思的劳动价值论:兼评劳动价值论争论中的一些观点. 学术界,2004(04):137-148.

[218] 王峰明,牛变秀. 马克思劳动价值论视阈中的"服务产品". 学术界,2005(06):100-113.

[219] 王峰明,牛变秀. 要在生产方式的高度认识剥削问题:立足于《资本论》及其手稿的阐释. 思想理论教育导刊,2014(02):16-22.

[220] 王峰明,牛变秀. 价值形式的历史运动及其内在机理:马克思经济辩证法思想的个案剖析. 当代经济研究,2017(02):5-15.

[221] 王峰明. 西方主流经济学"价格论转向"的哲学悖谬:一种立足于马克思劳动价值论的审视. 哲学研究,2005(01):82-87.

[222] 王峰明. 经济范畴规定性的哲学辨析. 教学与研究,2006(07):35-40.

[223] 王峰明. 论商品价值"质的决定"与"量的决定"的辩证关系:马克思劳动价值论视阈中的"价值决定"辨析. 当代经济研究,2007(03):26-31.

[224] 王峰明. 商品"价值"问题的"元"考察:以威廉·配第为个案并与亚里士多德作比较. 学术界,2008(04):150-159.

[225] 王峰明. 马克思经济学假设的哲学方法论辨析:以两个"社会必要劳动时间"的关系问题为例. 中国社会科学,2009(04):54-64.

[226] 王峰明. 历史唯物主义的方法论意义:以政治经济学的价值理论为例. 教学与研究,2012(01):12-18.

[227] 王峰明. 经济范畴与"形式规定":马克思经济学本质观的哲学基础和当代价值. 天津社会科学,2014(02):20-28.

[228] 王峰明. 马克思"生产方式"范畴考释:以《资本论》及其手稿为语境. 马克思主义与现实,2014(04):25-33.

[229] 王峰明. 《资本论》的逻辑、方法与意义:以马克思的劳动价值论为例. 哲学动态,2017(08):12-24.

[230] 王峰明. 自由王国、必然王国与人的自由:《资本论》及其手

稿中马克思的自由观辨析. 马克思主义研究, 2018 (01): 77-87.

[231] 王峰明. 资本主义生产方式的二重性及其正义悖论: 从马克思《资本论》及其手稿看围绕"塔克-伍德命题"的讨论. 哲学研究, 2018 (08): 3-17.

[232] 王峰明. 经济关系与分配正义:《哥达纲领批判》中马克思的"权利-正义观"辨析. 哲学研究, 2019 (08): 30-41.

[233] 王庆丰. 马克思的《资本论》与古典政治经济学. 学术研究, 2013 (08): 1-7.

[234] 卫兴华. 马克思的生产劳动理论. 中国社会科学, 1983 (06): 59-75.

[235] 魏小萍. 马克思的劳动价值论及其同古典经济学的四个决裂: 德国柏林工业与经济学院海里希教授访谈. 马克思主义研究, 2012 (07): 12-23.

[236] 魏小萍. 资本主义经济关系中的政治、哲学与伦理: 以MEGA2中马克思文本为基础的阅读与理解. 哲学研究, 2012 (09): 3-9.

[237] 魏新丽. 纯粹的服务是不是生产劳动: 试析马克思生产劳动的两种含义. 北京师范大学学报（人文社会科学版）, 2002 (06): 135-139.

[238] 魏旭. 论价值转形的历史过程及其与逻辑过程的辩证关系. 政治经济学季刊, 2020 (01): 41-56.

[239] 习近平. 不断开拓当代中国马克思主义政治经济学新境界. 求是, 2020 (16): 4-9.

[240] 习近平. 扎实推进共同富裕. 求是, 2021 (20).

[241] 熊勤初. 亚当·斯密生产劳动第二个定义的合理性和社会主义生产劳动问题. 成都大学学报（社会科学版）, 1982 (02): 5-10.

[242] 杨芳, 宋丽的. 马克思论资本主义社会分工结合方式的变革. 中南民族大学学报（人文社会科学版）, 2011 (05): 83-86.

[243] 仰海峰. 使用价值: 一个被忽视的哲学范畴. 山东社会科学, 2016 (02): 63-69.

[244] 仰海峰. 马克思《哲学的贫困》中的历史性思想. 哲学研究, 2020 (05): 3-11.

[245] 姚顺良. 从"异化劳动"到"谋生劳动":青年马克思人本主义范式解构的开始:兼与张一兵教授的"穆勒笔记"解读商榷. 马克思主义研究, 2010 (07): 128-134.

[246] 于洪波, 彭金荣. 论生产劳动理论在斯密经济理论体系中的地位. 经济科学, 1984 (04): 65-66.

[247] 于俊文, 陈惠如. 生产劳动与非生产劳动理论从亚当·斯密到马克思的发展. 经济研究, 1981 (07): 66-73.

[248] 俞吾金. 经济哲学的三个概念. 中国社会科学, 1999 (02): 86-90.

[249] 俞吾金. 重视对马克思的价值理论的研究. 当代国外马克思主义评论, 2008 (00): 3-13, 400.

[250] 俞吾金. 价值四论. 哲学分析, 2010 (02): 1-7.

[251] 袁立国, 高雪. 生产的政治:马克思与古典经济学源流. 黑龙江社会科学, 2016 (01): 24-30.

[252] 袁立国. 正义观变革视野中的斯密、李嘉图、马克思:解读《资本论》的一个思想史视角. 哲学基础理论研究, 2015 (01): 212-222.

[253] 袁立国. 市民社会与人的解放:从古典政治经济学到唯物史观. 西南大学学报(社会科学版), 2015 (05): 5-11.

[254] 袁立国. 历史·正义·科学:苏格兰启蒙政治经济学与历史唯物主义三题. 马克思主义哲学研究, 2017 (02): 70-79.

[255] 袁立国. 哲学是解放的事业:一种对马克思哲学的生命政治论阐释. 山东社会科学, 2018 (04): 58-63.

[256] 臧峰宇, 何璐维. 从"马克思问题"回溯"斯密问题". 学习与探索, 2019 (05): 1-5.

[257] 臧峰宇. 苏格兰启蒙运动与马克思的正义论. 哲学研究, 2014 (01): 10-15.

[258] 臧峰宇. 苏格兰启蒙运动与青年马克思的市民社会理论. 天津社会科学, 2014 (02): 29-35+42.

[259] 臧峰宇. 马克思与苏格兰启蒙运动中的斯密和弗格森. 哲学动态, 2015 (10): 13-18.

[260] 张盾，袁立国．论马克思与古典政治经济学的理论渊源．哲学研究，2014（03）：3-11.

[261] 张盾．哲学经济学视域中的劳动论题：关于马克思与黑格尔理论传承关系的微观研究．南京大学学报（哲学．人文科学．社会科学版），2006（05）：5-12.

[262] 张盾．财产权批判与《资本论》的主题．江海学刊，2011（06）：45-50.

[263] 张文喜．所有制与所有权正义：马克思与"亚当·斯密问题"．哲学研究，2014（04）：11-18.

[264] 张文喜．马克思政治哲学中的所有权正义及其当代意义．山东社会科学，2015（06）：24-31.

[265] 张文喜．马克思：对异化劳动和私有财产超越．上饶师范学院学报，2016（02）：21-27.

[266] 张文喜．马克思所有权批判及其相关的公平正义观．中国社会科学，2016（08）：4-23.

[267] 张一兵．青年马克思经济学研究中的哲学转变．哲学研究，1997（11）：7-14.

[268] 张一兵．《1844年经济学哲学手稿》中的多重话语结构．南京大学学报（哲学．人文科学．社会科学版），1998（01）：15-17.

[269] 张一兵．经济学研究视域中的哲学失语：青年马克思《巴黎笔记》的摘录性文本研究．理论探讨，1998（05）：30-36.

[270] 张一兵．从分工到现实的世界历史：《德意志意识形态》中一种经济学的现实批判话语．江苏社会科学，1998（06）：92-99.

[271] 张一兵．青年马克思《巴黎笔记》的文本结构与写作语境．宁夏社会科学，1998（06）：10-16.

[272] 张一兵．使用价值的形而上学批判：鲍德里亚《符号政治经济学批判》解读．东南学术，2009（02）：18-26.

[273] 张一兵．劳动与市民社会：黑格尔与古典经济学．哲学动态，2012（07）：5-8.

[274] 赵敦华．"密纳发的猫头鹰"和"高卢的雄鸡"：黑格尔和他

的时代. 东北师大学报（哲学社会科学版），2015（03）：1-6.

[275] 赵磊. "不能量化"证伪了劳动价值论吗？. 政治经济学评论，2017，8（04）：3-17.

[276] 赵修义. 马克思有没有提出作为普通哲学范畴的"价值"定义？. 社会科学家，1988（01）：23-30.

[277] 朱绍文. 亚当·斯密的《道德感情论》与所谓"斯密问题". 经济学动态，2010（07）：91-96.

[278] 邹柏松. 评亚当·斯密划分生产劳动的两个标准. 华南师范大学学报（社会科学版），1991（03）：84-87.

[279] 左大培. 亚当·斯密的生产劳动学说与当代现实：揭示经济发展的秘密. 政治经济学评论，2003（01）：51-69.

（六）外文著作与期刊

1. 外文著作

[280] Dennis C. Rasmussen. *The Problems and Promise of Commercial Society：Adam Smith's Response to Rousseau*. Penn State University Press，2008.

[281] Ingo Schmidt，et al. *Reading "Capital" Today：Marx after 150 Years*. Pluto Press，2017.

[282] Kenneth Smith. *A Guide to Marx's "Capital" Vols I-III*. Anthem Press，2012.

[283] Knud Haakonssen. *The Cambridge Companion to Adam Smith*. Cambridge University Press，2006.

[284] Leonidas Monters and Eric Schliesser eds. *New Voices on Adam Smith*. Routledge Press，2006.

[285] Maria Pia Paganelli，Dennis C. Rasmussen，Craig Smith. *Adam Smith and Rousseau：Ethics，Politics，Economics*. Edinburgh University Press，2018.

[286] Mark Garrett Longaker. *Rhetorical Style and Bourgeois Virtue：Capitalism and Civil Society in the British Enlightenment*. Penn State University Press，2015.

[287] Michael J. Shapiro. *Reading "Adam Smith": Desire, History, and Value*. Rowman&Littlefield Press, 2002.

[288] M. C. Howard, J. E. King. *The Political Economy of Marx*. New York University Press, 1985.

[289] Paul Wood, ed.. *The Scottish Enlightenment: Essays in Reinterpretation*. Rochester University Press, 2000.

[290] Ryan Patrick Hanley. *Adam Smith: His Life, Thought, and Legacy*. Princeton University Press, 2016.

[291] Samuel Fleischacker. *On Adam Smith's "Wealth of Nations": A Philosophical Companion*. Princeton University Press, 2004.

2. 外文期刊

[292] Alvey, J. "Adam Smith's Higher Vision of Capitalism." *Journal of Economic Issues*, 1998 (2): 441-448.

[293] Elliott, J. "Adam Smith's Conceptualization of Power, Markets, and Politics." *Review of Social Economy*, 2000 (4): 429-454.

[294] Eric R. "Marx—From Hegel and Feuerbach to Adam Smith: A New Synthesis." *International Critical Thought*, 2018: 1-17.

[295] Gupta, A. "Adam Smith on Value: A Postscript." *Indian Economic Review*, 1961 (3): 285-287.

[296] Hutchison, T. "Adam Smith and The Wealth of Nations." *The Journal of Law & Economics*, 1976 (3): 507-528.

[297] Johnson, R. "Adam Smith's Radical Views on Property, Distributive Justice and The Market." *Review of Social Economy*, 1990 (3): 247-271.

[298] Kaushil, S. "The Case of Adam Smith's Value Analysis." *Oxford Economic Papers*, 1973 (1): 60-71.

[299] Labio, C. "The Aesthetics of Adam Smith's Labor Theory of Value." *The Eighteenth Century*, 1997 (2): 134-149.

[300] Long, Zhiming et al. "U.S.-China Trade War: Has the Real 'Thief' Finally Been Unmasked?" *Monthly Review*, 2020: 6-14.

[301] McNulty, P. "Adam Smith's Concept of Labor." *Journal of the History of Ideas*, 1973 (3): 345-366.

[302] Nathaniel Wolloch. "Adam Smith and the Concept of Natural Capital." *Ecosystem Services*, 2020: 43.

[303] Nava Ashraf, Camerer, C., and Loewenstein, G. "Adam Smith, Behavioral Economist." *The Journal of Economic Perspectives*, 2005 (3): 131-145.

[304] Nolan, P. "Adam Smith and the Contradictions of the Free Market." *Challenge*, 2003 (3): 112-123.

[305] Nord, W. "Adam Smith and Contemporary Social Exchange Theory." *The American Journal of Economics and Sociology*, 1973 (4): 421-436.

[306] Reisman, D. "Adam Smith on Market and State." *Journal of Institutional and Theoretical Economics (JITE)/Zeitschrift Für Die Gesamte Staatswissenschaft*, 1998 (2): 357-383.

[307] Samuels, W. "The Political Economy of Adam Smith." *Nebraska Journal of Economics and Business*, 1976 (3): 3-24.

[308] Spengler, J. "Adam Smith on Human Capital." *The American Economic Review*, 1977 (1): 32-36.

[309] Ward, T. "Adam Smith's Views on Religion and Social Justice." *International Journal on World Peace*, 2004 (2): 43-62.

[310] West, E. "Adam Smith's Two Views on the Division of Labour." *Economica*, 1964, 31 (121): 23-32.

[311] West, E. "The Political Economy of Alienation: Karl Marx and Adam Smith." *Oxford Economic Papers*, 1969 (1): 1-23.

图书在版编目（CIP）数据

马克思与亚当·斯密价值理论比较研究/伍书颖著.
北京：中国人民大学出版社，2024.7. --（北京社科青年学者文库）. -- ISBN 978-7-300-32919-2

Ⅰ.A811.66；F091.33

中国国家版本馆 CIP 数据核字第 20240XA216 号

北京社科青年学者文库
北京市社会科学界联合会、北京市哲学社会科学规划办公室项目
马克思与亚当·斯密价值理论比较研究
伍书颖　著
Makesi yu Yadang·Simi Jiazhi Lilun Bijiao Yanjiu

出版发行	中国人民大学出版社				
社　　址	北京中关村大街 31 号		邮政编码	100080	
电　　话	010-62511242（总编室）		010-62511770（质管部）		
	010-82501766（邮购部）		010-62514148（门市部）		
	010-62515195（发行公司）		010-62515275（盗版举报）		
网　　址	http://www.crup.com.cn				
经　　销	新华书店				
印　　刷	唐山玺诚印务有限公司				
开　　本	720 mm×1000 mm　1/16		版　次	2024 年 7 月第 1 版	
印　　张	14 插页 2		印　次	2024 年 7 月第 1 次印刷	
字　　数	209 000		定　价	79.00 元	

版权所有　侵权必究　印装差错　负责调换